黑龍江大學出版社
HEILONGJIANG UNIVERSITY PRESS

本丛书获得以下基金项目资助：

国家出版基金项目
国家哲学社会科学基金重点项目《东欧新马克思主义理论研究》，10AKS005
黑龙江省社科重大委托项目《东欧新马克思主义研究》，08A-002

衣俊卿◆主编

人、历史与自我实现

——马尔科维奇人道主义辩证法研究

Human being, History and Self
—realization_A Study of Marković's Humanist Dialectics

宋铁毅◇著

黑龍江大學出版社
HEILONGJIANG UNIVERSITY PRESS

图书在版编目(CIP)数据

人、历史与自我实现 ：马尔科维奇人道主义辩证法研究 / 宋铁毅著. -- 哈尔滨 ：黑龙江大学出版社，2016.3（2021.8重印）
（东欧新马克思主义理论研究 / 衣俊卿主编）
ISBN 978-7-81129-925-0

Ⅰ. ①人… Ⅱ. ①宋… Ⅲ. ①马尔科维奇(1920~2005)-人道主义-辩证法-研究 Ⅳ. ①B543②B024

中国版本图书馆 CIP 数据核字(2015)第 135119 号

人、历史与自我实现：马尔科维奇人道主义辩证法研究
REN、LISHI YU ZIWOSHIXIAN：MAERKEWEIQI RENDAOZHUYI BIANZHENG FA YANJIU
宋铁毅　著

责任编辑　戚增媚　曲丹丹
出版发行　黑龙江大学出版社
地　　址　哈尔滨市南岗区学府三道街 36 号
印　　刷　三河市春园印刷有限公司
开　　本　720毫米×1000毫米　1/16
印　　张　14.75
字　　数　215千
版　　次　2016年3月第1版
印　　次　2022年1月第2次印刷
书　　号　ISBN 978-7-81129-925-0
定　　价　46.00元

目　录

>>> 总序

全面开启国外马克思主义研究的一个新领域

衣俊卿

经过较长时间的准备，黑龙江大学出版社从2010年起陆续推出“东欧新马克思主义译丛”和“东欧新马克思主义理论研究”丛书。作为主编，我从一开始就赋予这两套丛书以重要的学术使命：在我国学术界全面开启国外马克思主义研究的一个新领域，即东欧新马克思主义研究。

我自知，由于自身学术水平和研究能力的限制，以及所组织的翻译队伍和研究队伍等方面的原因，我们对这两套丛书不能抱过高的学术期待。实际上，我对这两套丛书的定位不是“结果”而是“开端”：自觉地、系统地“开启”对东欧新马克思主义的全面研究。

策划这两部关于东欧新马克思主义的大部头丛书，并非我一时心血来潮。可以说，系统地研究东欧新马克思主义是我过去二十多年一直无法释怀的，甚至是最大的学术夙愿。这里还要说的一点是，之所以如此强调开展东欧新马克思主义研究的重要性，并非我个人的某种学术偏好，而是东欧新马克思主义自身的理论地位使然。在某种意义上可以说，全面系统地开展东欧新马克思主义研究，应当是新世纪中国学术界不容忽视的重大学术任务。基于此，我想为这两套丛书写一个较长的总序，为的是给读者和研究者提供某些参考。

一、丛书的由来

我对东欧新马克思主义的兴趣和研究始于20世纪80年代初，也即在北京大学哲学系就读期间。那时的我虽对南斯拉夫实践派产生了很大的兴趣，但苦于语言与资料的障碍，无法深入探讨。之后，适逢有机会去南斯拉夫贝尔格莱德大学哲学系进修并攻读博士学位，这样就为了却自己的这桩心愿创造了条件。1984年至1986年间，在导师穆尼什奇(Zdravko Munišić)教授的指导下，我直接接触了十几位实践派代表人物以及其他哲学家，从第一手资料到观点方面得到了他们热情而真挚的帮助和指导，用塞尔维亚文完成了博士论文《第二次世界大战后南斯拉夫哲学家建立人道主义马克思主义的尝试》。在此期间，我同时开始了对东欧新马克思主义其他代表人物的初步研究。回国后，我又断断续续地进行东欧新马克思主义研究，并有幸同移居纽约的赫勒教授建立了通信关系，在她真诚的帮助与指导下，翻译出版了她的《日常生活》一书。此外，我还陆续发表了一些关于东欧新马克思主义的研究成果，但主要是进行初步评介的工作。①

纵观国内学界，特别是国外马克思主义研究界，虽然除了本人以外，还有一些学者较早地涉及东欧新马克思主义的某几个代表人物，发表了一些研究成果，并把东欧新马克思主义一些代表人物

① 如衣俊卿：《实践派的探索与实践哲学的述评》，(台湾)森大图书有限公司1990年版；衣俊卿：《东欧的新马克思主义》，(台湾)唐山出版社1993年版；衣俊卿：《人道主义批判理论——东欧新马克思主义述评》，中国人民大学出版社2005年版；衣俊卿、陈树林主编：《当代学者视野中的马克思主义哲学·东欧和苏联学者卷》(上、下)，北京师范大学出版社2008年版，以及关于科西克、赫勒、南斯拉夫实践派等的系列论文。

的部分著作陆续翻译成中文[①]，但是，总体上看，这些研究成果只涉及几位东欧新马克思主义代表人物，并没有建构起一个相对独立的研究领域，人们常常把关于赫勒、科西克等人的研究作为关于某一理论家的个案研究，并没有把他们置于东欧新马克思主义的历史背景和理论视野中加以把握。可以说，东欧新马克思主义研究在我国尚处于起步阶段和自发研究阶段。

我认为，目前我国的东欧新马克思主义研究状况与东欧新马克思主义在20世纪哲学社会科学，特别是在马克思主义发展中所具有的重要地位和影响力是不相称的；同时，关于东欧新马克思主义研究的缺位对于我们在全球化背景下发展具有中国特色和世界眼光的马克思主义的理论战略，也是不利的。应当说，过去30年，特别是新世纪开始的头十年，国外马克思主义研究在我国学术界已经成为最重要、最受关注的研究领域之一，不仅这一领域本身的学科建设和理论建设取得了长足的进步，而且在一定程度上还引起了哲学社会科学研究范式的改变。正是由于国外马克思主义的研究进展，使得哲学的不同分支学科之间、社会科学的不同学科之间，乃至世界问题和中国问题、世界视野和中国视野之间，开始出现相互融合和相互渗透的趋势。但是，我们必须看到，国外马克思主义研究还处于初始阶段，无论在广度上还是深度上都有很大的拓展空间。

我一直认为，在20世纪世界马克思主义研究的总体格局中，从对马克思思想的当代阐发和对当代社会的全方位批判两个方面衡量，真正能够称之为“新马克思主义”的主要有三个领域：一是我

---

① 例如，沙夫：《人的哲学》，林波等译，三联书店1963年版；沙夫：《论共产主义运动的若干问题》，奚戚等译，人民出版社1983年版；赫勒：《日常生活》，衣俊卿译，重庆出版社1990年版；赫勒：《现代性理论》，李瑞华译，商务印书馆2005年版；马尔科维奇、彼德洛维奇编：《南斯拉夫“实践派”的历史和理论》，郑一明、曲跃厚译，重庆出版社1994年版；柯拉柯夫斯基：《形而上学的恐怖》，唐少杰等译，三联书店1999年版；柯拉柯夫斯基：《宗教：如果没有上帝……》，杨德友译，三联书店1997年版等，以及黄继锋：《东欧新马克思主义》，中央编译出版社2002年版；张一兵、刘怀玉、傅其林、潘宇鹏等关于科西克、赫勒等人的研究文章。

们通常所说的西方马克思主义，主要包括以卢卡奇、科尔施、葛兰西、布洛赫为代表的早期西方马克思主义，以霍克海默、阿多诺、马尔库塞、弗洛姆、哈贝马斯等为代表的法兰克福学派，以及萨特的存在主义马克思主义、阿尔都塞的结构主义马克思主义等；二是20世纪70年代之后的新马克思主义流派，主要包括分析的马克思主义、生态学马克思主义、女权主义马克思主义、文化的马克思主义、发展理论的马克思主义、后马克思主义等；三是以南斯拉夫实践派、匈牙利布达佩斯学派、波兰和捷克斯洛伐克等国的新马克思主义者为代表的东欧新马克思主义。就这一基本格局而言，由于学术视野和其他因素的局限，我国的国外马克思主义研究呈现出发展不平衡的状态：大多数研究集中于对卢卡奇、科尔施和葛兰西等人开创的西方马克思主义流派和以生态学马克思主义、女权主义马克思主义等为代表的20世纪70、80年代之后的欧美新马克思主义流派的研究，而对于同样具有重要地位的东欧新马克思主义以及其他一些国外新马克思主义流派则较少关注。由此，东欧新马克思主义研究已经成为我国学术界关于世界马克思主义研究中的一个比较严重的“短板”。有鉴于此，我以黑龙江大学文化哲学研究中心、马克思主义哲学专业和国外马克思主义研究专业的研究人员为主，广泛吸纳国内相关领域的专家学者，组织了一个翻译、研究东欧新马克思主义的学术团队，以期在东欧新马克思主义的译介、研究方面做一些开创性的工作，填补国内学界的这一空白。2010—2015年，“译丛”预计出版40种，“理论研究”丛书预计出版20种，整个翻译和研究工程将历时多年。

以下，我根据多年来的学习、研究，就东欧新马克思主义的界定、历史沿革、理论建树、学术影响等作一简单介绍，以便丛书读者能对东欧新马克思主义有一个整体的了解。

二、东欧新马克思主义的界定

对东欧新马克思主义的范围和主要代表人物作一个基本划

界，并非轻而易举的事情。与其他一些在某一国度形成的具体的哲学社会科学理论流派相比，东欧新马克思主义要显得更为复杂，范围更为广泛。西方学术界的一些研究者或理论家从20世纪60年代后期就已经开始关注东欧新马克思主义的一些流派或理论家，并陆续对“实践派”、“布达佩斯学派”，以及其他东欧新马克思主义代表人物作了不同的研究，分别出版了其中的某一流派、某一理论家的论文集或对他们进行专题研究。但是，在对东欧新马克思主义的总体梳理和划界上，西方学术界也没有形成公认的观点，而且在对东欧新马克思主义及其代表人物的界定上存在不少差异，在称谓上也各有不同，例如，“东欧的新马克思主义”、“人道主义马克思主义”、“改革主义者”、“异端理论家”、“左翼理论家”等。

近年来，我在使用“东欧新马克思主义”范畴时，特别强调其特定的内涵和规定性。我认为，不能用“东欧新马克思主义”来泛指第二次世界大战后东欧的各种马克思主义研究，我们在划定东欧新马克思主义的范围时，必须严格选取那些从基本理论取向到具体学术活动都基本符合20世纪“新马克思主义”范畴的流派和理论家。具体说来，我认为，最具代表性的东欧新马克思主义理论家应当是：南斯拉夫实践派的彼得洛维奇（Gajo Petrović，1927—1993）、马尔科维奇（Mihailo Marković，1923—2010）、弗兰尼茨基（Predrag Vranickić，1922—2002）、坎格尔加（Milan Kangrga，1923—2008）和斯托扬诺维奇（Svetozar Stojanović，1931—2010）等；匈牙利布达佩斯学派的赫勒（Agnes Heller，1929— ）、费赫尔（Ferenc Feher，1933—1994）、马尔库什（György Markus，1934— ）和瓦伊达（Mihaly Vajda，1935— ）等；波兰的新马克思主义代表人物沙夫（Adam Schaff，1913—2006）、科拉科夫斯基（Leszak Kolakowski，1927—2009）等；捷克斯洛伐克的科西克（Karel Kosik，1926—2003）、斯维塔克（Ivan Svitak，1925—1994）等。应当说，我们可以通过上述理论家的主要理论建树，大体上建立起东欧新马克思主义的研究领域。

除了上述十几位理论家构成了东欧新马克思主义的中坚力量外,还有许多理论家也为东欧新马克思主义的发展作出了重要贡献。例如,南斯拉夫实践派的考拉奇(Veljko Korać,1914—1991)、日沃基奇(Miladin Životić,1930—1997)、哥鲁波维奇(Zagorka Golubović,1930—)、达迪奇(Ljubomir Tadić,1925—2013)、波什尼雅克(Branko Bošnjak,1923—1996)、苏佩克(Rudi Supek,1913—1993)、格尔里奇(Danko Grlić,1923—1984)、苏特里奇(Vanja Sutlić,1925—1989)、达米尼扬诺维奇(Milan Damnjanović,1924—1994)等,匈牙利布达佩斯学派的女社会学家马尔库什(Maria Markus,1936—)、赫格居什(András Hegedüs,1922—1999)、吉什(Janos Kis,1943—)、塞勒尼(Ivan Szelenyi,1938—)、康拉德(Ceorg Konrad,1933—)、作家哈拉兹蒂(Miklós Haraszti,1945—)等,以及捷克斯洛伐克的人道主义马克思主义理论家马霍韦茨(Milan Machovec,1925—2003)等。考虑到其理论活跃度、国际学术影响力和参与度等因素,也考虑到目前关于东欧新马克思主义研究力量的限度,我们一般没有把他们列入东欧新马克思主义的主要研究对象。

这些哲学家分属不同的国度,各有不同的研究领域,但是,共同的历史背景、共同的理论渊源、共同的文化境遇以及共同的学术活动形成了他们共同的学术追求和理论定位,使他们形成了一个以人道主义批判理论为基本特征的新马克思主义学术群体。

首先,东欧新马克思主义产生于第二次世界大战后东欧各国的社会主义改革进程中,他们在某种意义上都是改革的理论家和积极支持者。众所周知,第二次世界大战后,东欧各国普遍经历了"斯大林化"进程,普遍确立了以高度的计划经济和中央集权体制为特征的苏联社会主义模式或斯大林的社会主义模式,而20世纪五六十年代东欧一些国家的社会主义改革从根本上都是要冲破苏联社会主义模式的束缚,强调社会主义的人道主义和民主的特征,以及工人自治的要求。在这种意义上,东欧新马克思主义主要产生于南斯拉夫、匈牙利、波兰和捷克斯洛伐克四国,就不是偶然的事情了。因为,1948 年至 1968 年的 20 年间,标志着东欧社会主义改革艰巨历程的苏南冲突、波兹南事件、匈牙利事件、“布拉格之春”几个重大的世界性历史事件刚好在这四个国家中发生,上述东欧新马克思主义者都是这一改革进程中的重要理论家,他们从青年马克思的人道主义实践哲学立场出发,反思和批判苏联高度集权的社会主义模式,强调社会主义改革的必要性。

其次,东欧新马克思主义都具有比较深厚的马克思思想理论传统和开阔的现时代的批判视野。通常我们在使用“东欧新马克思主义”的范畴时是有严格限定条件的,只有那些既具有马克思的思想理论传统,在新的历史条件下对马克思关于人和世界的理论进行新的解释和拓展,同时又具有马克思理论的实践本性和批判维度,对当代社会进程进行深刻反思和批判的理论流派或学说,才能冠之以“新马克思主义”。可以肯定地说,我们上述开列的南斯拉夫、匈牙利、波兰和捷克斯洛伐克四国的十几位著名理论家符合这两个方面的要件。一方面,这些理论家都具有深厚的马克思主义思想传统,特别是青年马克思的实践哲学或者批判的人本主义思想对他们影响很大,例如,实践派的兴起与马克思《1844 年经济学哲学手稿》的塞尔维亚文版 1953 年在南斯拉夫出版有直接的关系。另一方面,绝大多数东欧新马克思主义理论家都直接或间接地受卢卡奇、布洛赫、列菲伏尔、马尔库塞、弗洛姆、哥德曼等人带有人道主义特征的马克思主义理解的影响,其中,布达佩斯学派的主要成员就是由卢卡奇的学生组成的。东欧新马克思主义代表人物像西方马克思主义代表人物一样,高度关注技术理性批判、意识形态批判、大众文化批判、现代性批判等当代重大理论问题和实践问题。

再次,东欧新马克思主义主要代表人物曾经组织了一系列国际性学术活动,这些由东欧新马克思主义代表人物、西方马克思思主义代表人物,以及其他一些马克思主义者参加的活动进一步形成了东欧新马克思主义的共同的人道主义理论定向，提升了他们的国际影响力。上述我们划定的十几位理论家分属四个国度，而且所面临的具体处境和社会问题也不尽相同，但是，他们并非彼此孤立、各自独立活动的专家学者。实际上，他们不仅具有相同的或相近的理论立场，而且在相当一段时间内或者在很多场合内共同发起、组织和参与了 20 世纪六七十年代一些重要的世界性马克思主义研究活动。这里特别要提到的是南斯拉夫实践派在组织东欧新马克思主义和西方马克思主义交流和对话中的独特作用。从 20 世纪 60 年代中期到 70 年代中期，南斯拉夫实践派哲学家创办了著名的《实践》杂志（PRAXIS, 1964—1974）和科尔丘拉夏令学园（Korčulavska ljetnja Škola, 1963—1973）。10 年间他们举办了 10 次国际讨论会，围绕着国家、政党、官僚制、分工、商品生产、技术理性、文化、当代世界的异化、社会主义的民主与自治等一系列重大的现实问题进行深入探讨，百余名东欧新马克思主义者、西方马克思主义理论家和其他东西方马克思主义研究者参加了讨论。特别要提到的是，布洛赫、列菲伏尔、马尔库塞、弗洛姆、哥德曼、马勒、哈贝马斯等西方著名马克思主义者和赫勒、马尔库什、科拉科夫斯基、科西克、实践派哲学家以及其他东欧新马克思主义者成为《实践》杂志国际编委会成员和科尔丘拉夏令学园的国际学术讨论会的积极参加者。卢卡奇未能参加讨论会，但他生前也曾担任《实践》杂志国际编委会成员。20 世纪后期，由于各种原因东欧新马克思主义的主要代表人物或是直接移居西方或是辗转进入国际学术或教学领域，即使在这种情况下，东欧新马克思主义主要流派依旧进行许多合作性的学术活动或学术研究。例如，在《实践》杂志被迫停刊的情况下，以马尔科维奇为代表的一部分实践派代表人物于 1981 年在英国牛津创办了《实践（国际）》（PRAXIS INTERNATIONAL）杂志，布达佩斯学派的主要成员则多次合作推出一些共同的研究成果。[①] 相近的理论立场和共同活动的开展，使东欧新马克思主义成为一种有机的、类型化的新马克思主义。

三、东欧新马克思主义的历史沿革

我们可以粗略地以20世纪70年代中期为时间点，将东欧新马克思主义的发展历程划分为两大阶段：第一个阶段是东欧新马克思主义主要流派和主要代表人物在东欧各国从事理论活动的时期，第二个阶段是许多东欧新马克思主义者在西欧和英美直接参加国际学术活动的时期。具体情况如下：

20世纪50年代到70年代中期，是东欧新马克思主义主要流派和主要代表人物在东欧各国从事理论活动的时期，也是他们比较集中、比较自觉地建构人道主义的马克思主义的时期。可以说，这一时期的成果相应地构成了东欧新马克思主义的典型的或代表性的理论观点。这一时期的突出特点是东欧新马克思主义主要代表人物的理论活动直接同东欧的社会主义实践交织在一起。他们批判自然辩证法、反映论和经济决定论等观点，打破在社会主义国家中占统治地位的斯大林主义的理论模式，同时，也批判现存的官僚社会主义或国家社会主义关系，以及封闭的和落后的文化，力图在现存社会主义条件下，努力发展自由的创造性的个体，建立民主的、人道的、自治的社会主义。以此为基础，东欧新马克思主义积极发展和弘扬革命的和批判的人道主义马克思主义，他们一方面以独特的方式确立了人本主义马克思主义的立场，如实践派的"实践哲学"或"革命思想"、科西克的"具体的辩证法"、布达佩斯学派

① 例如，Agnes Heller, *Lukács Revalued*, Oxford: Basil Blackwell Publisher, 1983; Ferenc Feher, Agnes Heller and György Markus, *Dictatorship over Needs*, New York: St. Martin's Press, 1983; Agnes Heller and Ferenc Feher, *Reconstructing Aesthetics – Writings of the Budapest School*, New York: Blackwell, 1986; J. Grumley, P. Crittenden and P Johnson eds., *Culture and Enlightenment: Essays for György Markus*, Hampshire: Ashgate Publishing Limited, 2002 等。

的需要革命理论等等；另一方面以异化理论为依据，密切关注人类的普遍困境，像西方人本主义思想家一样，对于官僚政治、意识形态、技术理性、大众文化等异化的社会力量进行了深刻的批判。这一时期，东欧新马克思主义代表人物展示出比较强的理论创造力，推出了一批有影响的理论著作，例如，科西克的《具体的辩证法》、沙夫的《人的哲学》和《马克思主义与人类个体》、科拉科夫斯基的《走向马克思主义的人道主义》、赫勒的《日常生活》和《马克思的需要理论》、马尔库什的《马克思主义与人类学》、彼得洛维奇的《哲学与马克思主义》和《哲学与革命》、马尔科维奇的《人道主义和辩证法》、弗兰尼茨基的《马克思主义和社会主义》等。

20 世纪 70 年代中后期以来，东欧新马克思主义的基本特点是不再作为自觉的学术流派围绕共同的话题而开展学术研究，而是逐步超出东欧的范围，通过移民或学术交流的方式分散在英美、澳大利亚、德国等地，汇入到西方各种新马克思主义流派或左翼激进主义思潮之中，他们作为个体，在不同的国家和地区分别参与国际范围内的学术研究和社会批判，并直接以英文、德文、法文等发表学术著作。大体说来，这一时期，东欧新马克思主义的主要代表人物的理论热点，主要体现在两个大的方面：从一个方面来看，马克思主义和社会主义依旧是东欧新马克思主义理论家关注的重要主题之一。他们在新的语境中继续研究和反思传统马克思主义和苏联模式的社会主义实践，并且陆续出版了一些有影响的学术著作，例如，科拉科夫斯基的三卷本《马克思主义的主要流派》、沙夫的《处在十字路口的共产主义运动》[①]、斯托扬诺维奇的《南斯拉夫的垮台：为什么共产主义会失败》、马尔科维奇的《民主社会主义：理论与实践》、瓦伊达的《国家和社会主义：政治学论文集》、马尔库什的《困难的过渡：中欧和东欧的社会民主》、费赫尔的《东欧的危机

① 参见该书的中文译本——沙夫：《论共产主义运动的若干问题》，奚戚等译，人民出版社 1983 年版。

和改革》等。但是,从另一方面看,东欧新马克思主义理论家,特别是以赫勒为代表的布达佩斯学派成员,以及沙夫和科拉科夫斯基等人,把主要注意力越来越多地投向20世纪70年代以来西方其他新马克思主义流派和左翼激进思想家所关注的文化批判和社会批判主题,特别是政治哲学的主题,例如,启蒙与现代性批判、后现代政治状况、生态问题、文化批判、激进哲学等。他们的一些著作具有重要的学术影响,例如,沙夫作为罗马俱乐部成员同他人一起主编的《微电子学与社会》和《全球人道主义》、科拉科夫斯基的《经受无穷拷问的现代性》等。这里特别要突出强调的是布达佩斯学派的主要成员,他们的研究已经构成了过去几十年西方左翼激进主义批判理论思潮的重要组成部分,例如,赫勒独自撰写或与他人合写的《现代性理论》、《激进哲学》、《后现代政治状况》、《现代性能够幸存吗?》等,费赫尔主编或撰写的《法国大革命与现代性的诞生》、《生态政治学:公共政策和社会福利》等,马尔库什的《语言与生产:范式批判》等。

四、东欧新马克思主义的理论建树

通过上述历史沿革的描述,我们可以发现一个很有趣的现象:东欧新马克思主义发展的第一个阶段大体上是与典型的西方马克思主义处在同一个时期;而第二个阶段又是与20世纪70年代以后的各种新马克思主义相互交织的时期。这样,东欧新马克思主义就同另外两种主要的新马克思主义构成奇特的交互关系,形成了相互影响的关系。关于东欧新马克思主义的学术建树和理论贡献,不同的研究者有不同的评价,其中有些偶尔从某一个侧面涉猎东欧新马克思主义的研究者,由于无法了解东欧新马克思主义的全貌和理论独特性,片面地断言:东欧新马克思主义不过是以卢卡奇等人为代表的西方马克思主义的一个简单的附属物、衍生产品或边缘性、枝节性的延伸,没有什么独特的理论创造和理论地位。

这显然是一种表面化的理论误解,需要加以澄清。

在这里,我想把东欧新马克思主义置于20世纪的新马克思主义的大格局中加以比较研究,主要是将其与西方马克思主义和20世纪70年代之后的新马克思主义流派加以比较,以把握其独特的理论贡献和理论特色。从总体上看,东欧新马克思主义的理论旨趣和实践关怀与其他新马克思主义在基本方向上大体一致,然而,东欧新马克思主义具有东欧社会主义进程和世界历史进程的双重背景,这种历史体验的独特性使他们在理论层面上既有比较坚实的马克思思想传统,又有对当今世界和人的生存的现实思考,在实践层面上,既有对社会主义建立及其改革进程的亲历,又有对现代性语境中的社会文化问题的批判分析。基于这种定位,我认为,研究东欧新马克思主义,在总体上要特别关注其三个理论特色。

其一,对马克思思想独特的、深刻的阐述。虽然所有新马克思主义都不可否认具有马克思的思想传统,但是,如果我们细分析,就会发现,除了卢卡奇的主客体统一的辩证法、葛兰西的实践哲学等,大多数西方马克思主义者并没有对马克思的思想、更不要说20世纪70年代以后的新马克思主义流派作出集中的、系统的和独特的阐述。他们的主要兴奋点是结合当今世界的问题和人的生存困境去补充、修正或重新解释马克思的某些论点。相比之下,东欧新马克思主义理论家对马克思思想的阐述最为系统和集中,这一方面得益于这些理论家的马克思主义理论基础,包括早期的传统马克思主义的知识积累和20世纪50年代之后对青年马克思思想的系统研究,另一方面得益于东欧理论家和思想家特有的理论思维能力和悟性。关于东欧新马克思主义理论家在马克思思想及马克思主义理论方面的功底和功力,我们可以提及两套尽管引起很大争议,但是产生了很大影响的研究马克思主义历史的著作,一是弗兰尼茨基的三卷本《马克思主义史》①,二是科拉科夫斯基的三卷本《马克思主义的主要流派》②。甚至当科拉科夫斯基在晚年宣布"放弃了马克思"后,我们依旧不难在他的理论中看到马克思思想的深刻影响。

在这一点上,可以说,差不多大多数东欧新马克思主义理论家都曾集中精力对马克思的思想作系统的研究和新的阐释。其中特别要提到的应当是如下几种关于马克思思想的独特阐述:一是科西克在《具体的辩证法》中对马克思实践哲学的独特解读和理论建构,其理论深度和哲学视野在20世纪关于实践哲学的各种理论建构中毫无疑问应当占有重要的地位;二是沙夫在《人的哲学》、《马克思主义与人类个体》和《作为社会现象的异化》几部著作中通过对异化、物化和对象化问题的细致分析,建立起一种以人的问题为核心的人道主义马克思主义理解;三是南斯拉夫实践派关于马克思实践哲学的阐述,尤其是彼得洛维奇的《哲学与马克思主义》、《哲学与革命》和《革命思想》,马尔科维奇的《人道主义和辩证法》,坎格尔加的《卡尔·马克思著作中的伦理学问题》等著作从不同侧面提供了当代关于马克思实践哲学最为系统的建构与表述;四是赫勒的《马克思的需要理论》、《日常生活》和马尔库什的《马克思主义与人类学》在宏观视角与微观视角相结合的视阈中,围绕着人类学生存结构、需要的革命和日常生活的人道化,对马克思关于人的问题作了深刻而独特的阐述,并探讨了关于人的解放的独特思路。正如赫勒所言:"社会变革无法仅仅在宏观尺度上得以实现,进而,人的态度上的改变无论好坏都是所有变革的内在组成部

① Predrag Vranicki, *Historija Marksizma*, I,II,III, Zagreb: Naprijed, 1978. 参见普雷德腊格·弗兰尼茨基:《马克思主义史》(I、II、III),李嘉恩等译,人民出版社1986、1988、1992年版。

② Leszek Kolakowski, *Main Currents of Marxism*, 3 vols., Oxford: Oxford University Press, 1978.

分。”①

其二，对社会主义理论和实践、历史和命运的反思，特别是对社会主义改革的理论设计。社会主义理论与实践是所有新马克思主义以不同方式共同关注的课题，因为它代表了马克思思想的最重要的实践维度。但坦率地讲，西方马克思主义理论家和20世纪70年代之后的新马克思主义流派在社会主义问题上并不具有最有说服力的发言权，他们对以苏联为代表的现存社会主义体制的批判往往表现为外在的观照和反思，而他们所设想的民主社会主义、生态社会主义等模式，也主要局限于西方发达社会中的某些社会历史现象。毫无疑问，探讨社会主义的理论和实践问题，如果不把几乎贯穿于整个20世纪的社会主义实践纳入视野，加以深刻分析，是很难形成有说服力的见解的。在这方面，东欧新马克思主义理论家具有独特的优势，他们大多是苏南冲突、波兹南事件、匈牙利事件、“布拉格之春”这些重大历史事件的亲历者，也是社会主义自治实践、“具有人道特征的社会主义”等改革实践的直接参与者，甚至在某种意义上是理论设计者。东欧新马克思主义理论家对社会主义的理论探讨是多方面的，首先值得特别关注的是他们结合社会主义的改革实践，对社会主义的本质特征的阐述。从总体上看，他们大多致力于批判当时东欧国家的官僚社会主义或国家社会主义，以及封闭的和落后的文化，力图在当时的社会主义条件下，努力发展自由的创造性的个体，建立民主的、人道的、自治的社会主义。在这方面，弗兰尼茨基的理论建树最具影响力，在《马克思主义和社会主义》和《作为不断革命的自治》两部代表作中，他从一般到个别、从理论到实践，深刻地批判了国家社会主义模式，表述了社会主义异化论思想，揭示了社会主义的人道主义性质。他认为，以生产者自治为特征的社会主义“本质上是一种历史的、新

① Agnes Heller, *Everyday Life*, London and New York: Routledge and Kegan Paul, 1984, p. x.

型民主的发展和加深”[1]。此外，从20世纪80年代起，特别是在20世纪90年代后，很多东欧新马克思主义理论家对苏联解体和东欧剧变作了多视角的、近距离的反思，例如，沙夫的《处在十字路口的共产主义运动》，费赫尔的《戈尔巴乔夫时期苏联体制的危机和危机的解决》，马尔库什的《困难的过渡：中欧和东欧的社会民主》，斯托扬诺维奇的《南斯拉夫的垮台：为什么共产主义会失败》、《塞尔维亚：民主的革命》等。

其三，对于现代性的独特的理论反思。如前所述，20世纪80年代以来，东欧新马克思主义理论家把主要注意力越来越多地投向20世纪70年代以来西方其他新马克思主义流派和左翼激进思想家所关注的文化批判和社会批判主题。在这一研究领域中，东欧新马克思主义理论家的独特性在于，他们在阐释马克思思想时所形成的理论视野，以及对社会主义历史命运和发达工业社会进行综合思考时所形成的社会批判视野，构成了特有的深刻的理论内涵。例如，赫勒在《激进哲学》，以及她与费赫尔、马尔库什等合写的《对需要的专政》等著作中，用他们对马克思的需要理论的理解为背景，以需要结构贯穿对发达工业社会和现存社会主义社会的分析，形成了以激进需要为核心的政治哲学视野。赫勒在《历史理论》、《现代性理论》、《现代性能够幸存吗?》以及她与费赫尔合著的《后现代政治状况》等著作中，建立了一种独特的现代性理论。同一般的后现代理论的现代性批判相比，这一现代性理论具有比较厚重的理论内涵，用赫勒的话来说，它既包含对各种关于现代性的理论的反思维度，也包括作者个人以及其他现代人关于“大屠杀”、“极权主义独裁”等事件的体验和其他“现代性经验”[2]，在我看来，其理论厚度和深刻性只有像哈贝马斯这样的少数理论家才

---

① Predrag Vranicki, Socijalistička revolucija——Očemu je riječ? *Kulturni radnik*, No. 1, 1987, p. 19.

② 参见阿格尼丝·赫勒：《现代性理论》，李瑞华译，商务印书馆2005年版，第1、3、4页。

能达到。

从上述理论特色的分析可以看出，无论从对马克思思想的当代阐发、对社会主义改革的理论探索，还是对当代社会的全方位批判等方面来看，东欧新马克思主义都是20世纪一种典型意义上的新马克思主义，在某种意义上可以断言，它是西方马克思主义之外一种最有影响力的新马克思主义类型。相比之下，20世纪许多与马克思思想或马克思主义有某种关联的理论流派或实践方案都不具备像东欧新马克思主义这样的学术地位和理论影响力，它们甚至构不成一种典型的“新马克思主义”。例如，欧洲共产主义等社会主义探索，它们主要涉及实践层面的具体操作，而缺少比较系统的马克思主义理论传统；再如，一些偶尔涉猎马克思思想或对马克思表达敬意的理论家，他们只是把马克思思想作为自己的某一方面的理论资源，而不是马克思理论的传人；甚至包括日本、美国等一些国家的学院派学者，他们对马克思的文本进行了细微的解读，虽然人们也常常在宽泛的意义上称他们为“新马克思主义者”，但是，同具有理论和实践双重维度的马克思主义传统的理论流派相比，他们还不能称做严格意义上的“新马克思主义者”。

五、东欧新马克思主义的学术影响

在分析了东欧新马克思主义的理论建树和理论特色之后，我们还可以从一些重要思想家对东欧新马克思主义的关注和评价的视角把握它的学术影响力。在这里，我们不准备作有关东欧新马克思主义研究的详细文献分析，而只是简要地提及一下弗洛姆、哈贝马斯等重要思想家对东欧新马克思主义的重视。

应该说，大约在20世纪60年代中期，即东欧新马克思主义形成并产生影响的时期，其理论已经开始受到国际学术界的关注。20世纪70年代之前东欧新马克思主义者主要在本国从事学术研究，他们深受卢卡奇、布洛赫、马尔库塞、弗洛姆、哥德曼等西方马克思主义者的影响。然而,即使在这一时期,东欧新马克思主义同西方马克思主义,特别是同法兰克福学派的关系也带有明显的交互性。如上所述,从20世纪60年代中期到70年代中期,由《实践》杂志和科尔丘拉夏令学园所搭建的学术论坛是当时世界上最大的、最有影响力的东欧新马克思主义和西方马克思主义的学术活动平台。这个平台改变了东欧新马克思主义者单纯受西方人本主义马克思主义者影响的局面,推动了东欧新马克思主义和西方马克思主义者的相互影响与合作。布洛赫、列菲伏尔、马尔库塞、弗洛姆、哥德曼等一些著名西方马克思主义者不仅参加了实践派所组织的重要学术活动,而且开始高度重视实践派等东欧新马克思主义理论家。这里特别要提到的是弗洛姆,他对东欧新马克思主义给予高度重视和评价。1965年弗洛姆主编出版了哲学论文集《社会主义的人道主义》,在所收录的包括布洛赫、马尔库塞、弗洛姆、哥德曼、德拉·沃尔佩等著名西方马克思主义代表人物文章在内的共35篇论文中,东欧新马克思主义理论家的文章就占了10篇——包括波兰的沙夫,捷克斯洛伐克的科西克、斯维塔克、普鲁查,南斯拉夫的考拉奇、马尔科维奇、别约维奇、彼得洛维奇、苏佩克和弗兰尼茨基等哲学家的论文。[①] 1970年,弗洛姆为沙夫的《马克思主义与人类个体》作序,他指出,沙夫在这本书中,探讨了人、个体主义、生存的意义、生活规范等被传统马克思主义忽略的问题,因此,这本书的问世无论对于波兰还是对于西方学术界正确理解马克思的思想,都是"一件重大的事情"[②]。1974年,弗洛姆为马尔科维奇关于哲学和社会批判的论文集写了序言,他特别肯定和赞扬了马尔科维奇和南斯拉夫实践派其他成员在反对教条主义、"回到真正的马克思"方面所作的努力和贡献。弗洛姆强调,在南

---

① Erich Fromm, ed., *Socialist Humanism: An International Symposium*, New York: Doubleday, 1965.

② Adam Schaff, *Marxism and the Human Individual*, New York: McGraw-Hill Book Company, 1970, p. ix.

斯拉夫、波兰、匈牙利和捷克斯洛伐克都有一些人道主义马克思主义理论家，而南斯拉夫的突出特点在于："对真正的马克思主义的重建和发展不只是个别的哲学家的关注点，而且已经成为由南斯拉夫不同大学的教授所形成的一个比较大的学术团体的关切和一生的工作。"①

20 世纪 70 年代后期以来，汇入国际学术研究之中的东欧新马克思主义代表人物（包括继续留在本国的科西克和一部分实践派哲学家），在国际学术领域，特别是国际马克思主义研究中，具有越来越大的影响，占据独特的地位。他们于 20 世纪 60 年代至 70 年代创作的一些重要著作陆续翻译成西方文字出版，有些著作，如科西克的《具体的辩证法》等，甚至被翻译成十几国语言。一些研究者还通过编撰论文集等方式集中推介东欧新马克思主义的研究成果。例如，美国学者谢尔 1978 年翻译和编辑出版了《马克思主义人道主义和实践》，这是精选的南斯拉夫实践派哲学家的论文集，收录了彼得洛维奇、马尔科维奇、弗兰尼茨基、斯托扬诺维奇、达迪奇、苏佩克、格尔里奇、坎格尔加、日沃基奇、哥鲁波维奇等 10 名实践派代表人物的论文。② 英国著名马克思主义社会学家波塔默 1988 年主编了《对马克思的解释》一书，其中收录了卢卡奇、葛兰西、阿尔都塞、哥德曼、哈贝马斯等西方马克思主义著名代表人物的论文，同时收录了彼得洛维奇、斯托扬诺维奇、赫勒、赫格居什、科拉科夫斯基等 5 位东欧新马克思主义著名代表人物的论文。③此外，一些专门研究东欧新马克思主义某一代表人物的专著也陆

① Mihailo Marković, *From Affluence to Praxis*:*Philosophy and Social Criticism*, The University of Michigan Press, 1974, p. vi.

② Gerson S. Sher, ed. , *Marxist Humanism and Praxis*, New York: Prometheus Books, 1978.

③ Tom Bottomore, ed. , *Interpretations of Marx*, Oxford UK, New York USA: Basil Blackwell, 1988.

续出版。[①] 同时,东欧新马克思主义代表人物陆续发表了许多在国际学术领域产生重大影响的学术著作,例如,科拉科夫斯基的三卷本《马克思主义的主要流派》[②]于20世纪70年代末在英国发表后,很快就被翻译成多种语言,在国际学术界产生很大反响,迅速成为最有影响的马克思主义哲学史研究成果之一。布达佩斯学派的赫勒、费赫尔、马尔库什和瓦伊达,实践派的马尔科维奇、斯托扬诺维奇等人,都与科拉科夫斯基、沙夫等人一样,是20世纪80年代以后国际学术界十分有影响的新马克思主义理论家,而且一直活跃到目前。[③] 其中,赫勒尤其活跃,20世纪80年代后陆续发表了关于历史哲学、道德哲学、审美哲学、政治哲学、现代性和后现代性问题等方面的著作十余部,于1981年在联邦德国获莱辛奖,1995年在不莱梅获汉娜·阿伦特政治哲学奖(Hannah Arendt Prize for Political Philosophy),2006年在丹麦哥本哈根大学获松宁奖(Sonning Prize)。

应当说,过去30多年,一些东欧新马克思主义主要代表人物已经得到国际学术界的广泛承认。限于篇幅,我们在这里无法一一梳理关于东欧新马克思主义的研究状况,可以举一个例子加以说明:从20世纪60年代末起,哈贝马斯就在自己的多部著作中引用东欧新马克思主义理论家的观点,例如,他在《认识与兴趣》中提到了科西克、彼得洛维奇等人所代表的东欧社会主义国家中的“马克思主义的现象学”倾向[④],在《交往行动理论》中引用了赫勒和马

① 例如,John Burnheim, *The Social Philosophy of Agnes Heller*, Amsterdam-Atlanta: Rodopi B. V., 1994; John Grumley, *Agnes Heller: A Moralist in the Vortex of History*, London: Pluto Press, 2005,等等。

② Leszek Kolakowski, *Main Currents of Marxism*, 3 vols., Oxford: Clarendon Press, 1978.

③ 其中,沙夫于2006年去世,坎格尔加于2008年去世,科拉科夫斯基于2009年去世,马尔科维奇和斯托扬诺维奇于2010年去世。

④ 参见哈贝马斯:《认识与兴趣》,郭官义、李黎译,学林出版社1999年版,第24、59页。

尔库什的观点[①],在《现代性的哲学话语》中讨论了赫勒的日常生活批判思想和马尔库什关于人的对象世界的论述[②],在《后形而上学思想》中提到了科拉科夫斯基关于哲学的理解[③],等等。这些都说明东欧新马克思主义的理论建树已经真正进入到20世纪(包括新世纪)国际学术研究和学术交流领域。

六、东欧新马克思主义研究的思路

通过上述关于东欧新马克思主义的多维度分析,不难看出,在我国学术界全面开启东欧新马克思主义研究领域的意义已经不言自明了。应当看到,在全球一体化的进程中,中国的综合实力和国际地位不断提升,但所面临的发展压力和困难也越来越大。在此背景下,中国的马克思主义理论研究者进一步丰富和发展马克思主义的任务越来越重,情况也越来越复杂。无论是发展中国特色、中国风格、中国气派的马克思主义,还是“大力推进马克思主义中国化、时代化、大众化”,都不能停留于中国的语境中,不能停留于一般地坚持马克思主义立场,而必须学会在纷繁复杂的国际形势中,在应对人类所面临的日益复杂的理论问题和实践问题中,坚持和发展具有世界眼光和时代特色的马克思主义,以争得理论和学术上的制高点和话语权。

在丰富和发展马克思主义的过程中,世界眼光和时代特色的形成不仅需要我们对人类所面临的各种重大问题进行深刻分析,还需要我们自觉地、勇敢地、主动地同国际上各种有影响的学术观

① 参见哈贝马斯:《交往行动理论》第2卷,洪佩郁、蔺青译,重庆出版社1994年版,第545、552页,即“人名索引”中的信息,其中马尔库什被译作“马尔库斯”(按照匈牙利语的发音,译作“马尔库什”更为准确)。

② 参见哈贝马斯:《现代性的哲学话语》,曹卫东等译,译林出版社2004年版,第88、90~95页,这里马尔库什同样被译作“马尔库斯”。

③ 参见哈贝马斯:《后形而上学思想》,曹卫东、付德根译,译林出版社2001年版,第36~37页。

点和理论思想展开积极的对话、交流和交锋。这其中，要特别重视各种新马克思主义流派所提供的重要的理论资源和思想资源。我们知道，马克思主义诞生后的一百多年来，人类社会经历了两次世界大战的浩劫，经历了资本主义和社会主义跌宕起伏的发展历程，经历了科学技术日新月异的进步。但是，无论人类历史经历了怎样的变化，马克思主义始终是世界思想界难以回避的强大"磁场"。当代各种新马克思主义流派的不断涌现，从一个重要的方面证明了马克思主义的生命力和创造力。尽管这些新马克思主义的理论存在很多局限性，甚至存在着偏离马克思主义的失误和错误，需要我们去认真甄别和批判，但是，同其他各种哲学社会科学思潮相比，各种新马克思主义对发达资本主义的批判，对当代人类的生存困境和发展难题的揭示最为深刻、最为全面、最为彻底，这些理论资源和思想资源对于我们的借鉴意义和价值也最大。其中，我们应该特别关注东欧新马克思主义。众所周知，中国曾照搬苏联的社会主义模式，接受苏联哲学教科书的马克思主义理论体系；在社会主义的改革实践中，也曾经与东欧各国有着共同的或者相关的经历，因此，从东欧新马克思主义的理论探索中我们可以吸收的理论资源、可以借鉴的经验教训会更多。

鉴于我们所推出的"东欧新马克思主义译丛"和"东欧新马克思主义理论研究"丛书尚属于这一研究领域的基础性工作，因此，我们的基本研究思路，或者说，我们坚持的研究原则主要有两点。一是坚持全面准确地了解的原则，即是说，通过这两套丛书，要尽可能准确地展示东欧新马克思主义的全貌。具体说来，由于东欧新马克思主义理论家人数众多，著述十分丰富，"译丛"不可能全部翻译，只能集中于上述所划定的十几位主要代表人物的代表作。在这里，要确保东欧新马克思主义主要代表人物最有影响的著作不被遗漏，不仅要包括与我们的观点接近的著作，也要包括那些与我们的观点相左的著作。以科拉科夫斯基《马克思主义的主要流派》为例，他在这部著作中对不同阶段的马克思主义发展进行了很多批评和批判，其中有一些观点是我们所不能接受的，必须加以分析批判。尽管如此，它是东欧新马克思主义影响最为广泛的著作之一，如果不把这样的著作纳入“译丛”之中，如果不直接同这样有影响的理论成果进行对话和交锋，那么我们对东欧新马克思主义的理解将会有很大的片面性。二是坚持分析、批判、借鉴的原则，即是说，要把东欧新马克思主义的理论观点置于马克思主义的理论发展进程中，置于社会主义实践探索中，置于20世纪人类所面临的重大问题中，置于同其他新马克思主义和其他哲学社会科学理论的比较中，加以理解、把握、分析、批判和借鉴。因此，我们将在每一本译著的译序中尽量引入理论分析的视野，而在“理论研究”中，更要引入批判性分析的视野。只有这种积极对话的态度，才能使我们对东欧新马克思主义的研究不是为了研究而研究、为了翻译而翻译，而是真正成为我国在新世纪实施的马克思主义理论研究和建设工程的有机组成部分。

在结束这篇略显冗长的“总序”时，我非但没有一种释然和轻松，反而平添了更多的沉重和压力。开辟东欧新马克思主义研究这样一个全新的学术领域，对我本人有限的能力和精力来说是一个前所未有的考验，而我组织的翻译队伍和研究队伍，虽然包括一些有经验的翻译人才，但主要是依托黑龙江大学文化哲学研究中心、马克思主义哲学专业和国外马克思主义研究专业博士学位点等学术平台而形成的一支年轻的队伍，带领这样一支队伍去打一场学术研究和理论探索的硬仗，我感到一种悲壮和痛苦。我深知，随着这两套丛书的陆续问世，我们将面对的不会是掌声，可能是批评和质疑，因为，无论是“译丛”还是“理论研究”丛书，错误和局限都在所难免。好在我从一开始就把对这两套丛书的学术期待定位于一种“开端”(开始)而不是“结果”(结束)——我始终相信，一旦东欧新马克思主义研究领域被自觉地开启，肯定会有更多更具才华更有实力的研究者进入这个领域；好在我一直坚信，哲学总在途中，是一条永走不尽的生存之路，哲学之路是一条充盈着生命冲动的创新之路，也是一条上下求索的艰辛之路，踏上哲学之路的人们不仅要挑战智慧的极限，而且要有执著的、痛苦的生命意识，要有对生命的挚爱和勇于奉献的热忱。因此，既然选择了理论，选择了精神，无论是万水千山，还是千难万险，在哲学之路上我们都将义无反顾地跋涉……

导　论

实践作为人类的存在方式，在人类千百年来的探索中，似乎令人类获得了对于它的自觉，然而事实恰恰相反。对于实践的探求的指针在两极来回摆动，即实践的历史与历史的实践。前者的路径是知性的，它认为人类的历史是由无数具体形式的实践组成的，我们在无数次的战术中，“总结和归纳”作为总体的战略；后者的路径则是理性的，它认为实践的总体性总是先在于具体的实践活动，我们不过是在具体的战术运用当中，“呈现和发现”总体的战略。这种对立可以通过很多不同的理论形式体现出来，然而现实中，人类的实践却并非如不同理论所展现的那样，面对着具体的现实与实践的总体性之间尖锐的对立，“知性的虚假谨慎没有避开整体的问题，而理性的自信也未能躲过境况的问题”①。

一、马克思的哲学变革及人道主义的出路

能够找到一种行之有效的方法论，将知性与理性、个别与一般、具体与普遍之间的关系，即人类实践的统一性如实地描述出来。人类始终创造着自身的历史，但是这一过程的理论化却始终面临着困境，并且这一困境的源头可以追溯到古希腊哲学。与巴门尼德区分了永恒的“真理之路”与流变的“意见之路”，并在此基础上将具体经验与理性的沉思割裂开来不同，苏格拉底已经开始尝试着通过一种古老的现象学方式，使谈话的对象在自身有限经

① ［法］莫里斯·梅洛—庞蒂：《辩证法的历险》，杨大春、张尧均译，上海译文出版社2009年版，序第5页。

验的基础上,达到对于“德行”的“自我呈现”。柏拉图的理念论也不能够使理念与理念的复本有效地统一起来,进而上帝之城与人间之城中间有着难以逾越的鸿沟,只能寄希望于通过上帝的力量来颠覆世俗中“恶”的世界。亚里士多德赋予了质料以内在的动力与潜在的形式,希望以此来弥合他恩师理论中的分裂。但是,当至善成为一种悬设,哲学也就成为神学。

（一）马克思辩证法的实践哲学方法论意义

近代以来,这种分裂愈加明显。经验论与唯理论各自的拥护者沿着笛卡儿与培根奠定的方法论基础与理论路径不断加深着两者之间的鸿沟。经验论者宣称具体的实践才是真实和有效的,因此以知性的方式通过对于具体经验的占有和归纳来达到对于人类实践的总体性认识,即对于表象背后本质性规律的总结。与此相反,唯理论者则始终坚持悬设的无限理性对于有限经验的观照,有限的具体经验不过是作为普遍性的理性、神等在现实中演绎的结果。两条路径清晰可见,一条来自人间,它以不断总结人类实践的历史的方式,试图窥探上帝的秘密,一条则来自天国,它以预设人类历史实践的方式,来规范人类现实的有限活动。尽管两者都坚信它们各自的方式最终能够将自身的疆土扩大到对方的领地,但是事实上,此岸世界与彼岸世界仍然隔水相望,无法真正地获得统一。

经验论者休谟“意外”地将两种方法论之间的问题淋漓尽致地展现出来,从而开启了终结它们之间对立的大门。休谟在他的《人性论》中,尝试着在精神科学中采用一种实验推理方法,然而他最终却发现,人类实践的有限经验并没有跨越出自己的领地,任何归纳方法所得到的结论都是有限的,甚至连必然性的因果律都如此,其是披着虚假外衣的有限经验的集合。① 休谟清理了经验论与唯理论之间对立的战场,为康德哲学的产生开辟了道路。

康德通过“哥白尼”革命,试图赋予主体一种先验的普遍性来使有限的具体经验达到向着总体性的关键跨越。康德认为,被主体直观的现象自身并不具有统一性,而是理性范导的结果。主体的知性只是对其所直观的现象按照范畴进行归纳整理,但是理性

① ［英］休谟:《人性论》,关文运译,商务印书馆1980年版。

却始终要求主体以整体的形式认识对象。[①] 所以,作为整体的物自体又与现象界产生了分裂,这显然不是康德想出的结论。因此,他又转向审美,希望能够在判断力中找寻到使一般经验上升为普遍的总体性的途径。康德将判断力划分为两个部分,即规定判断力与反思判断力。前者的作用在于在普遍法则既定的前提下,将一般归于其下,后者的作用在于从给定的个别出发,在缺乏概念的前提下,寻找判断规律。也就是说,对于具体的经验如何上升为普遍的总体性来说,关键在于反思判断力。然而,康德却忽视了其政治—道德因素传统,而仅仅将它的普遍性归结为趣味。[②] 因为他没有看到判断力自身的实践理性意蕴,所以康德的判断力并不能够真正起到连接纯粹理性与实践理性的作用。

如果一种哲学不能够揭示人类的存在及其过程,那么它终将成为脱离了现实的对彼岸世界的纯粹思辨;如果一种哲学不能够以正确的方法论为基础,那么它也必然无法揭示人类的存在及其过程。因此,知性与理性的分裂唯有在恢复人类实践本来面目的基础上,在历史的视域中才能够得到真正的解决。

黑格尔在终结整个近代哲学的同时也超越了形式逻辑下的知性与理性的分裂。一种历史的辩证法所揭示的乃是人类实践的本真,即人类的实践既基于对以往历史的理解,又是在不断地创造历史。但是,人类的实践并非仅仅是意识的认识活动,黑格尔因为仍然没有跳出近代认识论哲学的框架,所以将实践的辩证法归因于绝对精神的自我显现的过程,最终导致了方法论与其哲学体系之间的矛盾。

同样,在黑格尔的基础上,马克思实践哲学的提出与他方法论之间的密切关系,绝非是一种偶然。与纯粹的知性或理性方式不同——它们或将实体或将"上帝"作为自己的出发点,马克思的出发点是在现实中自我展开的人类个体。他在《1844 年经济学哲学手稿》中,宣称自己的理论并非是以批判宗教神学为目的的理论人道主义,而是以扬弃私有制为目的的实践人道主义。[③] 实践人道主

① [美]梯利:《西方哲学史》,葛力译,商务印书馆 1995 年版。

② [德]伽达默尔:《诠释学Ⅰ:真理与方法——哲学诠释学的基本特征》,洪汉鼎译,商务印书馆 2007 年版。

③ 《1844 年经济学哲学手稿》,人民出版社 2000 年版,第 112 页。

义以马克思的辩证法为方法论，将在理论中存在分裂的人类实践重新统一在一起，正确地描述与揭示了作为人类存在方式的实践及其过程。

由此可见，当马克思摆脱了黑格尔辩证法的束缚之后，又将辩证法重新置于人的现实活动之上，在实践中，人类得以面向无限展开的历史，将自身的本质呈现出来。这就决定了马克思辩证法是一种实践哲学的方法论，同时这种实践哲学又是区别于近代理论人道主义的"真正的人道主义"，即实践人道主义。

（二）人道主义的困境及出路

马克思所导向的哲学变革并非是由唯心主义向唯物主义简单的"头足倒置"。如果说以张扬"人性"为旨归的近代哲学由于缺乏历史的实践视域而无法正确理解主客体之间关系的话，那么黑格尔则因为没有对于彻底的人道主义进行追问而使得其辩证法思想最终走向了"神学"。彻底的人道主义必然要求将自身置于人类历史实践的视域之下，而彻底的实践哲学也必然要以人道主义为必要前提。毋宁说，马克思之所以能够开创历史唯物主义的路径，正是因为他通过其辩证法思想揭示出了两者之间的"亲缘"关系。

苏格拉底开创了哲学的伦理学先河，同时奠定了人道主义的理论基础。哲学史上第一个百科全书式的集大成者亚里士多德则直接将政治－道德传统与实践智慧联系起来，并规定了德性的内容。在此之后的古罗马人以自身的"教养"作为文明与野蛮之间的划分标准，同时也在一定的意义上形成了一种人道主义的态度和立场。这与西塞罗有直接的关系，事实上尽管其源头在于古希腊，但是"人道"一词却最早见于西塞罗的文章并与"神道"相对，意指"使个人的才能得到最大限度的发展"，提倡"具有人道精神的教育制度"。①

所以，古罗马时期所产生的人道主义理论根源大致有两个源头，其一是根源于普罗米修斯的"善行"，其二是来自古希腊智者的

① 《中国大百科全书》（哲学Ⅱ），中国大百科全书出版社 1987 年版，人道主义词条。

"身心全面训练"①。其中,"善行"通过苏格拉底作为一种伦理追求而被延续下来,而"身心全面训练"则更多地同以外在形式为目标的"塑造"以及对于知识的学习与追求相关联。

文艺复兴时期,古希腊的人道主义理论根源经过了漫长的中世纪而被重新挖掘出来,通过人性的光辉来驱散上帝对于世俗僭越所带来的黑暗,但是,这一时期,对于古希腊传统的张扬仅仅局限在艺术领域之中,因此还没有形成完备的理论形式,从而被广泛地定义为人文主义。这时,西塞罗的"人道"已经通过文艺复兴的精神逐渐发展成为一种关于人的本质、使命、地位、价值和个性发展的思潮,成为欧洲文化的主体精神之一。

但是,近代哲学尤其是启蒙运动的开展,一方面使文艺复兴时期的人文主义传统形成了完备的理论形式,形成了现代意义上的人道主义,成为对抗宗教的武器,但是另一方面,却加剧了古典人道主义传统双重意义之间的分裂。它虽然在形式与理念上保持了文艺复兴以来的传统,但是却在工业革命的机器声中走向了错误的道路。也就是说,启蒙运动以来的人道主义虽然竭力以文艺复兴时期的人文精神装扮自己,却反而使它被遮蔽在工业文明的铁幕下。

启蒙运动一旦宣示了人类霸权的开始,那么人类历史所遵循的法则也就开始了由自然法向人类自身进步的法则转移的进程。这本无可厚非,因为这至少说明人类开始了探求自身历史发展动力的纪元,但是近代哲学的实证主义方法论基础却提出了相反的要求。伦理与价值的中立,直接导致了"善行"的式微,并且"身心全面训练"也完全地建立在实证主义的基础之上,这一任务不再交由人自身,而是寄希望于科学技术,人自身的目的被科学技术这一手段代替。简言之,人类的进步被知识的进步全盘取代,然而,就人之为人的根本性层面来说,丧失了道德维度的知识进步并不能被认定为人类的真正进步,这也就是近代以来"进步主义"观念所存在的主要问题之一。

启蒙运动以及近代自然科学所取得的成就,为一成不变的自

---

① [美]大卫·戈伊科奇、约翰·卢克、蒂姆·马迪根:《人道主义问题》,杜丽燕等译,东方出版社1997年版,第2页。

然法带来了“进步”的观念，坚定了人类对于“进步”的信心。达尔文关于物种的进化论思想被移植到人类自身历史的设计中，似乎人类历史正是像我们所期望的那样，不断地向一个“更好”的社会形式前进着。这一信心根源于天赋的完美的“人性”，并将其评判标准交给了理性的法庭，所以理性成为人之为人的准则，成为无可置疑的律法。但是启蒙理性却建构了“人”的神话，尽管近代哲学将“人性”作为人类历史的目的，但是我们却发现，在人类的现实历史中无处寻找那个作为普遍性概念的历史主体。由此可见，启蒙进步观念在处理这一问题时，为人类历史引入一个看似完美的目的论，人类的自由只能够在未来寻找，那个具有完美的“人性”的“人”仿佛就在人类历史的终点向我们招手致意。这也就是近代以来“进步主义”所存在的又一个主要问题。

然而事实并非如此，正如赫勒所举的例子那样，当人类的历史如一辆列车从一个车站驶向另一个车站的时候，我们总是相信前面有一个自由美好的终点，但是“实际上，快车驶向了它们的最终目的地——火车的终点站叫做奥斯维辛和古拉格——终结站”[①]。

如上所述，在15世纪逐渐形成的人文传统与启蒙以来的工业文化的对立之间，近代以后的人道主义很难被统一地界定，也就使这个概念本身产生了多义性，并从19世纪开始成为理论批判的靶子。以抽象同一性为基础的理论人道主义最终走向了纳粹主义的非人道主义极端，与此不同，在讲英语的国家中理论人道主义最终发展成为一种关于和平与仲裁的伦理形式。然而，这种伦理形式却是以科学技术为基础的。强调在技术应用的同时不能忽视对于人的关注，具有相对较多的生态学意识以及对于前工业时期的怀旧的“浪漫主义”色彩。所以，更加倾向于技术伦理，将人的在自然之外并与自然对立的立场转变为人在自然之内的特殊地位。[②]

并且在以上两种不同形式的人道主义的对立中，法国的一些理论家又认为传统的人道主义将人进行神化，而在排斥神学与对于人类自身迷信的意义上提出了反对的意见，形成了理论上的“反

① [匈]赫勒:《现代性理论》，李瑞华译，商务印书馆2005年版，第18页。

② 凯蒂·索珀关于英国人道主义协会的论述([英]凯蒂·索珀:《人道主义与反人道主义》，廖申白、杨清荣译，华夏出版社1999年版)。

人道主义”思潮。①

人道主义者与“反人道主义”者在历史观中的对立主要在于历史是否存在明确属于主体思维或者行动的目的,或是否存在一个超验的、完满的人类本质以保证历史的趋向性,即“人”是否能成为历史的主体。在人道主义者看来,历史是人类思维与行为的结果,在历史的进程中始终存在着以人类为中心的目的论因素,因此,人类有能力通过理性设计自身历史的发展趋向,也有能力通过对于自然的利用而使自然为人类的历史目的服务,脱离开人类的能动性、价值追求等,历史是不能够被理解的。与此相反,理论的“反人道主义”者们则认为,历史不存在一个明确的主体,也不存在任何与主体相关涉的目的论因素,人道主义者在将“人”作为历史的主体时,已经忽视了其前提错误,即“人”是人类用思维构建起来的,是取代了上帝地位的另一个“神”,人道主义就是对于人类自我的迷信,使我们沉浸于自我构建的对于进步的虚假信心中,是启蒙理性所造就的另一个神话。

但是,很难认定理论的“反人道主义”来自人道主义传统的外部。究其根本,两者在历史观中的对立在于处理历史结构的不同方式上。人道主义,尤其是以形而上学方式为基础的人道主义,首先将人性立于此岸世界之外,随之在此岸世界与彼岸世界的对立中,使历史本身呈现出绝对的二元结构。这样就使得人道主义重新回到了神学的解释方式上,现实世界成为“恶”的世界,从而形成了人道主义式的历史末世论。与之相反,理论的“反人道主义”者们更多地倾向于通过对于历史目的的解构,将历史理解为绝对平面结构,拒斥“异化”、“复归”等概念,以否定在现实的历史之外存在着的“善”的世界。然而,理论的“反人道主义”者们虽然一致地拒斥人道主义这一概念,但是仍然宣称自己只是在理论上反对人道主义,并非站在非人道的立场上。就这一点来说,一切理论的“反人道主义”也可以被认定为一种“微观”的人道主义,即与通过对于“人”的构建并走向宏大叙事的传统人道主义相对立的理论立场。

① 法国语境下的理论的“反人道主义”并非是赞同一种非人道主义,而是对于启蒙的启蒙,所以在此意义上,理论的“反人道主义”也同样是一种人道主义。[英]凯蒂·索珀:《人道主义与反人道主义》,廖申白、杨清荣译,华夏出版社 1999 年版,第 3 页。

可以说，人道主义的内涵随着19世纪哲学的发展而日趋复杂化，通常意义上的人道主义产生于对于宗教神学的批判，但是正像它批判的对象宗教神学一样，人道主义自己也面临着挑战。似乎人道主义步了宗教神学后尘，正是对于宗教神学中的古希腊传统的复兴宣告了它的失败，如今对于人道主义的挑战也来自它的内部。如果我们将海德格尔以及法国站在"反人道主义"立场的思想家们定义为一种在理论上的"反人道主义"，人道主义者对于人道主义本身的理解方式也很难达成一致。其一，认为世界存在于人的思维，其存在前提是对人的概念化活动的唯心主义的理解；其二，在承认自在自然的前提下，在人与自然的对立中，强调人的中心地位，认为自然是为人的目的服务的人类中心主义；其三，在人的自我实现过程中，认为历史的发展是人类有目的的活动的结果，这种理解方式往往与辩证法联系在一起（在马克思实践人道主义开创之前，这一代表是黑格尔，在本书此处，这一与辩证法相联系的人道主义主要是在黑格尔理论的意义上说的）。

只有对于人道主义的第三种理解方式能够与"反人道主义"找到某种理论上的契合点，成为传统人道主义理论的出路，然而这并非偶然。如上所述，传统人道主义之所以会陷入困境，乃是由于它走向了自反。一种以抽象人性为目的的理论，本身就是脱离现实历史而存在的。无论那个作为"善"的世界是多么的美好，以及人们如何的向往，在这种脱离了现实历史的理论中，现实与理想之间的关系只能是抽象的对立。黑格尔深刻地揭示了辩证法本来就是关于历史发展的学说，并以此将传统人道主义的抽象对立的二元结构重新置于历史中加以统一。这种人道主义传统既没有将理想与现实抽象地对立起来，也没有如理论的"反人道主义"将历史的目的完全驱逐出去，而是在两者中走出了一条中间道路。马克思正是沿着黑格尔这种理论传统的轨迹，最终将人道主义从理论的困境中拯救出来。

二、围绕马克思实践人道主义的争论

20世纪关于人道主义的争论也使得马克思实践人道主义成为马克思主义理论家们所关注的焦点，并围绕马克思理论究竟是否是一种人道主义以及马克思辩证法的真实意蕴等具体问题展开争论。

(一)围绕马克思哲学是否是一种人道主义的争论

马克思哲学究竟是对人道主义的终结与批判,还是在人道主义的框架下对于人道主义的拯救?这个问题一直存在着广泛的争论。

阿尔都塞在福柯等人的理论传统外另辟蹊径,没有将理论的"反人道主义"追溯到尼采,而是将马克思作为这一理论的开创者。在他看来,在1845年之后,马克思已经用科学的概念取代了传统的人道主义概念,形成了马克思思想发展的断裂,但是大多数理论的"反人道主义"者仍然将马克思的理论作为一种人道主义加以拒斥,同时,他们也认识到马克思的人道主义与近代人道主义之间的差别。海德格尔指出了马克思的人道主义与传统人道主义之间的差别,他认为就传统的人道主义来说,都是可以从古希腊那里找到其源头的,在此意义上,所有关乎人类自由与尊严,甚至是基督教教义所阐明的理论都可以被称作为一种人道主义,但是,马克思的人道主义与萨特的存在主义的人道主义无须回溯到古代。①

如上所述,马克思与萨特的理论都是以辩证法为基础的,而综合阿尔都塞和海德格尔的观点,马克思与萨特又兼具理论的"反人道主义"与人道主义的特点,这就为我们提供了从辩证法角度来重新审视人道主义的思路。可以认定的是,马克思与萨特的理论都是一种人道主义,但是这种人道主义又与传统的人道主义之间存在着本质上的差别。与传统的人道主义相比较,他们的理论出发点不是作为抽象的"人",而是在个体中去找寻人类历史主体。但是,这又涉及一个问题,即当人类历史整体性的抽象主体被个体的总体化代替之后,如何解决从个体的特殊性上升到人类历史的普遍性的中间环节问题,亦即如何解决对于历史的知性理解与理性理解之间的关系问题。萨特在将历史整体性问题转变为历史整体化的问题之后,梅洛-庞蒂走向了历史现象学,这又不得不涉及如何理解马克思理论的实践概念问题。

与西方诸多学者的理论观点相类似,我国学界对于马克思理论是否是人道主义的问题也存在着争论。我国学界关于这一问题

---

① [德]海德格尔:《路标》,孙周兴译,商务印书馆2000年版,第376页。

的争论起始于对"异化"等相关问题的讨论,也是对真理标准讨论的继续与深化,但是,讨论的结果却不尽如人意。这场讨论最终形成了这样一个至今仍被广泛接受的结论,即马克思理论在价值观领域内是一种人道主义,而在历史观中却因为不同于资产阶级近代哲学的人道主义历史观而不能被视为一种人道主义思想。[①] 同一种理论如何既是一种人道主义又不是一种人道主义?在马克思哲学中价值观的人道主义与历史观的非人道主义又是如何统一的呢?这也就造成了历史发展与人的分裂。然而,一旦抹杀了历史发展中人的根本地位,那么人的价值又何以能够实现并获得自我确证呢?

如果上述结论能够成立的话,那么至少可以说明两点,第一就是我们仍然是在近代理论人道主义的概念内涵上理解人道主义,第二则是马克思哲学是辩证唯物主义与历史唯物主义,而历史唯物主义是唯物辩证法在历史观中的贯彻,这样才能够解释马克思的历史观是单纯着眼于客观规律发展过程的唯物主义而非从人出发的人道主义。

但是,马克思自己也将人道主义进行了划分,认为对于宗教的反抗所形成的人道主义只是一种理论上的人道主义,而对于私有制的扬弃才能使理论的人道主义成为一种实践的人道主义。[②] 这也至少说明了两点,其一,马克思认定自己的理论是一种人道主义,其二,马克思的人道主义与近代以来的人道主义内涵存在着本质上的差别,而他的这一论断就来自对黑格尔辩证法的批判。

黑格尔的体系哲学达到了传统哲学的巅峰,在这一巅峰,理论人道主义也走向了困境。马克思对于理论人道主义的拯救就是开始于对黑格尔辩证法的批判,在他看来,黑格尔的辩证法在形式上提供了批判的可能,但是在内容上却没有走出唯心主义的局限,是在思维中完成的人类历史,并不具有现实性,而是单纯的逻辑学。基于此,马克思要求消灭"哲学",以无产阶级现实的革命形式来积极扬弃私有制,从而形成了其实践人道主义理论,拯救了人道主义传统。这一点将在后面具体地论述。

---

① 黄枬森:《关于人道主义和异化问题的讨论》,载《北京大学学报(哲学社会科学版)》,2010年1月第47卷第1期。

② 《1844年经济学哲学手稿》,人民出版社2000年版,第112页。

因此，如果结合黑格尔以辩证法的形式将人道主义置于历史的视域下所形成的彻底的一元论，以及在此基础上马克思对于黑格尔辩证法的批判，从而将辩证法从传统理性主义的桎梏下拯救出来这两点来说，马克思实践人道主义理论的特点应该可以被表述为人道主义辩证法化与辩证法人道主义化，前者能够指明这种人道主义对于“人”的历史理解，后者则可指明这种人道主义辩证法并非脱离了现实的抽象思维规律，而是“真正人的生命”。

（二）围绕马克思辩证法真实意蕴的争论

马克思通过其辩证法思想揭示了实践哲学与人道主义之间的紧密联系，因此，厘清马克思实践人道主义理论的内涵，必须先澄清马克思辩证法的真实意蕴。从某种意义上说，20 世纪以来关于马克思辩证法真实意蕴的争论，恰恰是导致马克思实践人道主义思想被遮蔽的理论根源所在。

第一，关于自然辩证法的合法性问题。以苏联哲学模式为代表的“正统”马克思主义备受恩格斯《自然辩证法》的影响，这一传统经由普列汉诺夫、列宁等人，最终形成斯大林主义的唯物辩证法。斯大林主义的教条化的马克思主义在相当的一段时间内对于共产国际以及国际范围内的无产阶级革命产生了极大的消极影响。直到欧洲无产阶级革命进入低谷，卢卡奇等人才开始在现实中探索新的理论出路，从而对于自然辩证法提出了质疑。在这一点上，争论的一方认为，辩证法是客观存在的，是不以人类意志为转移的客观规律，在理论上体现为作为客观逻辑的自然辩证法；另一方的观点认为，不存在独立的自然辩证法，辩证法是一种方法，这种方法只有在主客体的对话中才能有效，从而否定自然辩证法的合法性，突出主客体的交互作用在辩证法中的重要地位。

第二，关于主观辩证法与客观辩证法的关系问题。“正统”的马克思主义者坚持认为主观辩证法是对客观辩证法的反映，将脱离客观规律而单独存在的主观辩证法视为唯心主义加以排斥，仿佛主观辩证法就是将客观规律移植到头脑中，并以此为自身的存在根基。客观辩证法，即自然辩证法在两者的关系中占据绝对的主导位置，而主观辩证法只居于从属地位，是客观辩证法的派生，两者的统一基础在于主观对于客观的符合，因此，辩证法被局限在了认识论的范围内。反对的观点则认为，所谓的客观辩证法不过是主体本质外化的结果,人在改造世界的过程中,总是将自身的本质对象化给自然界,使自然界能够不断地内化为人化自然,从而强调实践主体在辩证法中的核心地位。

第三,辩证法的核心原则问题。在列宁之后[①],苏联的哲学教科书一直将辩证法的三大规律之一的对立统一原则作为辩证法的核心原则。这引起了关于辩证法核心原则的争论。一方观点认为,对立统一原则贯穿于辩证法始终,是辩证法的动力所在,而另一方观点认为,对立统一原则作为辩证法的核心原则导致了将这一原则绝对客观化,从而使辩证法丧失了批判功能,成为对于现实的辩护。因此,他们主张以否定之否定原则作为辩证法的核心原则,从而发挥辩证法的批判功能,认为这样才能够真正地揭示马克思哲学的历史性。

第四,辩证法的思维范式问题。无论以上争论双方的观点存在多么大的分歧,都至少承认辩证法是主客体的统一,这就带来了以何种思维范式来使主观辩证法与客观辩证法相统一的问题,即以何种思维范式为统一基础的问题。一般来说,主张以自然辩证法为本体的唯物辩证法派更加倾向于以实证的方式对辩证法进行证明,并将最新的科学成果纳入辩证法中,这种观点往往将实践作为中介,作为主客体之间的沟通。另一方面,主张以人道主义为基础将主体辩证法与客体辩证法统一起来的观点认为,以实证主义为基础来诠释辩证法,使辩证法成为科学,实证主义的逻辑原则最终导致了机械决定论,导致了哲学的非历史化。因此,他们要求从历史的总体性以及历史主体的生成角度去研究辩证法,这样实践就不仅仅是主客体之间的中介,而是在历史中人之为人的根本所在。

三、马尔科维奇人道主义辩证法的理论特点及国内外研究现状

马尔科维奇作为南斯拉夫实践派的重要代表人物之一,其人道主义辩证法思想在东欧新马克思主义流派中独树一帜。如果考

① 值得说明的是,虽然对立统一规律作为辩证法的核心原则发端于列宁,但是苏联教科书体系对于对立统一原则的指认并不能够与列宁相提并论。因为在列宁那里,对立统一规律主要体现在个别与一般之间的矛盾在人类思维过程中的对立与统一,然而在苏联教科书体系那里,对立统一被完全客观化为自在自然具有的规律。

虑到围绕马克思实践人道主义所展开的争论以及二战之后东欧理论界所秉持的人道主义理论诉求等背景，这一理论所内蕴的重要价值就愈显珍贵。

(一)马尔科维奇人道主义辩证法的理论特点

其一，马尔科维奇人道主义辩证法思想揭示了人道主义与马克思主义之间内在的一致性。东欧各国在两次世界大战中沦为牺牲品，经历了被遗弃的孤独、屠犹的恐怖，以及斯大林模式与社会主义多样性探索之间的冲突，东欧思想界深刻地认识到："当对普遍和理性的渴望离开了个体良知和脚踏实地的土壤，即沦为魔鬼的猎物：肆无忌惮。"①东欧思想家们以对于"人性"的呼唤和反思为武器，来抗衡、听任外在普遍性肆虐的"冷漠"态度。因此，人道主义成为东欧思想界的主流理论诉求。然而，马尔科维奇并没有将马克思主义与人道主义对立起来，也没有简单地将人道主义与马克思主义嫁接在一起，而是致力于强调和阐释两者之间的内在统一。在他看来，彻底的人道主义不能停留在理论的层面，它应当成为实践层面人类亟待实现的历史可能性。马克思的理论从根本上说是一种批判思想，它通过对于异化现象——实有与应有之间的差异——的批判，展现了人类自决的潜能以及自我实现的无限可能性，"是最完整的，而且是历史上人的理性之最发达的表达"②。依马尔科维奇所见，人文科学的研究对象不外是历史主体实践的结果，历史也不外是人类自我实现的过程，而这恰是马克思实践人道主义所揭示的内蕴。所以，以人及其实践活动为核心的马克思哲学也就必然与人道主义有着内在的一致性。

其二，马尔科维奇人道主义辩证法是以马克思实践人道主义与传统人道主义之间的本质区别为出发点的。他认为本质主义预设了人之一种既定的、不变的、固定的理想本质，从而使批判家们为现存现象的虚假性做论证。相反，存在主义则否认了任何一种先于个别的、单一的、具体的存在的本质存在，致使人类活动和自

① [法]亚历山德拉·莱涅尔－拉瓦斯汀：《欧洲精神》，范炜炜等译，吉林出版集团有限责任公司2009年版，第47页。

② [南]马尔科维奇：《从富裕到实践——哲学与社会批判》，曲跃厚译，黑龙江大学出版社2012年版，第47页。

我发展的全部过程丧失了确定性。而马克思的实践人道主义则与两者有着根本的不同，它宣称“人在本质上是一种**实践**的存在，即一种能从事自由的创造活动并通过这种活动改造世界、实现其特殊的潜能、满足其他人的需要的存在”①，因此，马尔科维奇将马克思实践人道主义与南斯拉夫实践派对于“实践”概念的理解结合起来，认为实践既包括主体，即活动的人，同时也包括客体，即人于其中活动并改造的环境，进而揭示了实践人道主义的双重维度。从这种理解出发，历史进程转变为人的自我实现过程，理论人道主义中的主客体关系问题则转变为人与其实践结果之间的关系问题。

其三，马尔科维奇人道主义辩证法对于方法论的重视，直指辩证法这一核心问题。与其他南斯拉夫实践派的理论家从人道主义立场出发诠释马克思辩证法思想的方法不同，马尔科维奇反其道而行之，从辩证法出发揭示马克思实践人道主义的深刻内蕴，而这恰是关键所在。马克思通过其辩证法思想使实践与人道主义结合在一起，将辩证法从单纯的理论形式中拯救出来，从以外在于人的客观逻辑为中心的形式中拯救出来，从而恢复辩证法的实践特性。就此来说，真正意义上的人道主义本身就遵循着实践的辩证法或历史的辩证法，而真正意义上的辩证法也必然是人道主义辩证法或实践的辩证法。马尔科维奇认为，“**正如人就是自然科学的直接对象一样。自然科学和人的科学都属于一门统一的科学，所以，自然辩证法和社会历史辩证法是同一种辩证法**”②，而这就是马克思的辩证法，是一种导向彻底的人道主义的批判理论方法论。以这种理论传统为基础，提出辩证法的人道主义化与人道主义辩证法化的理论诉求。在马克思之后，重新揭示了实践、辩证法与人道主义三者的紧密关系，所以对于辩证法的单纯理论或知识化的理解方式也必然会导致实践的降格以及人道主义内涵的缺失。马尔科维奇对于苏联哲学模式辩证法的批判，以人道主义辩证法为核心构建实践人道主义理论。就此来说，辩证法的人道主义化就是要恢复人在辩证法理论中的根本地位，即恢复辩证法的实践特质，而

① [南]马尔科维奇、彼得洛维奇：《实践——南斯拉夫哲学和社会科学方法论文集》，郑一明、曲跃厚译，黑龙江大学出版社 2010 年版，“导论”第 18 页。

② [南]马尔科维奇、彼得洛维奇：《实践——南斯拉夫哲学和社会科学方法论文集》，郑一明、曲跃厚译，黑龙江大学出版社 2010 年版，第 18 页。

人道主义的辩证法化则是要恢复人道主义的全部内涵。

（二）马尔科维奇人道主义辩证法的国内外研究现状

我国学界对于马尔科维奇的研究缘起于20世纪70年代后期对于南斯拉夫实践派的关注。在这一特定时期，与对于马克思理论研究的多元化发展和关于真理标准的讨论热潮同步，国内学界逐步开始了对马克思哲学的人道主义意蕴的阐释以及对于苏联马克思主义哲学模式的反思，因而使南斯拉夫实践派的理论思想渐渐进入国内学者的研究视域，但是，在此之后，对于这一流派的理论就一直没有得到深入挖掘与研究。

在马尔科维奇著作翻译方面。早在1979年，三联书店就出版了《南斯拉夫哲学论文集》，其中收录了马尔科维奇的《马克思的社会批判理论》一文，然而此时国内学界对于南斯拉夫实践派还没有一个系统的认识，致使对于马尔科维奇的理论思想不甚明了，甚至没有明确定位。比如，1982年由中国社会科学院情报研究所编译、陕西人民出版社出版的《外国文艺思潮》，就仅将马尔科维奇定义为南斯拉夫文学批评家。1981年，三联书店又出版了译文集《关于马克思主义人道主义问题的论争》，其中收录了马尔科维奇的文章《工业文明社会彻底人道化的可能性》。1991年，社会科学文献出版社出版了由沈恒炎、燕宏远主编的《国外学者论人和人道主义》第3辑收录了马尔科维奇关于人道主义的论文。1994年重庆出版社出版了由郑一明、曲跃厚翻译的马尔科维奇和彼德洛维奇合编的《南斯拉夫“实践派”的历史和理论》，此书于2010年由黑龙江大学出版社重新出版，名为《实践——南斯拉夫哲学和社会科学方法论文集》。1995年，我国出版了《国外学者论斯大林模式》，其中收录了马尔科维奇的《斯大林主义和马克思主义》一文。此外，在黑龙江大学出版社出版的东欧新马克思主义译丛中，除了再版的《实践——南斯拉夫哲学和社会科学方法论文集》之外，还包括马尔科维奇的《当代的马克思——论人道主义共产主义》以及《从富裕到实践——哲学与社会批判》两部著作。虽然，局限在翻译层面的研究工作在一段时期内，并没有对于马尔科维奇人道主义辩证法思想足够重视，但是，由于越来越多的著作被翻译出版，一方面为其理论思想的深入挖掘和研究提供了基础，另一方面也向学界提出了深入研究的要求。

国内对于马尔科维奇思想的研究深化始于20世纪90年代末。学界通过留学归国的衣俊卿教授而对于南斯拉夫实践派的理论有了全面系统的认识。衣俊卿教授在自己的博士论文中对南斯拉夫实践派的理论进行了系统的梳理,并整理编著了《实践派的探索与实践哲学的述评》一书,由台湾森大图书有限公司出版。其后,衣俊卿教授一直致力于开拓东欧新马克思主义研究领域的工作,相继出版了《20世纪的新马克思主义》、《人道主义批判理论——东欧新马克思主义述评》等,并于2008年与黑龙江大学陈树林教授共同主编了《当代学者视野中的马克思主义哲学(东欧和苏联学者卷)》。2010年,衣俊卿教授主编了“东欧新马克思主义译丛”,其中包括《实践——南斯拉夫哲学和社会科学方法论文集》、《当代的马克思——论人道主义共产主义》和《从富裕到实践——哲学与社会批判》。衣俊卿教授还撰写发表了诸多相关文章,如先后于1992年和1999年发表在《现代哲学》上的《革命范畴的哲学反思——南斯拉夫实践派革命观述评》、《人的存在与辩证法——论实践派的辩证法观》等文章,为马尔科维奇思想的研究提供了重要的一手材料。

与衣俊卿教授相同,郑一明老师也很早对马尔科维奇的理论思想给予了关注,除了在提到过的关于马尔科维奇乃至南斯拉夫实践派理论研究的重要译著《实践——南斯拉夫哲学和社会科学方法论文集》外,郑一明老师还专门就马尔科维奇的人道主义辩证法撰写了两篇重要文章。《马尔科维奇的实践人道主义》一文发表于1988年的《哲学动态》上,系统地梳理了马尔科维奇的理论思想,并指出马尔科维奇的“实践的人道主义”的核心问题就在于对人的独特理解上。《马尔科维奇的人道主义辩证法观的历史形成》,发表于《哲学研究》1989年第6期,在该文中,郑一明老师将马尔科维奇人道主义辩证法思想的发展,分为怀疑斯大林本体论主义的辩证法,强调对社会现实的批判(1946—1948年),重新确立马克思主义哲学的实践人本学基础,积极开展现代逻辑科学问题的研究(1948—1960年),人道主义辩证法观的明确提出和深化(1960—1975年)以及总结和自我完善(1975年至今)四个阶段,并分别进行了论述。

此外,贾泽林老师在1982年的《哲学译丛》上发表了《南斯拉夫"实践派"著名哲学家米·马尔科维奇》一文,主要介绍了马尔科维奇的生平与主要理论思想。2002 年中央编译出版社出版了黄继锋先生所著的《东欧新马克思主义》,也对南斯拉夫实践派做了简要的论述,并且将马尔科维奇关于"实践"的观点作为整个南斯拉夫实践派"实践"观的重要代表,着重介绍了其实践理论。

由于南斯拉夫实践派曾一度在国际哲学界产生重大的影响,所以国外学者对于马尔科维奇的理论思想也给予了重视。苏联学者奥伊泽尔曼曾发表文章《关于马克思主义世界观的思考——与 M. 马尔科维奇院士商榷》(原载于苏联《哲学问题》杂志 1989 年第 10 期),文章在恢复马克思哲学人道主义传统方面对马尔科维奇给予了认可,但是在异化问题以及青年马克思著作与成熟马克思著作何者作为马克思理论的中心问题上存在着分歧。奥伊泽尔曼认为,马尔科维奇以最一般的抽象形式把异化概念解释为个人的可能性和有限而不充分地实现这种可能性之间的矛盾①,而根本没有考察异化劳动问题,并且马尔科维奇过分地看重没有摆脱哲学人本主义的青年马克思著作,而将成熟时期马克思的思想作为其青年时期思想的具体化的做法,从根本上割裂了马克思的学说与历史经验的关系。

来自美国的学者 A. 唐诺索则在《科拉科夫斯基、科西克和马尔科维奇关于人的概念》(原载于荷兰《苏联思想研究》1980 年第 4 期)一文中,比较了三者关于"人"的概念,他认为马尔科维奇的著作较前两者出版较晚,但是却看不出科拉科夫斯基以及科西克对其有什么直接影响,马尔科维奇的特点在于从人的矛盾出发,区分了人的描述概念与规范概念,并最终将人定义在了实践上。

除此之外,国外学界多有对马尔科维奇《辩证意义论》以及《人道主义与辩证法》内容的引用,但是很少有关于马尔科维奇人道主义辩证法思想的专门著述。David A. Crocker 撰写的论文《马尔科维奇的规范性实践概念》(*Marković's Concept of Praxis as Norm*)就马尔科维奇的实践概念进行了讨论,认为马尔科维奇强调人类和人类行为是多元化的,而实践是一种意识到自己最好潜能的活动,

① [苏]奥伊泽尔曼:《关于马克思主义世界观的思考——与 M. 马尔科维奇院士商榷》,潘培新译,载《哲学译丛》1990 年第 5 期。

它包括：在力所能及的范围内处理自己的意向、自我决定、创造性、社会性、理性以及一个人相对具有与众不同的能力和兼容性等诸多方面，并赞同马尔科维奇实质性批评的建设性。J. Kenneth Benson 在文章《组织：一个辩证观》(*Organizations: A Dialectical View*)中，也提到了马尔科维奇，文章认为马尔科维奇延续了马克思的传统，将社会视为一个辩证的过程，是一个生成的社会结构，从这种传统的观点来看，社会的制约因素就是现行的社会结构本身，人类创造的社会制约了人，从而使人努力地超越现有的制约，重新对社会进行组织，并且在 J. Kenneth Benson 看来，这就是马尔科维奇所强调的"否定之否定"。

与此相比，一些西方学者更加注重马尔科维奇整体思想以及他所代表的贝尔格莱德学派对于世界理论以及社会主义运动的重要影响。比如肯·科茨在马尔科维奇的《当代的马克思——论人道主义共产主义》一书的英文版总导言中指出，希望能够通过这一系列的著作，"有助于英语世界的工人运动来理解其同人"，并且"有助于拓展东欧和西欧的社会主义者之间的对话，并强调其旨趣和关怀的有机统一"。[①] 并且，在本书的前言中，肯·科茨详细介绍了马尔科维奇的理论思想在欧洲乃至世界的重要地位。作为伯特兰·罗素和平基金会的合作者，马尔科维奇的理论思想被罗素与其他基金会成员给予坚定的支持，而且当马尔科维奇与其他实践派成员在南斯拉夫国内面临巨大阻力时，他们受到了来自世界各地学者的声援。为此，肯·科茨将马尔科维奇所倡导的观点视为"对世界社会主义无与伦比的贡献"，并盛赞他的这部著作是这样一种证明(如果需要证明的话)，即贝尔格莱德学派是欧洲社会主义的主要的创造性成就之一，是远比南斯拉夫自身所包括的疆界要广大得多的世界财富。

从以上阐释可以发现，国外学者对于马尔科维奇相当的重视。一方面，多数国外学者将马尔科维奇的理论思想作为联系东欧与西欧社会主义运动的桥梁之一，并试图通过这一桥梁使两者能够产生对话，达成一致，以期推进世界的社会主义运动。在这种意义

① [南]马尔科维奇：《当代的马克思——论人道主义共产主义》，曲跃厚译，黑龙江大学出版社 2011 年版，"英文版总导言"第 2 页。

上，对于马尔科维奇理论思想的研究倾向相对局限于其整体思想的政治学、伦理学等部分，马尔科维奇则更多地以以一个世界左翼运动或社会主义运动的“实践者”身份出现，被视为特定时代民主政治思想探索的代表人物之一。

但是，另一方面，一部分国外学者或多或少地忽视了马尔科维奇本人所具有的深厚的马克思哲学甚至是西方哲学理论背景，这也许与20世纪中后期马克思哲学在西方的境遇有关。然而，无论如何，马尔科维奇之所以能够成为在欧洲乃至世界享有盛誉的理论学者，首先在于他身处在马克思哲学，进而处在整个西方哲学的传统之中，所以，如果不能将马尔科维奇置于这样的传统与背景中，那么就不可能窥见他思想的精髓。同样与他处于这样传统下的弗洛姆深刻地指出了这一点。在马尔科维奇的《从富裕到实践——哲学与社会批判》一书的英文版前言中，弗洛姆认为马尔科维奇的工作是“彻底的和诚实的”，并希望他的这部著作能够引起许多对把制造“革命的”短语描述为对马克思的杰出的“重新解释”极其厌倦的人的兴趣。[①] 在某种意义上，20世纪社会主义运动的诸多争论来自对马克思哲学不同的理解、阐释和发展，因此，马尔科维奇的理论贡献从根本上来自他对于马克思哲学的理解方式。

四、本书的框架结构

基于以上论述，本书试图通过对于马尔科维奇人道主义辩证法的研究和阐释主要解决三个问题：

第一，马尔科维奇人道主义辩证法思想的基本内涵；

第二，辩证法何以成为建构实践人道主义的方法论基础，亦即人道主义辩证法对理论人道主义方法悖论的超越；

第三，马尔科维奇人道主义辩证法思想的理论和现实意义。

由此，本书在结构上大致可以分为三个部分。第一部分包括，第一章：马尔科维奇人道主义辩证法的理论定位，以及第二章：马尔科维奇的实践人道主义理论。在第一章中，本书试图说明马克思哲学所开创的不同于理论人道主义与理论的“反人道主义”两者

① ［南］马尔科维奇：《从富裕到实践——哲学与社会批判》，曲跃厚译，黑龙江大学出版社2012年版，“英文版前言”第4页。

的道路，澄清马克思关于辩证法的主要观点，追溯这些观点在苏联教科书体系的实证主义思维范式下的丧失以及西方马克思主义和东欧新马克思主义对它们的复兴，并在以上的不同立场中对马尔科维奇的理论进行定位，即辩证法的人道主义化与人道主义的辩证法化。在第二章中，本书将逐步阐述马尔科维奇实践人道主义理论的整体思想、人道主义辩证法在其思想中的地位和作用，以及人道主义辩证法对于马克思理论的重要意义。

本书的第二部分包括，第三章：辩证法与人之存在；第四章：辩证法与人之历史；第五章：辩证法与人之自我实现。在这一部分中，本书将从马尔科维奇对于辩证法核心概念的理解入手，着重论述人道主义辩证法对理论人道主义方法论所带来的悖论，即对人之悖论、历史悖论与自由悖论的超越以及实践概念在人道主义中的重要意义。具体的思路大致如下：在第三章中，本书将从理论人道主义方法论的人之悖论入手，揭示其走向困境的根源，并论述实践人道主义辩证法对于人的存在的理解。在第四章中，本书将以理论人道主义历史悖论为内容，探讨丧失了实践理性维度的理论人道主义对于历史的错误理解，试图论述实践理性与人类历史之间的本质联系，以及将理论理性与实践理性相统一的人道主义辩证法对于历史的理解。在第五章中，本书将从理论人道主义的自由悖论入手，从“人的自我实现”这一基点出发，试图阐释实践哲学、人道主义与辩证法之间的内在联系以及马克思本人对于实践的观点。

第三部分是本书的结语，包括对于马尔科维奇人道主义辩证法的评价以及阐释马尔科维奇思想的理论与现实意义。

第一章　马尔科维奇人道主义辩证法的理论定位

马尔科维奇通过其人道主义辩证法思想，对马克思哲学进行了重新解读与再阐释，揭示了其中的实践人道主义内蕴。然而，作为马克思实践人道主义理论精髓的辩证法思想，从马克思到马尔科维奇之间的经历却并非一路坦途。苏联教科书体系对于马克思辩证法的实证主义理解方式使马克思的整体思想重新回到了黑格尔之前，停留在 18 世纪法国唯物主义的水平上，我们甚至可以在法国百科全书派的主要代表之一——狄德罗身上，看到斯大林主义下的马克思的身影。苏联教科书体系割裂了马克思与德国古典哲学之间，尤其是马克思辩证法与黑格尔辩证法之间的内在联系，以至于辩证法丧失了自身总体的、历史的和批判的维度。尽管是以黑格尔哲学的方式理解马克思，但是西方马克思主义的创始人卢卡奇却重新建构起他们彼此之间的联系，从而使辩证法得以在西方马克思主义的批判理论中重新焕发其活力，并对东欧的新马克思主义传统产生了深远的影响。正是在对于辩证法理解的不同方式所勾勒的坐标系中，马尔科维奇人道主义辩证法思想的独特性得以清晰地显现出来。

第一节　马克思对于辩证法的理解

“当前马克思主义的基本哲学问题是：如何使辩证法成为人道

主义的辩证法，而使人道主义成为辩证法的人道主义。”[①]马尔科维奇的这一论断至少说明了两点：其一，他认为当前马克思主义哲学的问题首先在于辩证法问题；其二，马克思辩证法问题的核心在于辩证法与人道主义之间的关系。这为我们重新理解马克思哲学的革命性变革提供了基础和全新的角度。

马克思终其一生都在自觉地运用辩证法，从而奠定了其在马克思哲学中的重要地位，但是与马克思思想的发展和变革相一致，他对于辩证法的理解也并非一成不变。毋宁说，马克思哲学变革的背后是更为深刻的方法论变革。从辩证法与人道主义之间的关系来看，马克思辩证法在发展的过程中存在着两个显著的关节点。第一个关节点在于通过对黑格尔辩证法的批判，将辩证法从理论人道主义，即认识论的框架中解放出来，完成了辩证法的实践人道主义化；第二个关节点在于通过对费尔巴哈人本主义的超越，赋予人道主义以人类生命总体的、历史的及实践的丰富内涵，从而完成了人道主义的辩证法化。

一、马克思对于黑格尔辩证法的批判

黑格尔哲学为青年黑格尔派留下了有力的批判武器。在此基础上，青年黑格尔派高扬黑格尔哲学的批判精神，最终使封建神学成为自由意志的批判对象。

作为青年黑格尔派的一员，博士论文时期的马克思深受这种批判哲学的影响，并凭借着黑格尔的辩证法在伊壁鸠鲁的原子偏斜理论中看到了自我意识的发生过程。在马克思看来，原子的偏斜就是对于直线的否定，而原子在偏斜或否定直线之前仍未获得自身的规定性。即是说，原子只有通过否定直线才能够成为自身，“在原子中未出现偏斜的规定之前，原子根本还没有完成”[②]。因此，在马克思眼中伊壁鸠鲁与德谟克利特自然哲学本质上的不同就在于前者正视了原子之为原子的经验世界的真实性，而后者则将作为直线的抽象原子的定在世界奉为圭臬。进而，马克思指出

① 沈恒炎、燕宏远：《国外学者论人和人道主义》第 3 辑，社会科学文献出版社 1991 年版，第 120 页。

② 《马克思恩格斯全集》第 1 卷，人民出版社 1995 年版，第 34 页。

"排斥是自我意识的最初形式"①,即排斥是自我意识赖以发生和存在的方式。这一论断的意义至今仍因后世对马克思此后诸多经典命题的关注而被忽视,然而对于马克思哲学的实践人道主义理解方式来说,它甚至可以成为马克思整个哲学赖以生发的原点,"哲学的世界化与世界的哲学化"就是植根于此的第一个理论命题。对马克思而言,这是批判封建神学的关键所在,因为按照伊壁鸠鲁的逻辑,"在抽象的个别性以其最高的自由和独立性,以其总体性表现出来的地方,那里被摆脱了的定在,就合乎逻辑地是全部的定在,因此众神也避开世界,对世界漠不关心,并且居住在世界之外"②。这样,在对伊壁鸠鲁哲学做了黑格尔式的阐释之后,马克思同其他青年黑格尔派成员一样,自觉地站在了他后来所批判的理论人道主义的立场上。

但是,现实改变了马克思。马克思在现实中发现了黑格尔普遍理性的虚假性,并开始逐渐走出对于理性的盲目崇拜,从对黑格尔批判哲学的信仰走向了对它的批判。

马克思在《1844年经济学哲学手稿》中称赞费尔巴哈是唯一对黑格尔辩证法采取严肃批判态度的人,而他的功绩之一就是证明了哲学不过是另外一种宗教,它同宗教一样是人本质的异化的存在方式,"黑格尔从异化出发(在逻辑上就是从无限的东西、抽象的普遍的东西出发),从实体出发,从绝对的和不变的抽象出发,就是说,说得更通俗些,他从宗教和神学出发"③。于是马克思展开了对于武器的批判。

首先,黑格尔虽然已经意识到人是一个生成的过程,但是黑格尔所理解的人不过是自我意识。因此尽管黑格尔"抓住了劳动的本质,把对象性的人、现实的因而是真正的人理解为人自己的劳动的结果"④,但是人的历史在他那里却始终不外是自我意识的历史,是绝对精神展现自身的历史,亦即思维的生产史。正因为这样,本应与人类历史、人类自我实现相关涉的辩证法在黑格尔那里仅仅停留在了形式上,停留在了单纯的逻辑学上。"纯思想的辩证法是

① 《马克思恩格斯全集》第1卷,人民出版社1995年版,第37页。
② 《马克思恩格斯全集》第1卷,人民出版社1995年版,第35页。
③ 《1844年经济学哲学手稿》,人民出版社2000年版,第96页。
④ 《马克思恩格斯文集》第1卷,人民出版社2009年版,第205页。

结果”[1],在马克思看来,黑格尔辩证法的逻辑化与神秘化,使其脱离了人的现实的历史生成,成为将现实异化作为自我意识的异化现象的“现象学”,成为期待黄昏的密涅瓦的猫头鹰。

其次,黑格尔的辩证法所造就的理论结果成为青年黑格尔派反对普鲁士封建统治的理论基础,但是马克思认为他们并没有对黑格尔的辩证法采取批判的态度,而是完全被黑格尔的逻辑学束缚。因此,青年黑格尔派的批判家们的批判仍然局限在黑格尔辩证法的形式批判中,却没有赋予批判以现实的历史内容。由于黑格尔将人简单地等同于自我意识,所以黑格尔的批判只在思维中有效,即“黑格尔在哲学中扬弃的存在,并不是现实的宗教、国家、自然界,而是已经成为知识的对象的宗教本身,即教义学;法学、国家学、自然科学也是如此”[2]。黑格尔在思维中批判的不过是思维中的宗教,却又因其辩证法的实质问题而使这种批判成为泛逻辑的宗教的思维。因此,这种批判只是费尔巴哈所言的“在思维中超越自身的思维”,而于人类现实的历史无益。

所以,马克思从黑格尔式的思维批判中解脱出来,在现实中完成人的本质的生成与实现。对于宗教的批判充其量只是理论上的人道主义,其以资产阶级的解放为目标,而只有以全人类的解放为目标的对于现实的改变,才能够成为一种“积极”的人道主义。马克思指出,如果说无神论作为神的扬弃就是理论的人道主义的生成,那么“共产主义作为私有财产的扬弃就是要求归还真正人的生命即人的财产,就是实践的人道主义的生成”,“无神论是以扬弃宗教作为自己的中介的人道主义,共产主义则是以扬弃私有财产作为自己的中介的人道主义”。[3] 在马克思对实践人道主义的阐发下,辩证法被从黑格尔式的结构中反转过来,即辩证法作为一种理论形式不再是思维运动的结果,而是对人之自我实现的现实历史过程的理论化,是一种现实的运动,“这个运动在其抽象[XXXI]形式上,作为辩证法,被看成真正人的生命”[4]。所以,历史的主体也不是黑格尔的绝对精神,不是作为认识结果出现的主体,而是现实

① 《马克思恩格斯文集》第1卷,人民出版社2009年版,第205页。
② 《马克思恩格斯文集》第1卷,人民出版社2009年版,第216页。
③ 《马克思恩格斯文集》第1卷,人民出版社2009年版,第216页。
④ 《马克思恩格斯文集》第1卷,人民出版社2009年版,第217页。

中不断经历自我实现历程的人。由此,通常意义上所说的马克思对于黑格尔"合理内核"的继承,就其本质来说乃是实现了辩证法的彻底的人道主义化。

由此可见,黑格尔的辩证法在马克思那里实现了本质上的转变,这也成为人道主义从理论走向实践的分水岭。尽管两者都是将辩证法作为历史的理论,但是两者的本质性区别就在于辩证法究竟是绝对精神的历史理论还是现实人的生存发展过程的理论。人的生存前提是对于自然的否定,将自然变成为我的自然,即人化自然。在这个过程中,人通过现实的活动,将自身的本质对象化,并在自然与自我的双重改造中达成人与自然、人与自身之间历史的统一,并不断推动着历史的前进。所以,人的存在体现为以实践为基础的自我确证的过程,而人的历史则体现为以人的自我实现为旨归的自我确证过程的展开。黑格尔辩证法从抽象的实体——绝对精神出发,并将对象化等同为异化,必然导致异化成为绝对精神实现的前提,绝对精神成为异化的终点。而马克思则从人的现实存在出发,将异化视为人类本质对象化的有条件的特殊历史形式。所以,异化就不再是为了历史的终结,为了扬弃"恶"的世界,回归"善"的世界的必然抽象环节,而成为人之存在的一种特殊的现实历史状态。进而,对于异化的扬弃也就从对自我意识异化现象的概念的和思维的批判走向了对人现实异化的历史的和实践的批判。因此,辩证法不再是黑格尔意义上的思维的辩证法,而是以人的现实存在为内容的历史的和实践的辩证法,即实践人道主义的辩证法。

二、马克思对于费尔巴哈人本主义的批判

马克思对于黑格尔辩证法的批判,也预示了他与费尔巴哈的决裂。费尔巴哈将宗教视为人类本质的异化,从而给马克思以很大的启迪,但马克思并没有因此延续费尔巴哈对于人类本质的理解,而是通过对于费尔巴哈的批判实现了人道主义的辩证法化。虽然费尔巴哈批判了黑格尔以自我意识替代现实的人的唯心主义理解方式,但是他仍然是在历史之外把人理解为一种类存在,理解为以抽象本质形式存在的"人"。这一观点曾饱受施蒂纳的批判,因为在施蒂纳看来,类存在的人不过是神的别名,同时这一批判也

指向了刚刚从黑格尔唯心主义体系中走出的马克思。因此，马克思在1845年以"提纲"的方式对费尔巴哈的人本主义进行了彻底的清算。实际上，马克思与费尔巴哈决裂的萌芽早已在1844年植根在《1844年经济学哲学手稿》当中。在对黑格尔辩证法进行批判的过程中，马克思已经开始注意到从现实历史的角度去理解人的生成问题。以往一切的唯物主义者之所以在其历史观中都是唯心主义的，是因为他们不能够理解历史主体本身的历史生成问题，而是脱离了历史，在思维中预设了人的本质。人的本质不能被简单地理解为单个人的抽象物，不能够被从直观的角度理解为存在的人所固有的普遍性或"类"，而应当从历史过程、从历史主体的自我实现的生成角度去理解，从历史的辩证法的角度、从实践的角度去理解。所以，在前一种对于主体的理解方式下，客体也就成为了直观的形式，不能被从主体创造的角度理解。因此，费尔巴哈也就无法"把人的活动本身理解为对象性的活动"，也就"不了解'革命的'、'实践批判的'活动的意义"。[①]

如果说黑格尔将人类的真实历史抽象成为了绝对精神的历史，用哲学代替了神学，那么费尔巴哈则走向了另一个极端，将人置于神坛之上，以抽象的人的本质代替了上帝。由此可见，丧失了彻底人道主义化的辩证法与丧失了辩证法的人道主义的结果是一致的，简言之，一旦辩证法与人道主义之间关系被割裂，以人之自我实现为核心的真正的人的生命将被遮蔽，从而导向上帝。虽然费尔巴哈是从抽象的人的本质出发，但是他与黑格尔却殊途同归。正如马克思所说，费尔巴哈是一名唯物主义者时，历史在他的视野之外，而当他以这种思想考察历史的时候，他是一个唯心主义者。一方面，费尔巴哈将人理解为一尊冰冷的塑像，不过是"单个人所具有的抽象物"，是可以直观的感性对象。另一方面，他抛却了人类的历史，人类的真正生命，使人成为了一种孤独的存在，忘记了过去，也没有憧憬的未来，似乎被"爱"的宗教所关照，似乎在自我的崇拜中得到了确证。但是脱离了现实的历史，费尔巴哈甚至连他所依赖的人的情感都无法明晰，因为他看不到这种情感背后隐藏着的人与人之间关系的历史本质。

① 《马克思恩格斯文集》第1卷，人民出版社2009年版，第499页。

首先,费尔巴哈以抽象的概念置换了现实人的丰富性,在揭示了彼岸世界的虚伪之后,他试图以人的类本质来确立此岸世界的合法性。但由于费尔巴哈并没有能够超越理论人道主义的框架,致使他所谓的人的类本质又重新回到彼岸世界。尽管人的生命中不能没有"爱",但是空洞的爱的宗教却不能代替人的全部生命。正如马克思和恩格斯在《德意志意识形态》中对于费尔巴哈的批判一样,"全部人类历史的第一个前提无疑是有生命的个人的存在"①。由此可见,此岸世界的合法性基础只有作为人的生命才能够得以确立,否则就无法成为一种真正的人道主义。费尔巴哈的进步性在于他第一次认识到人的类本质不能是外在于人的异化产物,而这种异化不过是人的自我异化。但是,当他在人的身上寻求根基时,却只找到了一副没有人之现实生命内容的躯壳。

其次,当这副躯壳被费尔巴哈以直观的方式看待时,人仍然是在自身之外。费尔巴哈所要求的人的类本质的复归在这种直观中走向了困境。本质的复归亦即人对于自我的确证,但是在直观的方式下,人确证的并非是自我,而是自我的抽象物、他物。爱的宗教创造了人的宗教,但是这种宗教与费尔巴哈所批判的作为人之类本质异化结果的宗教并没有本质上的差别。因为感性的确定性在这里被置换为了感性的直观,人在这个过程中,并没有得到自我的确证,而仍旧确证着他物。

所以,虽然不能否认费尔巴哈的人本学是一种人道主义,但是它却与马克思的实践人道主义存在着本质上的不同。其本质差别就在于马克思的实践人道主义始终在历史中,在现实人的实践中理解人。

第一,人以生命为前提,为了满足生存的需要,不得不否定着他所面对的世界,不得不将直观到的自然改造成为为我的自然。但是,这个过程并非是费尔巴哈所理解的对象性的过程。因为人类对于自然的理解与改造的最终目的乃是他们自身的发展与自我实现,人的活动不仅遵循万物的尺度,也遵循着自身的尺度,即是说,人类始终是从自身出发将世界实践的理解为为我的存在物。在这个主客体相统一的过程中,人类不仅改变了世界,也创造了自

① 《马克思恩格斯文集》第1卷,人民出版社2009年版,第519页。

身。因此,人类不能在主客体相对立的感性直观中确证自我,自我确证唯有在主客体的统一中,在自我实现的活动即实践中,在现实的历史中才能得以体认。

第二,人并非是僵死的抽象物。人的生命与存在无时无刻不在向历史敞开着,因此人也必定只有在历史的视域内才能够被正确理解。在《德意志意识形态》中,马克思和恩格斯正是从对唯物史观的创立出发,来对费尔巴哈以及黑格尔的追随者们进行清算的。纯粹实体的形而上学方式必定会导致历史的唯心主义,同样也必然导致人道主义僵死的理论化,因其无法正确理解人自身,它也就注定会走向自反,陷入本质与方法的矛盾困境中。因此,一种真正的人道主义也就必然要求能够正确地理解人自身,而这样的正确理解只有在辩证法的历史视域下才能够达到。真正的人道主义与辩证法天然地联系在一起,因为如果一种理论丧失了历史视域,丧失了真正的人的生命,那么它又如何能够自诩成为一种人道主义理论呢?

马克思对于费尔巴哈的批判,在历史的视域中以及在对人的真正理解上,以实践人道主义的辩证法为人道主义确立了实践的根基。如果说,马克思对于黑格尔的批判恢复了辩证法作为真正的人的生命的本质的话,那么对于费尔巴哈的批判则恢复了对真正的人的生命的辩证理解。

综上所述,马克思哲学的革命性就在于通过对黑格尔辩证法与费尔巴哈的人本主义的批判所形成的实践的人道主义,这种人道主义实现了辩证法的人道主义化与人道主义的辩证法化,从而将人道主义从解释世界的困境中拯救出来,使其从理论走向了实践。

第二节 恩格斯与列宁对于辩证法的理解

尽管马克思曾经想写一部关于辩证法的专门论述,但最终却没有完成。马克思逝世以后,恩格斯尝试完成马克思的工作,寻找和论证客观存在的普遍规律,并将辩证法定义为自然、社会以及思维的普遍规律。在恩格斯看来,辩证法与形而上学的对立就在于辩证法始终从运动、发展以及普遍联系的观点看问题。但是,恩格斯的《自然辩证法》更加注重自然界存在的普遍规律，利用丰富和大量的实证论据来论证自然辩证法的客观性。所以，恩格斯阐释下的辩证法主要是一种以客体为中心的自然辩证法。

一、恩格斯对于辩证法的理解

恩格斯在一定意义上继承了马克思对于辩证法的理解，从对黑格尔辩证法的批判中去理解辩证法。恩格斯在马克思逝世后对其理论的坚持，在澄清马克思哲学以及使马克思理论在诸如杜林等人的反动之下仍然发挥巨大的批判作用等方面做出了积极而且卓有成效的贡献。但是，由于与马克思在关于辩证法理解上的侧重点不同，以及出于对杜林等人进行批判的需要，恩格斯更多地是以自然科学的发展为辩证法提供合法性的证明。

恩格斯认为，由于研究者们不能够理解辩证法的思维方式，将对象看作固定的、永恒不变的实体，致使近代以来的自然科学走入了困境。他列举了大量的事例，以自然科学取得的进步与发现来印证辩证法的合法性，这些成果涉及生物学、天体物理学、化学、数学等领域。如果说牛顿要求物理学避免成为形而上学是要使物理学远离唯心主义的哲学方法，那么在恩格斯看来，牛顿恰恰为近代自然科学奠定了形而上学思维方式的基础。由此，恩格斯要将自然科学的研究方式置于近代哲学的最高成果，即辩证法的思维方式之下。与形而上学的思维方式相对立，恩格斯所理解的辩证法是关于世界的普遍联系、全面的、发展的学说，是要将研究对象置于世界的整体中，并从这一系统的总体性角度将对象作为始终处于发展与联系之中的环节加以研究。这种辩证法的思维方式在古希腊已经被以朴素的形式提出来，“在希腊人那里是天才的直觉，在我们这里则是以实验为依据的严格科学的研究的结果，因而其形式更加明确得多”①。

进而，在恩格斯所理解下的马克思对于黑格尔辩证法的批判，就是对于隐藏在神秘外壳下的合理内核的揭示，就是对黑格尔头足倒立式的辩证法的扭转。因此，马克思通过对于黑格尔辩证法的批判所展示出来的实践的人道主义的意蕴，在恩格斯的对于辩

① 《马克思恩格斯文集》第9卷，人民出版社2009年版，第418页。

证法的自然规律式的理解下被实证化与具体化。虽然，恩格斯也站在人道主义的立场之上，但是将自然科学的发展作为反对唯心主义与宗教神学的武器的初衷，却使他更接近于理论人道主义的立场。而作为实践人道主义重要中介的对于私有制的积极扬弃在恩格斯看来则是由历史必然性所决定的。然而囿于其论述角度，恩格斯意义下的历史必然性并没有明确地指向历史主体的生成维度，即人类的实践活动，而是侧重于客观的必然性准则，所以辩证法也就表现为主体之外的纯粹规律。尽管恩格斯也偶尔提及历史主体的创造性，“人是唯一能够挣脱纯粹动物状态的动物——他的正常状态是一种同他的意识相适应的状态，是需要他自己来创造的状态”①，但是这样的创造在他的必然性前提下被打上了宿命的烙印，因为“自然过程的辩证性质以不可抗拒的力量迫使人们承认它”②。人类历史的合法性在于它符合了自然历史的辩证法性质，所以就结果而言，历史主体创造性实践活动的作用被恩格斯的论述方式局限在了人类形成的自然史之中。

在恩格斯的解释下，辩证法是业已被自然科学证明了的普遍有效的知识与方法，甚至是自然、社会以及人类思维的普遍准则。辩证法在实证领域客体化为外在必然性，被划分为质量互变、对立统一与否定之否定三大规律，以及现象与本质、必然与偶然等五对重要范畴，并要求包括自然科学在内的一切科学以此为方法论基础，从而将哲学推向科学之科学的无上地位。

但是，诚如马尔科维奇所言，“真正的人的本质已经出现在人类历史中，自然界就是人的科学的直接对象，正如人就是自然科学的直接对象一样。自然科学和人的科学都属于一门统一的科学，所以，自然辩证法和社会历史辩证法是同一种辩证法”③。毋宁说，马克思和恩格斯所理解的辩证法的差异及其之间的关系正在于此，前者从历史的主体出发，而后者则侧重于辩证法在实证领域的合法性。但是，恩格斯的理解方式却为后世从纯粹客体化的角度理解马克思的辩证法思想埋下了隐患。尽管以实证的方式论证马

---

① 《马克思恩格斯文集》第9卷，人民出版社2009年版，第408页。

② 《马克思恩格斯文集》第9卷，人民出版社2009年版，第437页。

③ [南]马尔科维奇、彼得洛维奇：《实践——南斯拉夫哲学和社会科学方法论文集》，郑一明、曲跃厚译，黑龙江大学出版社2010年版，第18页。

克思辩证法在自然领域的合法性与对马克思辩证法进行实证主义方式的理解之间存在本质性的差别,但是却有着相同的理论结果,即自然辩证法。

一旦辩证法不能够被从主体生成历史的角度去理解,就走回了传统理性主义哲学的老路,历史主体维度的丧失必然最终导致这样的假象:以绝对的客观规律为内容的辩证法不是人之自我实现的理论形式的结果,而是人类历史发展纯粹"先验"的外在规定性,历史的生成必须以此为基准,否则就会出现偏差。因此,"原本"成为了"副本",马克思辩证法现实的历史实践基础遭受了实证主义理解方式的责问与剪裁。

二、列宁对于辩证法的理解

列宁曾深刻地指出,"不钻研和不理解黑格尔的全部逻辑学,就不能完全理解马克思的《资本论》,特别是它的第1章。因此,半个世纪以来,没有一个马克思主义者是理解马克思的!!"①这一方面说明列宁正确地认识到了黑格尔与马克思辩证法之间的密切联系,另一方面也揭示出列宁对马克思辩证法理解的局限性,即在没有读到马克思实践人道主义理论及对其辩证法集中阐释的核心文本——《1844年经济学哲学手稿》的历史前提下,列宁只能通过黑格尔的逻辑学这一中介来理解马克思辩证法的变革性,因而使列宁的理解方式具有浓重的认识论色彩。在列宁看来,马克思辩证法是逻辑学、认识论与辩证法三者的统一,进而他发现思维也存在着辩证规律,并且这一规律与自然界的规律相一致。因此与恩格斯相比较而言,列宁在主体辩证法与客体辩证法之间,更加重视两者的中介环节,更加重视对于客观世界的改造。然而,人类现实的实践活动被列宁局限在主观能动性在认识过程中的作用的发挥上,因此致使主观辩证法与客观辩证法之间现实的历史联系在某种程度上被割裂,并最终使列宁所理解的马克思辩证法成为一种认识论框架下的辩证法。在对于马克思辩证法理解的历史中,列宁是极为重要的一环。

一方面,列宁延续了恩格斯的思路,承认自在世界所具有的客

① 《列宁全集》第55卷,人民出版社1990年版,第151页。

观规律，并在此基础上揭示了人类认识过程中思维的形式与内容之间的关系。列宁认为客观规律并非仅仅局限在自然界，也是思维认识本身的规律，是思维认识活动的内容。在《哲学笔记》的“黑格尔《逻辑学》一书摘要”中，列宁十分赞赏黑格尔对于康德的批判。认识活动应当将自然界与人结合在一起，而在康德哲学中认识活动的结果反倒将人与自然隔离起来：人只能认识到现象而无法认识物自体。黑格尔对康德的批判启发了列宁。黑格尔认为康德的先验逻辑学仍是一种注重形式而忽视内容的主观形式逻辑。认识本身必然存在其内容，但是康德的批判哲学总是将思维放置在主体和客体之间，将主体与客体隔离起来，似乎有一些事物是站在思想的彼岸世界，然而这些事物不过只是空洞抽象的思想之物，因此纯粹的自在之物是根本不可能存在的。列宁对黑格尔的这一批判给予了极高的评价，但是他同时也指出，黑格尔所谓的思维认识活动的内容乃是事物的本质，即事物的概念，这只是唯心主义的说法。对于唯物主义来说，思维认识活动的真正内容“不是事物，而是事物运动的规律”[①]。因此在列宁对于辩证法的理解中，认识就成为思维对于事物运动规律的反映，“事物的辩证法创造观念的辩证法，而不是相反”[②]。

另一方面，继恩格斯提出了辩证法的三大规律之后，列宁将对立统一规律作为辩证法的核心规律。在列宁看来，事物的辩证法体现在事物的运动与发展中，而这种运动与发展是由事物自身内在矛盾所决定的事物的自我运动。因此，列宁将事物自我运动的根源与动力归结为同一事物自身所包含的对立面的斗争，即对立面的统一。“可以把辩证法简要地规定为关于对立面的统一的学说。这样就会抓住辩证法的核心，可是这需要说明和发挥。”[③]列宁将此作为能够正确理解马克思辩证法的关键。列宁自己在《谈谈辩证法问题》中对上述论断进行了说明和发挥，从而得出了辩证法是人类的全部认识所固有的结论。“从**任何一个命题**开始……就已经有**辩证法：个别就是一般**”，并且“这就表明辩证法本来是人类

① 列宁：《哲学笔记》，人民出版社1956年版，第91页。

② 列宁：《哲学笔记》，人民出版社1956年版，第210页。

③ 列宁：《列宁选集》第2卷，人民出版社1995年版，第412页。

的全部认识所固有的”。[①] 甚至哲学唯心主义也不是胡说,而是经过了无限复杂的辩证认识后的结果,只不过这一结果片面地夸大了认识的某一特征或方面,以至于脱离了现实,成为绝对的神话。

此外,列宁对于辩证法的理解还包含了被苏联教科书体系所忽视的重要一点,即其从来没有以实证主义的方式去理解马克思辩证法。真理即是观念与客观规律的符合,虽然列宁认为规律是与现象相统一的,但是他仍然不断地强调规律只是对现象的静止的反映,因此不可以将规律的概念绝对化、简单化与偶像化,“真理**只是在它们的总和**(zusammen)**中**以及在它们的**关系**(Beziehung)**中**才会实现”[②]。孟宪忠先生在其著作《实践辩证法导论》中,提出了将列宁的认识论作为一种广义的认识论来理解的观点。孟宪忠先生认为,这种广义的认识论不仅包括从客体到主体的认识过程,而且也包括从主体到客体的实践过程。虽然列宁将实践作为客观过程,但是他也指出这种特殊的客观过程有人的目的性参与其中,人总是在现实的条件与结果的辩证关系中将自身的规定性对象化于自然界。

可见,列宁对于实践的理解较恩格斯来说具有一定的进步。然而因为他未能从马克思实践人道主义这一哲学革命的角度出发,所以实践仍没有获得其应有的地位,只能够成为认识论范围内的附属。从主观到客观的实践活动只是为了使主观的概念和目的接近真理,从而证明观念、概念、知识、科学的客观实在性,为人的认识活动服务。以主观能动性的形式参与到认识过程中,其结果只是将机械的反映论变革成为能动的反映论。

但是,这仅是就列宁对于马克思辩证法理解的矛盾中的形式方面而言,而就其内容来说,列宁辩证法无异于揭示了马克思实践人道主义在认识论框架下的具体体现,即一种以认识论为形式的实践哲学。简言之,列宁与马克思所理解的辩证法之间的差异仅仅在于哲学形式的不同。在实践哲学框架下体现为否定之否定规律的人类现实的历史活动在认识论框架下必然首先以个别与一般之间的对立统一关系呈现出来,即在人类实践过程中自身本质与

① 列宁:《列宁选集》第2卷,人民出版社1995年版,第558—559页。

② 列宁:《哲学笔记》,人民出版社1956年版,第209页。

对象化之间的历史关系在思维形式中体现为对立统一的认识关系。毋宁说,列宁由于其认识论框架的局限只是揭示了马克思实践人道主义在认识过程中的形式,而没有发现个别与一般之间的辩证关系是现实历史进程中人之自我实现这一核心内涵的理论形式,以及它对于马克思实践人道主义甚至整个实践哲学的重要意义(这一点我们将在之后的章节中进行详尽的论述)。不论怎样,列宁对于马克思辩证法的认识论理解虽然展现了其在认识论中的具体表现形式,却并没有涵盖它的全貌,尽管只差一步之遥。如果不能获得对马克思辩证法的认识论形式与其整体之间关系的自觉,也就无法理解其作为人类自我实现过程的理论结果,作为人的真正的生命的丰富的历史内涵。苏联教科书体系正是在忽视这一自觉的道路上愈走愈远。

第三节 马克思主义的后继者们对于辩证法的理解

在列宁之后,斯大林主义模式的社会主义弊端逐步显现出来,高度的集中制对于个性的泯灭致使社会主义制度的人道主义问题越来越受到重视。欧洲无产阶级革命的低谷也促使卢卡奇等人开始对辩证法进行反思。一系列以辩证法为核心、以社会主义人道主义为主旨的论战就此展开。

一、苏联教科书体系的理解方式

基于恩格斯自然辩证法与列宁对于辩证法的理解,苏联教科书体系将马克思主义哲学划分为辩证唯物主义与历史唯物主义两大部分,其中辩证唯物主义由辩证唯物论与唯物辩证法以及认识论三部分组成,将辩证唯物主义立基于自在自然的先在性,并以自在自然的存在客观规律作为唯物辩证法的核心。唯物辩证法由三大规律、五对重要范畴构成,而历史唯物主义则是以辩证唯物主义的方法考察历史的理论结果,旨在揭示历史发展的辩证法特性。

这就导致马克思所创立的实践人道主义的辩证法长期以来一直被教条地理解为贯穿于自然、社会与思维三大领域的客观规律,而对这一辩证法所谓的实际运用则被简单化与实证化为作为历史主体的人对于客观规律的遵守。这种理解方式的弊端在社会主义的探索与建设过程中越来越清晰地显露出来,从而受到多方质疑。

第一,在哲学形态层面上,对于马克思辩证法的实证主义的教条理解,致使对于马克思哲学整体的理解重新回到了近代哲学以来的认识论框架,从而遮蔽了它的彻底的变革性。近代哲学所开创的哲学认识论转向,继承了肇始于苏格拉底的人文主义传统,在很大程度上张扬了人的主体性,将人从纯粹的自然主义与人格的上帝中解放出来。但是,当理性成为人类自我确证的标准与认识真理的工具时,人就被理性抽象地代替了,思维与物质被划分为两极,“真理”被定义为理性在认识世界过程中先验的主体对于先验的客体的“符合”。反映论辩证法尽管一再强调“主观能动性”对于客体的反作用,但是对于辩证法的应用依然以不以人的意志为转移的、被从现实世界与历史中抽象出来的客观规律为前提,即使这种规律不断地被实证的自然科学证明,也只能说明反映论辩证法仅仅是对于“知识”的掌握而不是创造性的应用。这样,原本在马克思辩证法中统一起来的主客体又一次被分裂了。虽然马克思辩证法包含认识论的维度在内,但却不仅仅是一种认识论。反映论辩证法将其局限在这一范围内,实际上是用教条的客观原则替代了马克思改变世界的创造性的主体原则。

第二,既然在反映论辩证法下,主体和客体的关系仍然被局限在传统认识论框架之内,并且存在着分裂,那么这种辩证法就面临着一个不可回避的问题,即马克思辩证法的革命性究竟在哪里。反映论辩证法自然不能忽视马克思这一经典命题,所以分裂的主客体被作为中介的实践联系在一起,但是,将辩证法作为客观的永恒规律,也导致了对马克思辩证法革命性的庸俗化理解。首先,实践成为人类认识世界过程的环节。人类通过实践,从而得到对世界的认识,又通过这种认识去指导实践,并在实践中检验认识的真理性,即实践—认识—再实践的循环往复过程。其次,作为认识世界环节的实践被局限在经验范围之内,并被简单地理解为人类日常的生产和劳动。人类通过实践掌握大量的感性经验材料,并在此基础之上上升为理性,抽象出普遍的规律准则,造成了以抽象普遍性剪裁丰富多样性的后果。既然实践是在经验范围之内,那么就必然是实证的,因此也就必然适用于实证的科学方法,即是说可以采用静态的模型和分门别类的部门式分析方法对现实进行“纯粹科学”的研究。这在理论上体现为以实证科学的具体例证为马克思辩证法的合法性提供证明，而纯粹自然科学的研究方式和证明方法却在很大程度上忽视了马克思辩证法的历史性与革命性。局限在经验内部的实践观在现实中则体现为以“经济决定论”与一劳永逸的暴力革命为主流的庸俗的无产阶级革命观。

第三，反映论辩证法以及对于实践的实证主义方式的理解导致了人和人类历史的式微。反映论辩证法将客观规律视为教条的外在原则，将人类置于由自然规律支配的抽象世界中，并进而以从经验中抽象出来的普遍性规律作为绝对的历史准则，将人类历史置于自然规律或者自然历史的附属地位。与此同时，苏联教科书体系对于实证主义方法的推崇，也将理论理性层面的对“事实”的认知与实践理性层面的对“价值”的追求推向了分裂的境遇。因此，原本以人的自我实现为核心，表征人类现实历史发展并极具革命性的马克思辩证法出现了萨特所批评的“人学的空场”。

由此可见，苏联教科书体系非但没有继承马克思所开创的实践人道主义路径，反而在实证主义的路径上与其背道而驰。历史主体生成维度的丧失，迫使作为历史创造者的人沦为单纯的认识主体。在人由历史的创造者向世界的观察者的身份转换的过程中，人类自身的历史则转换成为纯粹的自然史。

二、西方人道主义马克思主义的理解方式

自欧洲的无产阶级革命走向低谷以来，卢卡奇等西方马克思主义奠基者便开始对所谓的“正统”的马克思主义进行反思。与苏联教科书体系不同，西方马克思主义者们更加重视马克思辩证法与黑格尔之间的关系，而不是在恩格斯的自然辩证法中寻找马克思辩证法的革命性变革的因素。因此，以卢卡奇为首的西方马克思主义者们及其理论的意义就是要将马克思辩证法重新与创造性的历史主体联系起来，重新与马克思实践的人道主义联系起来。他们或重新阐发对于马克思辩证法的看法，或突出实践概念在马克思哲学中的重要地位，并以此来呼唤马克思实践人道主义的复归。

尽管与列宁的初衷不同，但卢卡奇继其之后再一次使马克思

与黑格尔之间的承继关系成为理解马克思辩证法的关键问题之一,并重新引起了马克思主义者们的重视。在卢卡奇看来,恩格斯并没有注意到马克思辩证法的核心在于历史主体与客体之间的辩证关系,他认为,辩证法是由一个规定转变为另一个规定的连续不断的过程,是矛盾的不断扬弃,不断相互转换,因此片面的和僵化的因果关系必定为相互作用取代,但是由于历史主体与客体的辩证关系被忽视,所以恩格斯未能认识到"在一切形而上学中,客体,即思考的对象,必须保持未被触动和改变,因而思考本身始终只是直观的,不能成为实践的;而对辩证方法说来,中心问题乃是改变现实"①。所以,卢卡奇坚决反对作为纯粹规律的自然辩证法。在他看来,不存在独立的主体辩证法和客体辩证法,只有在历史主体与客体的辩证关系中被理解的辩证法才是有效的。因此,卢卡奇将自然排除在辩证法的适用范围之外。而且,丧失了历史主体实践维度的研究方式是导致物化的意识的根源,它使得历史现实只能被作为事实来理解,因而理论就成为脱离了历史的为现存事物辩护的力量。以此为出发点,卢卡奇要求从历史总体的角度把握人:人既是历史的主体也是历史的客体。这是因为以实践方式存在的人的意义就在于他本身是历史的环节。进而,卢卡奇认为欧洲的无产阶级革命需要以无产阶级自觉的阶级意识为前提,并将马克思主义引向以人本主义为核心的文化批判的路径。

科尔施同样非常重视马克思与德国古典哲学尤其是黑格尔之间的关系。在他看来,在所谓"正统"的马克思主义者们眼里,马克思主义本身是缺乏哲学内容的。这是因为"正是许多看上去最正统地依照导师指示行事的后来的马克思主义者,却以同样随便的方式去对待黑格尔哲学乃至全部哲学"②。虽然在 1845 年之后,马克思和恩格斯不再把他们新的唯物主义和科学的见解表述为一种传统意义上的哲学见解,但是这并不足以说明马克思对于哲学的"消灭"与以往全部哲学传统之间存在着历史上的断裂。实际上,"德国古典哲学,这一资产阶级革命运动的意识形态表现,并未退

① [匈]卢卡奇:《历史与阶级意识》,杜章智、任立、燕宏远译,商务印书馆 1996 年版,第 50 页。

② [德]柯尔施:《马克思主义和哲学》,王南湜、荣新海译,重庆出版社 1989 年版,第 2—3 页。

场”,并且它此后“作为无产阶级革命运动的一般表现而出现在观念的历史上”。① 因此,马克思的哲学革命就应当被理解为把全部哲学作为现实来把握,并要求在实践中反对整个现实世界,“它的理论认识了社会和历史的整体,而它的实践则颠覆了这个整体”②。

葛兰西的实践一元论将实践理解为理论与行动的统一,并认为实践哲学是一种创造性的哲学。在实践哲学的理解方式下不存在自在的“现实”,毋宁说“现实”就是对于历史的改变,并且它只存在于历史主体与历史的关系中。“实践哲学……其之所以是‘创造性的’,也是因为它指出并不存在本身的、自在的和自为的‘现实’,‘现实’却始终存在于同那些改变它的人们的历史的相互关系中。”③正因为如此,哲学的历史意义就不是对于所谓自在现实的直观的解释,而是在多大的程度上能够改变社会的现状。实践哲学是一种批判的行动,它能够使理论得以同实践相统一。马克思哲学的诞生到列宁最终掌握无产阶级现实的领导权的过程,就是从科学走向实践、理论与实践相统一的过程。葛兰西同样注意到了历史主体,即实践主体本身的历史性,他将人的本性视为一个有意识改造现实关系的生成过程,“人在实质上是位‘政治家’,因为他的‘人道’,他的‘人的本性’是在有意识地改造和指导其他的人的活动中实现的”④。

作为法兰克福学派第一代领军人物之一的阿道尔诺(也为阿多尔诺)十分重视辩证法思想,他与霍克海默合著的《启蒙辩证法》与他的《否定的辩证法》都与辩证法有关。在《启蒙辩证法》中,阿道尔诺与霍克海默以批判技术理性为目的,论述了启蒙运动的神话本质。人类对于技术理性的盲目崇拜,使原本作为工具以对抗神话的科学技术成为上帝的替代品,“他们用公式替代概念,用规则和概率替代原因和动机”⑤。启蒙运动所设想的人类赖以自觉运

① [德]柯尔施:《马克思主义和哲学》,王南湜、荣新海译,重庆出版社 1989 年版,第 13 页。

② [德]柯尔施:《马克思主义和哲学》,王南湜、荣新海译,重庆出版社 1989 年版,第 38 页。

③ [意]葛兰西:《狱中札记》,葆煦译,人民出版社 1983 年版,第 29 页。

④ [意]葛兰西:《狱中札记》,葆煦译,人民出版社 1983 年版,第 45 页。

⑤ [德]霍克海默、阿道尔诺:《启蒙辩证法》,渠敬东、曹卫东译,上海人民出版社 2006 年版,第 3 页。

用的理性转而成为新的上帝,人们像崇拜上帝一样重新匍匐在普遍真理和规律脚下。因此启蒙理性同样是柏拉图与亚里士多德形而上学的遗产,同样是一种神话思维。人类在启蒙的过程中将自己“装扮”为自然的骄子成为合理性外衣下的抽象物,进而形式的多样性被简化为状态和序列,人类历史被简化为事实,事物被简化为物质。在阿道尔诺和霍克海默看来,人类在启蒙中陷入了基于技术理性对于自身进步的盲目自信中,“一旦未知数在数学步骤中变成一个等式的未知量,便说明在所有价值尚未设定之前,它就是完全已知的了”①。人们总是幻想可以通过对知识的掌握,通过将理性伪装成无所不知的上帝来摆脱对于世界的恐惧,但这也就说明技术理性与神话两者是同质的,只不过神话是将非生命的神祇与生命结合起来,而启蒙理性则是将生命与非生命的自然结合在一起。因此,科学与神话一样都是对于恐惧的解释,不过是以合理性外衣替代了神秘性外衣的神话,“在此之前,偶像是服从于等价原则的,而现在等价物本身变成了偶像”②。霍克海默与阿道尔诺因而得出结论,认为“被启蒙摧毁的神话,却是启蒙自身的产物”③,甚或说神话本身也不过是启蒙的一种具体形态。神话也好,合理性也罢,不过是人类为了摆脱恐惧,为弥合自然的二重性所找到的抽象的统一形式,这种形式可以被无限地替换,并且每一次替换都会成就一个新的神话,因此启蒙也就成为一个无限的否定之否定的过程,成为需要被不断重写的现代性。

阿多尔诺(即阿道尔诺)在《否定的辩证法》中进一步阐释了他的辩证法思想。在他看来,作为自然二重性的形式上的统一的神话与启蒙理性等,本质上都遵循了二元论的思维方式。“凡在宣扬某种绝对‘第一性’之物的地方都会谈到次于它的东西,谈到和它绝对异质的东西,即它的意义上的关联物。第一哲学便和二元论

① [德]霍克海默、阿道尔诺:《启蒙辩证法》,渠敬东、曹卫东译,上海人民出版社2006年版,第19页。

② [德]霍克海默、阿道尔诺:《启蒙辩证法》,渠敬东、曹卫东译,上海人民出版社2006年版,第12页。

③ [德]霍克海默、阿道尔诺:《启蒙辩证法》,渠敬东、曹卫东译,上海人民出版社2006年版,第5页。

走到一起来了”[1]，因此“绝对的二元性就是统一性”[2]。思维利用概念把握存在，因此非概念性的因素就会被排除在概念系统之外，就会形成抽象的同一性，“思维就意味着同一”[3]。思维的抽象同一性的极端形式的现实表现之一就是极不人道的种族灭绝——奥斯维辛之后不再有诗——甚至是人类的崇高在这种排斥异质的血腥的同一性下也黯然无光。所以阿多尔诺宣扬一种不断的、彻底的否定观以对抗这种同一性的趋势。正如启蒙是一个不断否定的过程一样，思维也不得不经历这样的历史过程，即思维要想成为现实就必须首先成为否定自身的思维。虽然阿多尔诺的否定的辩证法由于其理论的“解构”作用被打上了“后现代”的烙印，但是对于辩证法否定之否定因素的突出强调反倒令他的辩证法观点具有了苏联教科书体系所不具备的历史性。

萨特作为存在主义马克思主义者，终生致力于存在主义与马克思主义的结合，并且明确提出存在主义就是一种人道主义。在萨特看来，人“在把自己投向未来之前，什么都不存在；连理性的天堂里也没有他；人只是在企图成为什么时才取得存在”[4]。因此，人的自由就体现在对于成为一个什么样的人的选择中，甚至不选择本身也是一种选择，但人的这种自由并不是绝对的，个体在进行了选择之后必须为自己的选择承担责任——不仅是为他自己，还要为所有人负责。人的行动的意义就在于他的目的性，并且人的行为的目的是绝对的，即是说，尽管人的行动的目的最终不一定会成为现实，但是这一目的却是始终存在的。萨特并不认同自己是一位悲观主义者，人与绝对的目的之间虽然始终保持着某种张力，而他却在其中看到了人类未来的希望。在此基础上，萨特认为恩格斯的自然辩证法实际上是将历史抽象为符合自然法则的函数关系[5]，然而以实证主义方式对于人类的历史进行考察是无法真正地理解人类历史的，所以萨特以匮乏作为历史本体论的预设，将个体

---

① ［德］阿多尔诺：《否定的辩证法》，张峰译，重庆出版社1993年版，第135页。

② ［德］阿多尔诺：《否定的辩证法》，张峰译，重庆出版社1993年版，第172页。

③ ［德］阿多尔诺：《否定的辩证法》，张峰译，重庆出版社1993年版，第3页。

④ ［法］萨特：《存在主义是一种人道主义》，周煦良、汤永宽译，上海译文出版社2005年版，第8页。

⑤ ［法］萨特：《辩证理性批判》(上)，林骧华、徐和瑾、陈伟平译，安徽文艺出版社1998年版，第284页。

实践作为原初自明的辩证经验，将实践—惰性视为人的异化过程，从而为人类历史进程设计了一个渐进—逆溯的图示。本书在这里不打算对萨特的人学辩证法理论做过多的论述，但需要指出的是，正如海德格尔对萨特的人道主义观点所做出的评价那样，萨特和马克思的人道主义与他们之前的人道主义理论并不相同。萨特将历史的主体理解为现实的个体的人，而不是具有普遍性与抽象性的“人”。所以，萨特的人学辩证法在某种意义上将人与自身历史的关系转变为人与“成为一个怎样的人”的目的之间的关系，即作为选择主体的个体与作为行为目的的总体的人——因为选择即是为所有人承担责任——之间的关系。进而，人的“整体性”也就转变为作为过程的人的“整体化”。如果说列宁对于马克思辩证法的理解指明了人的个体与总体之间的关系在认识论框架下的理论形式——个别“就是”一般——的话，那么可以说萨特与马尔科维奇所要揭示的就是这一关系在实践论框架下的理论形式，即个别“如何是”一般，而这正是理解马克思实践人道主义理论的关键所在。

三、东欧新马克思主义理论家们的理解方式

科拉科夫斯基一直被视为马克思主义的离经叛道者，他从早期开始就一直关注马克思主义哲学的人道主义问题。科拉科夫斯基认为，意识形态与科学无法相容，所谓“科学的意识形态”是不存在的。意识形态由于其特性，总是使自身避免受到理性的检验，并且在一定程度上威胁了科学。因此，“尽管马克思的辩证方法能够发挥理智的影响，但是由于意识形态和具有科学价值的科学传统混杂在一起，这种意识形态本身有时甚至是自相矛盾的”①。进而，科拉科夫斯基在《马克思主义的主要流派》中进一步揭示了马克思理论的内部矛盾，认为马克思这一流派的“思想开始是普罗米修斯式的人道主义，发展的顶峰是斯大林的暴政”②。他将马克思理论的来源分为三个动机：浪漫主义、人道主义以及启蒙运动理想下的唯理主义。在科拉科夫斯基看来，辩证法产生于人的有限性与世

① 衣俊卿、陈树林：《当代学者视野中的马克思主义哲学：东欧和苏联学者卷（下）》，北京师范大学出版社2008年版，第104页。

② 衣俊卿、陈树林：《当代学者视野中的马克思主义哲学：东欧和苏联学者卷（下）》，北京师范大学出版社2008年版，第114页。

界无限性之间的矛盾[①]，这一矛盾自产生之初便成为一个核心问题：从古希腊经由基督神学直到黑格尔，并深深地影响了马克思。以此为根据，科拉科夫斯基认为恩格斯与马克思两人的态度呈现出鲜明的对比，“第一是自然主义进化论与人类本位主义的对比；第二是对知识的专门性解释与将实践的认识论的对比；第三是‘哲学的没落时代’这种想法与哲学并入整个生活这种想法的对比；第四是无限进步与革命的末世论的对比”[②]。虽然科拉科夫斯基最终抛弃了马克思主义，但是他却清晰地指出恩格斯与马克思在对于辩证法的理解上存在着差异，并且有限与无限或者说个别与总体之间的关系问题是辩证法的核心。

科西克直接将自己的著作命名为《具体的辩证法》。他认为“辩证法探求‘物自体’，但是，‘物自体’并不直接地呈现在人面前”[③]。呈现在人面前的乃是一个伪具体世界，是表面的、现象的、拜物教化的、日常观念的以及固定客体的世界，对于这一世界的摧毁需要革命—批判的实践、辩证思维以及真理的实现与人类实在的形成，从而能够发现伪具体世界背后的本质性结构。辩证法的关键在于从整体上对事物加以考察，但是当辩证法成为一种专事还原的方法之后，总体的维度也就丧失了，“对总体概念的主要修正是把它降低为一种方法论训条，一种研究实在的方法论规则。结果，这个辩证概念退化为两个极为浅薄的老生常谈：每一种东西都与其他的一切东西相联系；整体大于部分之和”[④]。因此，真正有效的辩证法一定要具有具体、总体的品质，即必须要在人的历史与实践中把握总体性，“具体总体的辩证法并不幼稚地渴望毫无遗漏地认识实在的一切方面……不是捕捉并描述实在的一切方面、属性、特性、关系和过程的方法，它是关于实在之具体整体的理论。……把实在看作是具体的，看作是一个有结构的（因而不是混

① ［波］科拉柯夫斯基：《马克思主义的主流》，马元德译，远流出版事业股份有限公司1992年版，第19页以下。

② ［波］科拉柯夫斯基：《马克思主义的主流》，马元德译，远流出版事业股份有限公司1992年版，第120页。

③ 衣俊卿、陈树林：《当代学者视野中的马克思主义哲学：东欧和苏联学者卷（下）》，北京师范大学出版社2008年版，第136页。

④ 衣俊卿、陈树林：《当代学者视野中的马克思主义哲学：东欧和苏联学者卷（下）》，北京师范大学出版社2008年版，第151页。

沌的）整体，一个进化着而不是一成不变的整体，一个处在形成过程中的整体，而不是只有某些部分或部分的排列变化的现成整体"①。由此可见，科西克正是以其具体的辩证法观点来批判苏联教科书体系对于辩证法的实证主义理解方式，并试图重新恢复马克思辩证法思想的历史性与活力。

自20世纪60年代初，南斯拉夫哲学的发展就一直伴随着对于斯大林主义以及苏联教科书体系哲学的批判。其间在南斯拉夫崛起了一大批理论人才，他们以萨格勒布大学与贝尔格莱德大学为中心，以《实践》杂志为理论阵地，并且利用科尔丘拉夏令学园与当时诸多世界知名哲学家一道直面理论前沿，并最终使南斯拉夫哲学一度在世界上享有盛誉。

南斯拉夫人道主义派对于辩证唯物主义派的集中批判在以"实践、主体、客体和反映"为中心议题的南斯拉夫布莱德湖会议（1960）上得到了充分体现。人道主义派利用这次会议与辩证唯物主义派展开了激烈的争论。辩证唯物主义派坚持认识论框架下的唯物辩证法，但是南斯拉夫人道主义派却坚持认为辩证法不仅是一种认识论的观点，并试图以此来恢复马克思的实践人道主义。

本次会议的内容在衣俊卿教授的《实践派的探索与实践哲学的述评》一书中有十分详尽的论述。衣教授认为，正是在这次会议上，马尔科维奇试图从实践范畴分析引出主体、客体等其他范畴，并开始突破认识论水平，转向人本主义—本体论。② 除此之外，其他南斯拉夫实践派成员也在本次会议上阐释了自己的理论观点。

彼得洛维奇认为反映论可以划分为两种：一种是作为所有精神生活本质的反映，即意识是客观实在的主观的反映形式；一种是作为认识与真理的本质的反映。在彼得洛维奇看来，以上两种反映论都站不住脚。它们违背了马克思关于人是实践的创造性的存在物的理解，对世界的任何一种反映或解释如果不在某种意义上也改变世界是完全不可能的。因此，彼得洛维奇认为反映论应当被抛弃，并以马克思关于人是实践的存在物的理解以及思维是人

① 衣俊卿、陈树林：《当代学者视野中的马克思主义哲学：东欧和苏联学者卷（下）》，北京师范大学出版社2008年版，第153页。

② 衣俊卿：《实践派的探索与实践哲学的述评》，森大图书有限公司1990年版，第23页。

的实践活动的主观形式的论断作为构建马克思主义认识论的立场与出发点。[①]

康格尔加对于反映论的批判更加彻底和激进。他认为，马克思所强调的是人化自然而不是自在自然，不以人类意志为转移并且同人类活动毫无关系的客观存在与康德的“物自体”并没有任何区别。康格尔加指出只有一种建立在给定的主体和客体的对立基础之上的反映论，但是这却与马克思的哲学思想相违背。因而，康格尔加进一步认为，既然自在自然对人来说是无意义的，那么也就不存在所谓的自然辩证法。

弗兰尼茨基认为，辩证法作为一种普遍原则不仅存在于历史之中，而且也存在于自然之中，但是对于辩证法来说最重要的是其革命的和批判的本质，而不是这样的普遍原则。

南斯拉夫实践派对于以实证主义方式所理解的辩证法的批判并非仅仅局限在对所谓能动的反映论的批判上。尽管这一流派的成员们的理论各具特色，并且在很多具体观点上存在分歧，但是他们对于实践概念的理解却是相当一致的，甚至可以说，南斯拉夫实践派在20世纪后半叶对于马克思的实践概念的独到理解使我们重新认识了马克思的实践人道主义理论。

第四节 马尔科维奇的理论诉求

马尔科维奇的理论受到了以上不同观点的影响，在以上种种思想所勾勒的坐标中被定位。以上所论述的对于辩证法的不同理解方式几乎涵盖了马尔科维奇人道主义辩证法思想的渊源、承继关系、批判指向以及生发土壤等多重维度。同时，也正是在彼此间理解方式的碰撞与交锋中，马尔科维奇人道主义辩证法思想的理论诉求，即辩证法的人道主义化与人道主义的辩证法化的独特性，才能够被我们在宏观的层面上初步把握。

首先，马克思的辩证法思想是马尔科维奇人道主义辩证法的来源与旨归。马尔科维奇毕生的理论工作都集中在以实践人道主

① 衣俊卿：《实践派的探索与实践哲学的述评》，森大图书有限公司1990年版，第24页。

义为出发点来重新阐释和理解马克思的辩证法思想上，并且尝试在重构马克思实践人道主义哲学的过程中对马克思的辩证法加以发展和应用。从现实方面来说，随着俄国十月革命的成功，中国、南斯拉夫等国家都相继走上了社会主义的道路，但至此之后，欧洲其他国家的无产阶级革命却走向了低谷。为了能够促进工人运动的发展，就“必须保证某种最低限度的思想统一，必须使本身在某种程度上确立一种世界观（而在今天的条件下，只有马克思的世界观才能成为这种世界观）”①。但是，在理论上，一旦某一思想被作为既定的世界观，那么我们必然会将完美的形态赋予这种理论或者方法论，进而成为占据主导地位的意识形态，使理论自身成为一种权威。理论的生动具体的内容以及在现实中的运用与发展将会被忽视，即丧失了它的生命力。因此，任何作为特定历史阶段的给定对象的理论都存在两种不同的可能性：要么成为研究室里僵死的标本，要么在现实的生活中得到运用与发展。马尔科维奇就是要使马克思理论的第二种可能性成为现实。“当前马克思主义的基本哲学问题是：如何使辩证法成为人道主义的辩证法，而使人道主义成为辩证法的人道主义。”②这也正是马尔科维奇理论的出发点和最终旨归。只有在现实中运用和发展人道主义辩证法才能够真正地继承马克思理论的精髓，才能够实现现实社会的人道主义化。正如马尔科维奇对于马克思辩证法的理解，“它的出发点是反对业已确立的资产阶级社会的不合理和不人道”③，马尔科维奇同样站在了当前现实的和理论的不合理与不人道的对立面，以批判的社会理论形式继承和发扬了马克思所开创的理论传统自身的批判性与活力。

其次，卢卡奇所开创的西方马克思主义是马尔科维奇人道主义辩证法思想的先驱。“G·卢卡奇是20世纪最权威的和最具有独创性的马克思主义思想家之一。说他是一个真正意义上权威的马克思主义者是因为，他的理论是以实践为导向或面向实践的，而

① 沈恒炎、燕宏远：《国外学者论人和人道主义》第3辑，社会科学文献出版社1991年版，第123页。

② 沈恒炎、燕宏远：《国外学者论人和人道主义》第3辑，社会科学文献出版社1991年版，第120页。

③ Gerson S. Sher. *Marxist Humanism and Praxis*, Prometheus Books, 1978, p. 24.

且致力于改变世界”[①]，这是马尔科维奇对于卢卡奇的评价之一。在马尔科维奇看来，卢卡奇的一生充满了矛盾，以至于他一直徘徊在“二者择其一”的境地中。尽管马尔科维奇并不完全赞成卢卡奇的思想，将其视为历史“末世论”思维影响下的理论，并且不赞成他对于自然辩证法的彻底否定，但是，马尔科维奇同样认为卢卡奇的批判始终站在人道主义的立场上，仍然盛赞他为“一个批判的人道主义思想家”。卢卡奇对于自然辩证法以及教条的马克思主义者们的批判深刻地影响了马尔科维奇。这不仅表现在“物化”、“总体性”等概念经常出现在马尔科维奇的文章中，并且被作为核心概念加以运用，更体现在作为实践人道主义思想的合法性。在卢卡奇之后，西方的马克思主义者们对于现实社会的多维批判——技术理性批判、意识形态批判、大众文化批判、现代性批判等都成为东欧新马克思主义代表人物所关注的焦点。可以说，这些批判所构成的多重维度几乎都在马尔科维奇以实践人道主义辩证法这一方法论所建构的批判的社会理论中有所体现。

再次，对于马克思辩证法的实证主义理解方式是马尔科维奇人道主义辩证法思想的批判对象。马尔科维奇甚至是整个南斯拉夫实践派的思想，都发端于对斯大林主义理论和苏联社会主义模式的批判，“马克思主义哲学的人道主义思想，最近十多年来的发展在很大的程度上具有反斯大林主义的性质”[②]。一方面，这使得马尔科维奇人道主义辩证法思想的阐发更具论战性质，使他的文章充满了作为战士的激情与作为思想者的沉稳，但是更为重要的另一方面是论战也为马尔科维奇带来了对自身理论的认识，从而使他将一直所秉持的批判态度应用于自身的理论。“为了推翻一个权威，人道主义思想必须使自己为其他的更多的权威服务。它常常借助一些主要的引文并加以注释来反对某些烦琐考证的哲学。这样做在某种程度上来说是必要的，但这又远远脱离开辩证

---

① [南]马尔科维奇：《卢卡奇的批判思想》，肖木译，载《哲学译丛》1994年第3期。

② 沈恒炎、燕宏远：《国外学者论人和人道主义》第3辑，社会科学文献出版社1991年版，第125页。

的方法所要求的思想具体性。”①方法论作为一种理论形态与理论的整体体系和现实之间必然存在着差距。在马尔科维奇本人看来，能否自觉地认识到这种差距是决定一种理论能否成为彻底的人道主义理论的关键因素。马克思的辩证法总是将其方法论置于自我批判的维度之内，对于批判的批判才是使批判自身保持具体的生命力的根本动力，才是对于实践人道主义批判精神的彻底贯彻。所以，对于马克思辩证法的实证主义理解方式的批判，在一定意义上体现了马尔科维奇所抱有的批判态度，即一种彻底的批判，同时也必须将它自身置于批判对象的位置上。

最后，整个东欧新马克思主义是马尔科维奇理论思想生发的土壤。尽管包括南斯拉夫实践派成员在内的东欧新马克思主义者在具体问题的观点上存在着诸多的争议，但这并没有妨碍他们为了一个共同的目标团结在一起。马尔科维奇认为在哲学观，哲学的出发点，哲学方法论、本体论、认识论和价值论等的含义以及在实践和社会的含义等方面，实践派的成员们能够达成一定的共识。马尔科维奇正是在这样的氛围中得到了阐发思想的空间。如果没有其他的东欧新马克思主义者，或者更进一步说，没有整个中东欧思想文化的积淀以及历史的人道主义诉求，马尔科维奇思想的最终形成是不可想象的。东欧新马克思主义者，特别是南斯拉夫实践派成员之间的交流与合作影响着马尔科维奇思想的形成。通过《实践》杂志和科尔丘拉夏令学园等平台，马尔科维奇能够接触到更多同一阵营的理论战友，同西方的马克思主义者们相互影响，广泛交流，并迅速在当时引起理论界的高度重视。另外，当实践派因面临困境而难以继续之时，正是他们的相互支持为马尔科维奇提供了继续战斗的可能性。1974 年以后，马尔科维奇并没有放弃自己的理论努力，并一直致力于自身观点的总结与完善。

在与以上所有的思想交融与碰撞时，马尔科维奇始终坚持辩证法的人道主义化与人道主义的辩证法化的基本出发点。因为在马尔科维奇看来，只有这一点才是在现时代背景下坚持与发展马克思哲学的根本途径。如果说对于马克思辩证法的实证主义理解

① 沈恒炎、燕宏远：《国外学者论人和人道主义》第 3 辑，社会科学文献出版社 1991 年版，第 125 页。

方式所进行的批判是为了实现辩证法的人道主义化的话，那么马尔科维奇则通过人道主义的辩证法化的诉求在20世纪关于人道主义的争论中独树一帜。与对于唯物辩证法的批判一样，马尔科维奇认为阿尔都塞的结构主义同样丧失了马克思人道主义的实践维度。并且，尽管马尔科维奇给予卢卡奇很高的评价，但他同样认为卢卡奇简单地将辩证法从自然领域中驱逐出去的做法有失偏颇——没有理解在人类现实的历史实践下自然作为人的对象世界，即人化自然的意义。

进而，马尔科维奇人道主义辩证法思想产生的背后还存在着厚重的哲学史内涵。正如马克思所言，问题在于“改变世界”。马尔科维奇最终的理论目的就是要建构一种“现代批判的社会哲学”，“聚焦于主要的社会问题，来表明当代工业社会中各种现存形式的根本危机并考察批判的社会理论的哲学基础，以探究走出目前的死胡同(impasse)的各种可能路径”①。但是，马尔科维奇在探求“济世之道”的过程中，却发现了不同方法论的各自的局限性，“那时我感到，科学的和逻辑的客观性是反对任何意识形态神秘性的最好武器。……但是……斯大林主义不可能是唯一的标靶(target)，病症远为普遍和广泛，而且分析哲学的理智工具，无论多么尖锐，也不足以进行诊断，更遑论治疗了”②。实际上，对于辩证法不同的理解方式之间的矛盾与争论正是更为深刻的不同的哲学思维范式之间交锋的具体表现。不同的思维范式试图通过以不同方法论形式来提供一个整体的解释和理解现实的人与理想的人之间、人与历史之间等关系的理论框架或图示。因此，本质主义与存在主义、实证主义与人本主义等在哲学漫长的发展历史中彼此发难、不断攻讦，并潜在地不断融合与相互借鉴。在20世纪哲学的实证主义与人本主义思维范式之间的分裂呈现出明显的矛盾与对立的背景下，马尔科维奇试图通过实践、人道主义与辩证法之间统一的方法论，即实践人道主义辩证法来突破不同哲学范式下方法论的各自的局限性，在历史的视域中为它们找寻从对立走向统一的“中

① ［南］马尔科维奇：《从富裕到实践——哲学与社会批判》，曲跃厚译，黑龙江大学出版社2012年版，“英文版序言”第1页。

② ［南］马尔科维奇：《从富裕到实践——哲学与社会批判》，曲跃厚译，黑龙江大学出版社2012年版，“英文版序言”第1—2页。

道”,并以此作为构建自身理论的基础。不得不说,马尔科维奇做出了一次大胆而有益的尝试。或许正因为如此,马尔科维奇的理论才会显现出其独特的现实批判性与哲学时代感:“如果要对我的观点进行分类的话,它可以列入‘马克思主义’的范畴之下,前提是我们对任何一种分类都是有保留地(Cum grano Sali)接受的。承认我们受惠于过去的那些伟大思想家,这是很有意义的,正是他们提出了现在仍然存在而且没有回答的问题,表达了仍然鲜活而且和我们的生活相关的思想,并描述了我们仍在其中运动的精神视界。”①

① [南]马尔科维奇:《从富裕到实践——哲学与社会批判》,曲跃厚译,黑龙江大学出版社2012年版,“英文版序言”第3页。

第二章 马尔科维奇的实践人道主义理论

马尔科维奇是南斯拉夫实践派的主要代表人物之一。尽管在对于苏联教科书体系辩证法思想的批判过程中，马尔科维奇作为群体中的一员被我们所认识，但是诚如弗洛姆所言："这一学派没有明星，而且没有一个成员试图使自己成为领袖。……这并不意味着没有区别，并不意味着这一学派的各个成员在性格上和哲学上没有很明显的个性。"①马尔科维奇一生著作等身，在哲学、文艺、伦理学、政治学等诸多方面均有建树，然而这些看似零散、对象不一的成果却都暗含了马尔科维奇深刻的实践人道主义辩证法思想。毋宁说，对于马克思实践人道主义方法论的重视与阐释就是马尔科维奇理论个性之所在。

我们可以由这一主线出发，在逻辑上将马尔科维奇的理论工作划分为三大部分：其一，从对马克思辩证法的理解出发，通过以辩证法的人道主义化与人道主义的辩证法化为旨归的理论批判，重构马克思哲学的实践人道主义理解范式；其二，通过对人道主义辩证法的阐发，揭示其作为实践人道主义方法论的理论特质；其三，以人道主义辩证法为方法论基础，建构现实的、当代的马克思主义，即批判的社会哲学，从而对现代社会的现实的异化展开多重维度的批判。

① ［南］马尔科维奇：《从富裕到实践——哲学与社会批判》，曲跃厚译，黑龙江大学出版社 2012 年版，"英文版前言"第 4 页。

第一节　马尔科维奇对于马克思实践人道主义的理解

黑格尔曾言，“哲学史的本身就是科学的，因而本质上它就是哲学这门科学”①。任何新的理论与新的思想都不可避免地植根于对于前人思想的理解与重释，马克思哲学亦是如此。在马克思之后，对于马克思辩证法诸多的不同理解与阐释，最终致使马克思哲学展现出不尽相同，甚至是相互矛盾的范式与形态。马尔科维奇对于马克思辩证法的理解以及按照西方马克思主义的人本主义路径为恢复马克思哲学真实意蕴所做出的努力，同样也立基于他所重构的马克思哲学的实践人道主义理解范式上。

一、黑格尔哲学方法论的继承与超越者

几乎所有的马克思后继者都能够在马克思辩证法的产生源于对黑格尔辩证法的改造这一论断上达成一致，但是，在如何理解“改造”概念的内涵时，马克思主义者之间却存在着极大的争议。按照马尔科维奇的看法，存在着三种不同的理论倾向：其一，重视黑格尔与马克思理论之间的内在联系，重新回到黑格尔，以纯粹黑格尔的方式来理解马克思；其二，同样重视两者之间的关系，但是却坚持从两者的比较中发现与阐释马克思对于黑格尔辩证法的变革；其三，宣称马克思辩证法与黑格尔之间只存在时间顺序上的联系——马克思的辩证法一旦形成，黑格尔的辩证法就被彻底抛弃——而恩格斯对于马克思辩证法的理解方式就是马克思辩证法的真正形态。三种倾向不仅形成了对马克思辩证法形式理解的差异，更直接造成了对马克思哲学本质理解的差异。

马尔科维奇明显站在了第二种理论倾向的立场上，即注重在黑格尔与马克思理论的内在联系中理解和揭示马克思辩证法的变革性。在《黑格尔辩证法和马克思主义辩证法》一文中，马尔科维奇系统地梳理了黑格尔与马克思辩证法之间的承继关系与本质差

① ［德］黑格尔：《哲学史讲演录》第1卷，贺麟、王太庆译，商务印书馆1959年版，“导言”第12页。

别。他提出在马克思著作中挖掘和创造性应用马克思哲学方法论的三个要求:第一,要具备一定的理论修养,尤其是要全面了解黑格尔的《逻辑学》与《精神现象学》;第二,要对一切进行无情的批判,不惧怕自己的结论与各种势力之间的冲突;第三,要不仅能够运用各种已形成的原则,而且要在应用中发展它们。①

就辩证法本身来说,无论是马克思的辩证法还是黑格尔的辩证法,都与一般的方法有着巨大的差异。辩证法与其他方法的区别在于:"**首先**,是它和一种零碎的、分析的研究方法的区别……**其次**,是它和一种静态的、共时的、以结构为主导的研究方法的区别……**第三**,是它和那些旨在使人主要地或唯一地通过外在的、对象的、异质的(heterogenic)因素来说明各种现象的哲学方法的区别……**第四**,是它和那些强调**实证**知识即要求对**给定的**实在有一种可靠洞见(reliable insight)的哲学方法的区别。"②

首先,这种差异体现在辩证法是从整体出发,即始终关注作为历史总体的结构,而不是局限在某一部分上。一般方法总以部分作为研究对象,进而将整体视为各部分的集合,并以此来证明真理的合法性。所谓"绝对的客观性"就在于把作为研究对象的某一部分视为封闭的体系,并力求在没有任何影响因素的前提下揭示或解释对象的"自在"状态。因此,真理就成为无数"部分"真理的简单相加。但是与一般方法不同,辩证法所关注的则是历史的总体,即真理不在于现实的、部分的相对真理的量的叠加,而是主体自我实现过程的结果。只有在这个基础上,马克思辩证法才能摆脱"解释世界"的窠臼,进而改造世界的正确方法论的变革性才能够被充分地理解。

其次,辩证法并不是以静态的、共时的,以结构为主导的方法,而是能动的、历时的以及历史的方法论。一般方法将世界作为一个业已给定的整体系统,认为对此系统的现实表象的研究可以揭示其中的必然规律以及各部分之间的联系,并进而使我们完全认识和掌握这个系统。基于这种看法,科学与哲学所承担的任务就

① [南]马尔科维奇:《当代的马克思——论人道主义共产主义》,曲跃厚译,黑龙江大学出版社2011年版,第19页。

② [南]马尔科维奇:《当代的马克思——论人道主义共产主义》,曲跃厚译,黑龙江大学出版社2011年版,第20—21页。

是要在层层现象的迷雾中找寻并“发现”世界真实的样态。牛顿凭借经典力学为近代科学奠定了宇宙的图式,一旦上帝赋予宇宙以“第一初始力”,那么世界便成为一部永动机,而我们要做的就是依靠对知识的掌握了解和利用这部机器运作的规律。辩证法则致力于一种“创造”,它不仅提出了对于现实逻辑结构进行理解的要求,也提出了理解未来变化的各种可能性的要求。一般方法建构了完全符合自然发展规律的实证科学,但实证科学却无法为其在人类社会、历史领域中的应用提供合法性证明。

再次,与人通过外在的、对象的以及异质的因素来说明各种现象的方法不同,辩证方法始终以自主、自动与自觉为焦点并试图表明它们的根本意义。“纯粹科学”认为异质性的两种要素是无法进行通约的,所以作为其方法论基础的一般方法拒绝从主体的角度来理解外在的、对象化的以及异质的对象。如果真理就在于主体对于客观规律的符合,那么必然只有客体才是绝对客观、绝对真实的。“符合”无疑在本质上割裂了“自为”的主体与“自在”的客体之间的同一性。如何达到这种“符合”则成为近代哲学家都无法回避的困惑,为了确保其合法性,一般方法就必须向主体与客体之外求助于另外一种形式上的弥合,即经验内的知识或经验外的上帝。相反,“纯客观”与“纯物质”在黑格尔和马克思的辩证法理论中从来不占有根本性的地位:在黑格尔哲学中,自然是绝对精神自我发展的产物;在马克思的社会理论中,尽管社会过程不可避免地具有物化的形式,即受盲目的、外在的规律的支配,但人类历史真正的根本原因在于人类自由自觉的活动。通过作为自身本质的实践活动,人类能够不断打破“外在必然性”的束缚,并在自我实现的过程中创造和推动着历史的发展。

最后,辩证法是对于给定现实的历史批判。一般方法使自身沉浸在对于定在的经验性研究中。“用事实来说话”的宗旨一方面张扬了人之存在的求“真”本性,但是另一方面却将人之生存的求“善”本性交付给“上帝”。在以给定的事实为依据和出发点时,实践理性就已经被技术理性逐出所谓“科学”的领域。然而,人之存在的求“善”本性,即现实的人与“上帝”和理想的人相同一的过程恰是人类历史的理论写照。因此,一般方法就体现为对现实的批判维度的丧失,以其为基础所建构的理论整体就体现为对人类现实历史维度的丧失。进而,一般方法将论证现实的合理性确立为必要任务,并以此获得自身存在的合法性。相反,辩证法能够指出给定的"自在之物"本质上的局限性以及未来历史发展的可能性——不仅是解释现实的方法,更是批判现实的历史方法。黑格尔与马克思的辩证法所体现的是以人的历史性、实践性与价值性为旨归的理论诉求,以人之存在的求"善"本性超越了给定现实对于人的本质的局限。所以,马克思辩证法自觉地站在了现实的"辩护士"的对立面,以批判的精神与对现实局限的历史超越,使彻底的、实践的人道主义从其理论形式的母体中走向人类历史实践的新生。

在马尔科维奇看来,马克思辩证法与黑格尔辩证法甚至是整个西方哲学传统一脉相承,并将以往一切世代的思想精华保留下来。因为赫拉克利特、芝诺、柏拉图、亚里士多德、斯宾诺莎以及德国古典哲学的代表人物费希特与谢林等人的辩证观念就是黑格尔辩证法的基石,"这些辩证观念只具有部分的特点:它们只涉及研究的某些特殊程序或存在的某些特殊特征,它们全都被纳入了黑格尔的庞大的作为世界过程之真正本质的辩证法概念中"①。黑格尔是西方思想传统中的第一个能动的一元论者。马克思创新地将黑格尔批判哲学的意识—批判改造为更为彻底的实践—批判,从而在黑格尔继承者的基础上成为黑格尔的超越者。"在黑格尔那里,人被归结为自我意识;但在马克思那里,人则被当做了一种**实践**的存在,即一种能够根据人的规划实际地改变世界的自由的、创造的、感性的活动。……在黑格尔那里,历史只出现在过去当中;而在马克思那里,历史则是人的环境和人自身之持续不断的产物。"②同时,马尔科维奇将马克思辩证法置于西方思想史的视域内的独特理解,也无异于将以此为方法论基础的实践人道主义追溯到理论人道主义产生之前的遥远的古代,成为真正的人之存在及其展开的现实历史的理论形态。

---

① [南]马尔科维奇:《当代的马克思——论人道主义共产主义》,曲跃厚译,黑龙江大学出版社 2011 年版,第 23 页。

② [南]马尔科维奇:《当代的马克思——论人道主义共产主义》,曲跃厚译,黑龙江大学出版社 2011 年版,第 24 页。

二、为维护马克思实践人道主义所做的批判

马克思辩证法继承并超越了黑格尔哲学的方法论。因此，对于马克思辩证法的本质的理解同对于马克思辩证法的变革性是一致的。马尔科维奇认为，黑格尔的辩证法所要解决的问题是宇宙的合理结构是什么以及意识怎样才能够揭示它，但是这种发问方式却仍然没有超越近代认识论的理论框架。而马克思辩证法所设定的基本问题则是在给定的世界中，什么是不合理的以及它如何才能通过人的实践被改变。① 基本问题的差异决定了黑格尔与马克思辩证法理论中的概念内涵的不同，进而使马克思完成了对黑格尔的超越，使人道主义走向彻底化与实践化。所以，马克思的理论包含了两个本质上是新颖的哲学要素：同时是历史哲学的哲学人本学（或人类学）与辩证思维的新方法②——前者是后者的基础，后者则是前者的方法论体现。因此，马尔科维奇在辩证法与实践人道主义之间的关系中揭示了马克思辩证法的革命性。忽视这一关系就会直接导致对于马克思整体理论的误读——“那种在‘辩证唯物主义’名义下得以通行的准马克思主义哲学（quasi-Marxist philosophy）完全忽视了前者，并完全曲解了后者”③。有鉴于此，马尔科维奇为维护实践人道主义与辩证法的一致性，对丧失了实践人道主义视域的辩证法与丧失了辩证法视域的人道主义的种种理论形式展开了批判。

首先，以苏联教科书体系为代表的对辩证法的实证主义理解方式，以及以阿尔都塞为代表的对马克思主义的结构主义理解方式，都忽视了哲学人本学这一要素的重要地位。实证主义的理解方式忽视了列宁对两者辩证法之间关系的理解，视马克思对于黑格尔的超越为唯物主义与唯心主义之间的“断裂”，视黑格尔乃至整个德国古典哲学为“对法国大革命的贵族式反动”，从而置黑格

① ［南］马尔科维奇：《当代的马克思——论人道主义共产主义》，曲跃厚译，黑龙江大学出版社 2011 年版，第 31—32 页。

② 中国社会科学院哲学研究所《哲学译丛》编辑部：《南斯拉夫哲学论文集》，三联书店 1979 年版，第 257 页。

③ ［南］马尔科维奇：《从富裕到实践——哲学与社会批判》，曲跃厚译，黑龙江大学出版社 2012 年版，第 52 页。

尔哲学对于理解马克思哲学变革性的重要意义于不顾,最终割裂了马克思主义与实践人道主义之间的一致性。“辩证唯物主义的哲学家们并没有发展任何一种以对实践的深入理解为基础的包括真正的人的需要、基本的能力、积极的自由、异化和人的解放在内的人的本质概念。”①

阿尔都塞虽然不赞同苏联教科书体系对于马克思辩证法的实证主义理解方式,但是却通过结构主义的方法将马克思追溯为理论的“反人道主义”的先驱。因此,就其忽视作为历史主体的现实的人及其生成过程这一点来说,以阿尔都塞为代表的结构主义马克思主义同样缺失实践的人道主义维度。

阿尔都塞认为,“社会主义人道主义”在苏联解体之前只有一种形式,即“阶级人道主义”,阶级对立的形式在革命斗争中占据着主导的地位。但是,“社会主义”是一个科学概念,而“人道主义”则属于意识形态范畴,因此“社会主义人道主义”这一提法本身就是站不住脚的。阿尔都塞从结构主义的方法出发,认为马克思早在1845年就以通过创造新的科学概念的方式同旧哲学彻底地决裂了,即是说1845年成为马克思由一名人道主义者向理论的“反人道主义”者的身份转换的“断裂点”。按照阿尔都塞的观点,马克思在1845年之前无疑是一名人道主义者——接近康德学说的理性加自由的人道主义者以及后来的费尔巴哈式的社团人道主义者,但在这之后,马克思以社会形态、生产力、生产关系以及上层建筑等科学概念对此时被其确定为一种意识形态的人道主义进行了替换。“为了使人的本质具有普遍的属性,必须有具体的主体作为绝对已知数而存在:这就意味着主体的经验主义。为了使这些经验的个体成为人,他们每个人都必须具有人的全部本质(即使不能在事实上,至少也要在法律上):这就意味着本质的唯心主义”②,所以阿尔都塞得出结论:人道主义理论中存在着不可避免的困境,即人道主义的结构及总问题总是在主体的经验主义与本质的唯心主义之间循环往复。马克思则把“主体、经验主义、理想本质等哲学范

---

① [南]马尔科维奇:《从富裕到实践——哲学与社会批判》,曲跃厚译,黑龙江大学出版社2012年版,第52页。

② 中国社会科学院哲学研究所《哲学译丛》编辑部:《关于马克思主义人道主义问题的论争》(译文集),三联书店1981年版,第226页。

畴从它们统治的所有领域里驱逐出去”[①]，以实践的辩证唯物主义和历史唯物主义替代了原有的人道主义结构。

尽管阿尔都塞注意到了马克思哲学的革命性变革与对于理论人道主义困境的超越之间的内在联系，但却没有对马克思实践人道主义与理论人道主义进行区分，并将两者等同起来。因此，阿尔都塞忽视了一个重要的事实，即马克思实践人道主义是科学与意识形态的统一。

沙夫曾对阿尔都塞的这种观点提出质疑：以阿尔都塞为代表的结构主义者们不断强调社会主义所要求的变革不应从诸如“人道主义”的意识形态概念出发，而是要以对结构的“纯粹”科学的分析为基础，但是“科学的分析能够仅仅归结为对客观关系的分析而把人排除在外吗？”[②]马克思的科学社会主义不仅涉及社会变革的基础结构，同时也必然涉及上层建筑和意识形态本身。因此，沙夫认为阿尔都塞将马克思视为“反人道主义者”的做法，完全是为了迎合他关于1845年是马克思思想“断裂点”的论断。阿尔都塞不但将人从马克思的生产关系概念中排除出去，还造成了“人道主义”与“反人道主义”之间概念范围的此消彼长，即将前者局限在理论范围内以扩大后者所包括的问题范围。

马尔科维奇为捍卫马克思实践人道主义理论成果，从另外的角度对阿尔都塞进行了批判。在马尔科维奇看来，阿尔都塞根本没有注意到黑格尔和马克思之间的联系，因此也就无法理解马克思辩证法在超越理论人道主义方面的重大意义。阿尔都塞以极端的方式认为马克思通过消除黑格尔哲学的神秘性而彻底废除了他的理论，但阿尔都塞所强调的只是作为意识形态的黑格尔辩证法与作为科学的马克思辩证法所反映出来的两种社会结构之间的差异，并将差异视为“断裂”。一言以蔽之，阿尔都塞以割裂两种社会结构之间的历史关系来论证两种辩证法之间存在着“断裂”。但马尔科维奇却指出，历史具有自身的连续性，观念亦是如此。观念并非只是对当下社会结构的反映，而是作为此前历史中的各种观念、

---

① 中国社会科学院哲学研究所《哲学译丛》编辑部：《关于马克思主义人道主义问题的论争》（译文集），三联书店1981年版，第226页。

② 中国社会科学院哲学研究所《哲学译丛》编辑部：《关于马克思主义人道主义问题的论争》（译文集），三联书店1981年版，第265页。

意识形态以及社会、经济等各种要素的结果对历史的发展产生至关重要的影响。阿尔都塞不但将历史视为不同社会结构之间不断更替的结果,而且还忽视了它们之间的连续性,其理论结果必然导致人类历史整体庸俗化为一种格式塔(Gestalt)[①]式的集合。

其次,卢卡奇对于马克思辩证法的理解方式也不能令马尔科维奇完全满意。卢卡奇正确地将马克思哲学理解为一种人道主义理论,并以此为基础推动了马克思哲学的文化批判转向,因此马尔科维奇将其视为“20 世纪最权威的和最具有独创性的马克思主义思想家之一”[②]。然而,他却并未毫无保留地接受卢卡奇的全部理论思想。在马尔科维奇看来,卢卡奇对于马克思辩证法的理解同样存在着问题。

第一,卢卡奇在批判恩格斯的自然辩证法以及对于马克思辩证法的实证主义理解方式的过程中,将自然排除在辩证法的应用领域之外。卢卡奇认为,资产阶级向来重视所谓的“科学”方法,即自然科学或形而上学方法,对孤立的事实进行研究,其根本目的在于为资产阶级的合法性进行辩护,进而将资本主义社会描绘成为永恒的、一成不变的以及合理的社会形态。恩格斯在这个方面错误地追随了黑格尔,将辩证法的应用领域扩大到了整个自然层面。一旦关于自然规律的恒常性知识侵入到社会历史领域,就难免会丧失辩证法的批判本性,随即使其成为维护和巩固资产阶级意识形态的武器。卢卡奇为了恢复马克思辩证法的人本主义特质而将其局限在了社会历史领域,他认为马克思辩证法是一种主体与客体相统一的辩证法,因此必然以主体与客体的交互关系为基础,进而只有在能够充分体现主客体交互作用的社会历史领域才具有合法性。反之,由于纯粹的自然领域根本没有主体活动的印记,所以在纯粹自然领域对辩证法所进行的应用是没有任何意义的。

正如沙夫认为阿尔都塞忽视了人在科学中的地位一样,马尔

① 在由黑龙江大学出版社出版的《当代的马克思——论人道主义共产主义》中,曲跃厚先生将这一单词意译为“孤立的形态”([南]马尔科维奇:《当代的马克思——论人道主义共产主义》,曲跃厚译,黑龙江大学出版社 2011 年版,第 30 页),鉴于 Gestalt 在心理学中形成了单独的理论(格式塔理论),并有其独特含义,因此本书将这一单词音译为“格式塔”。

② [南]马尔科维奇:《卢卡奇的批判思想》,肖木译,载《哲学译丛》1994 年第 3 期。

科维奇也清醒地指出，卢卡奇对于马克思辩证法的理解忽视了最为重要的一点："在对自然界的认识中，在建构一种自然理论时，人总是在场的。而且，这个'人'不是一个抽象的人，而是一个存在于特定的时代、有其特殊的需要、受其研究目的和意识形态偏见及其价值驱使的具体的、历史的社会成员。"①所以，对自然领域的科学研究本身就是关注主体与客体之间的交互关系，作为人类实践对象的自然领域也并非存在于人类的社会历史之外。但是，卢卡奇显然宁愿以主客体相统一的辩证方法为标准，简单地区分资产阶级与无产阶级，也不愿意承认这一点。马尔科维奇认为，卢卡奇对于"对现实改造"的狭隘理解是造成这种错误的主要原因。卢卡奇把这种改造仅仅视为无产阶级对于资本主义制度的废除——同他在《历史与阶级意识》中的主要观点相吻合——辩证法只有在为无产阶级革命服务的层面上才有意义。自然辩证法则由于其实证主义特质以及无法在无产阶级革命中发挥作用等原因，而被卢卡奇认定为资产阶级赖以维护自身存在合法性的理论工具。

第二，卢卡奇以黑格尔哲学的方式对马克思进行解读，一方面正确揭示了两者哲学尤其是辩证法思想之间的内在联系，但是另一方面却在历史观上受到了黑格尔的错误影响——将历史理解为一个有终点的发展过程。卢卡奇给予总体性以极高的重视，并十分关注"应然状态"对于历史的作用以及对于现实批判的伦理基础，但他非但没有将总体性置于无限发展的历史过程中加以理解，反而为它设计了一个完满的终点，即将总体性理解为无产阶级的彻底解放。总体化过程成为无产阶级革命的全部过程，总体性成为亟待被实现的共产主义。因此，卢卡奇步黑格尔后尘，从最终结果的角度而非过程的角度理解、审视人类现实历史，进而以昭示无产阶级解放的共产主义替换了黑格尔的绝对精神，走向了历史终点的乌托邦。

恩格斯曾正确地指出了黑格尔哲学中方法与体系之间的矛盾。黑格尔虽然提出一种历史的方法，但却悬设了历史的最终目的——绝对精神在历史开始之前就已经作为历史的终点隐蔽地存

---

① ［南］马尔科维奇、彼得洛维奇：《实践——南斯拉夫哲学和社会科学方法论文集》，郑一明、曲跃厚译，黑龙江大学出版社 2010 年版，第 13 页。

在了。马尔科维奇认为，卢卡奇与布洛赫犯了同样的错误。尽管历史的确是总体的，但走向历史总体的路径却没有尽头。马克思并没有将共产主义视为人类历史发展的尽头，而是将其视为"真正的人类历史"的开端——废除现实的异化形式只是终结了人类历史的"史前史"。人始终在其存在及自我实现的过程中面对着内在的与外在的局限性，并凭借自身现实活动的创造不断地超越种种历史局限形式。人因此只能在实践中确证自身的本质力量，却不会在历史中达到作为历史终点的实体性存在。卢卡奇的批判理论并没有建立在人之存在和自我实现的基础上，而是以共产主义为核心，为人类历史预设了先验的理性图示，并以此对无产阶级革命进行"回溯"，"这种模式在它成为现实之前就已经以某种神秘的方式'自在地'存在了"①。

三、马尔科维奇对马克思实践人道主义理论范式的重构

马尔科维奇对马克思辩证法的理解以及为捍卫其真实内涵所展开的理论批判，向我们展现了他对于马克思实践人道主义理论范式的重构。可以说，这是马尔科维奇全部的理论赖以生发的土壤，也是理解其人道主义辩证法思想的关键。因此，有必要在这里对马尔科维奇的理论范式进行简要的说明，为后文的进一步论述做准备。如上所述，马尔科维奇对于马克思辩证法理解的关键在于实践、人道主义以及辩证法三者以人为核心的历史统一。因此，他所重构的马克思实践人道主义理论范式大致可以表述为：人道主义辩证法所揭示的人与自然的共时态关系以及现实的人与理想的人的历时态关系。其中人与自然的共时态关系和现实的人与理想的人的历时态关系是人之存在的两个重要维度，人道主义辩证法则是人在历史中自我实现的理论形式。简言之，实践人道主义，即人之存在在人之自我实现过程中的历史展开的理论形式。

一种彻底的人道主义首先体现在它对于人的辩证理解上，即辩证法化了的人道主义。在马尔科维奇看来，马克思理论的中心问题与其他人道主义理论相同，即人在宇宙中的地位。马克思实

① ［南］马尔科维奇：《当代的马克思——论人道主义共产主义》，曲跃厚译，黑龙江大学出版社 2011 年版，第 27 页。

践人道主义之所以能够超越理论人道主义，成为一种彻底的人道主义，是因为他对于人的理解始终是辩证的和历史的。“一方面是他同自然界的关系是怎样的并且应该是怎样的，另一方面是他同其他人和作为一个整体的社会的关系是怎样的并且应该是怎样的。”①即是说，马克思对于人在宇宙中的地位的理解包含了两个重要维度：第一是在共时态下，人与自然的关系或者说人与自身对象世界之间的关系；第二是在历时态下，现实的人与理想的人之间的关系或者说人的现实与人的潜能之间的关系。

在共时态维度中，人之存在始终展现为人同自然，即同他的对象世界之间的关系。一旦脱离开了自然的母体，人类就成为一种孤独的存在，苦苦找寻自身在宇宙中的定位。面对着陌生的、先在的进而对人类来说似乎是给定的自然界，人类遵循以外在必然性为表现的自然规律或自然法则——这正是黑格尔之前的认识论哲学或理论人道主义向我们描绘的人之存在的图景——人的存在突出地体现为先验主体与给定客体之间关系的矛盾方面。人的本质主义的理解方式将人类自身作为理论描述的抽象的、非历史的对象。因此，近代的认识论哲学或理论人道主义从外在必然性（抽象的人，即外在于历史的人的“他物”，亦是一种外在必然性的体现形式）出发，始终无法将主体与客体统一起来，即是说始终无法正确揭示人与自然或他的对象世界的统一关系。彻底的人道主义不仅要认识到人与自然的对立关系，还要认识到自然界是人的对象世界，进而认识到两者的统一关系，即必须从真正的人的生命出发，从人的实践出发，以理论的形式揭示出人之存在的真实样态。马尔科维奇指出，“这些客体的存在是先于我们的实践的。然而，我们对于它们的认识却是由于我们的实践经验，由于对这种经验的叙述和解释的结果”②。人对于自然的认识不仅是对于给定对象的描述，更是对于人类自身实践活动的体认。人之存在的前提就是通过实践否定给定的自然，以使其成为能够为人所拥有的对象世界。人在对象世界中的实践活动不仅改造着自然，同时也确证着

① 沈恒炎、燕宏远：《国外学者论人和人道主义》第3辑，社会科学文献出版社1991年版，第113页。

② 沈恒炎、燕宏远：《国外学者论人和人道主义》第3辑，社会科学文献出版社1991年版，第113页。

自身的本质力量,创造着人类自身,是人之存在和自我实现的具体形式。因此,人与自然或他的对象世界在本质上是统一的,两者之间的矛盾体现为给定的自然界对于人之自我实现的外在限制,并且这种限制能够被人的现实的历史活动不断超越。但是,丧失了辩证法维度的理论人道主义在理论理性与实践理性分裂的前提下,并不能真正明晰这一点,从而将人理论化、本质化。

在历时态维度中,人之存在体现为现实的人与理想的人或人的现实与人的潜能之间的关系。理论人道主义由于不能理解实践作为人的存在方式的历史意义,不能理解人之自我实现是人类社会历史的核心内涵,从而试图以非历史的"目标"来观照人类现实的社会历史,使人的历史成为乌托邦式的"神"的历史。如果理论不再对人类现实的社会历史进行观照,则人的历史会罩上神秘的面纱。马尔科维奇指出,"哲学固有的历史性要比通常认识到的更多",然而以往的哲学却要极力撇清自身与现实历史之间的关系。这主要有三个原因:第一,大多数的哲学在观念上与实际历史毫不相干,它们致力于发现和澄清普遍的概念与事物的本质;第二,以往哲学的方法论基础限制了它们对未来的见解的提出——由于对未来的想象缺乏充足的经验支持,从而不能够从现有的"科学规律"中派生出来,因此成为哲学所排斥的对象;第三,在全部领域内进行严格劳动分工和职能拆分的文化拒斥哲学所特有的普遍性与抽象性,所以即使"好的社会"的命题已经被广泛讨论,但是却被认为是一种先验的和非历史的"永恒哲学"(philosophia perrenis)。①马尔科维奇指出了对于人类未来的历史设想的两种极端境遇,即要么被认为是一种非历史的"永恒哲学",要么成为实证哲学的牺牲品被抛弃。但是没有一种乌托邦理想的话,人类的历史也是无法想象的:"历史中的一些重要突破几乎不可能没有一定的乌托邦幻想,不可能没有伟大历史方案的理想化。"②因此,不论是理论人道主义式的以非历史的"目标"观照人类现实的历史,还是将理论的观照拒斥为"永恒哲学"从而逃避理论对于历史的责任,都是不可取的。两者具有相同的本质,即造成了理论与人类现实历史的

① Gerson S. Sher. *Marxist Humanism and Praxis*, Prometheus Books, 1978, p. 19.

② Gerson S. Sher. *Marxist Humanism and Praxis*, Prometheus Books, 1978, p. 22.

"疏离",从而将后者推向了不可理解的境遇。所以,马尔科维奇认为,"如果哲学能够自觉地承担对现实历史进程的批判研究义务,建立起一种时代批判的自我意识,就会使其更具历史性"①。马克思实践人道主义正是这样一种批判理论。这种理论"保留乌托邦的总体性倾向,超越给定的历史现实,假设一种对于目前不合理和不人道的社会结构的消极态度"②。但是,实践人道主义的批判并不是简单的谴责,也不是试图提供与现实具有本质差别的未来视域,而是着手对给定的历史状态(经济上、政治上和文化上的限制,存在的和可能的社会力量)进行具体的跨学科研究。所以,在马尔科维奇看来,马克思实践人道主义不再仅仅是一般意义上的哲学,它的理论范围包括人类的基本能力和需要以及人的发展潜能等正确理解现实的人与理想的人或人的现实与人的潜能之间关系的核心要素,是对人之存在所进行的哲学研究,即一种"批判的人类学"。

综上所述,马尔科维奇从真正的人的生命出发,揭示了人之存在的两种重要的维度。进而,马尔科维奇认为无论是在共时态还是在历时态维度中,人都是在不断地否定和超越他所面对的现实,这种活动在其本质上是人类对于自我的确证——一种以否定形式展现出来的自我确证(回想马克思在博士论文中所提出的"排斥是自我意识的最初形式")。然而由于现实的限制,人类的能力并不能够得到全面的发挥或展现,因此这些能力并不是现实地存在于人类历史的当下,而是作为一种潜能存在于总体的人类历史当中,并通过人之存在的历史不断地显示出来。在马尔科维奇看来,人的自我确证与自我实现就在于使这些潜在的能力不断地成为现实,"他应该发展他所有的潜在能力、他所有的人类理性,并且应该在同世界的各种各样的关系中肯定他的个性"③。正因为如此,马尔科维奇进一步将人类的历史归结为以人之存在为核心的"现实—潜能"二元结构(所谓的"二元结构"乃是就其在人类历史发展过程中的阶段而言,两者并非是抽象的对立,而是在人的自我实现

① Gerson S. Sher. *Marxist Humanism and Praxis*, Prometheus Books, 1978, p. 20.

② Gerson S. Sher. *Marxist Humanism and Praxis*, Prometheus Books, 1978, p. 22.

③ 沈恒炎、燕宏远:《国外学者论人和人道主义》第3辑,社会科学文献出版社1991年版,第119页。

过程中的统一。在这个意义上,“现实—潜能”的二元结构在本质上即是人之存在的历史一元论)。

但是,马尔科维奇将人之存在的双重维度归结为“现实—潜能”二元结构并非以为人类历史的研究提供静态的模型为目的,即是说,这一结构不过是人之存在双重维度的理论形式,是一个不断在人之自我实现过程中展开的开放体系。它以人之存在为核心,以人之历史为场域,以人之自我实现为内涵,以作为人类现实历史发展理论形式的实践人道主义辩证法为主线,构成了马尔科维奇所重构的马克思实践人道主义理论范式的基础。因此,实践人道主义范式与理论人道主义范式的本质区别就在于对人之存在、人之历史与人之自我实现的理解与正确揭示上。

首先是对于人之存在的理解与揭示。由于不能从人之存在的双重维度和现实活动出发来理解人的本质,导致了理论人道主义和存在主义对人的本质的理解陷入了两种极端:或在现实层面以僵化的和总体的“人”的概念替代现实的人及其本质;或从超越现实的层面完全拒斥人的特定本质。两种极端的观点都不足以揭示人之存在的全部维度——以理论人道主义为代表的前者忽视了人之存在的历时态维度的历史性,而以存在主义为代表的后者则忽视了人之存在的共时态维度的现实性。所以,马尔科维奇通过对于描述概念与规范概念的划分,在人之存在的双重维度中揭示了人的本质的两重性。

其次是对于人之历史的理解与揭示。实践人道主义所理解的历史始终是人之自我实现的过程,因此历史是人之存在的重要维度,人也必然是历史的创造主体。理论人道主义虽然也能够认识到这一点,但是却将“人”视为纯粹先验的和完满的“实体”,导致了对人之历史的客体化理解和现实的人的空场。进而,理论人道主义范式下的异化概念也就导致现实的人与给定的应然结果的“人”的背离,从而将人道主义引向了历史的决定论。马尔科维奇继承和发展了马克思的异化理论,在他看来实践人道主义的异化概念并非意指一种与给定的人类历史目标的“背离”,而是现实对人之自我实现的“局限”,即不是从实体性的“结果”角度,而是从人的历史实践的“过程”角度来理解异化概念。因此,实践人道主义的异化批判及人的本质的复归等理论诉求,本质上就是要超越现实的局限性，并实现人类应该具有并且可以具有的发展能力，即实现人类的潜能。马尔科维奇认定实践人道主义在历史观上是一种辩证的历史决定论，他为此引入和发挥了马克思的需要概念。他认为，在诸多由可能性所构成的历史场域中，人类的现实需要决定了何种历史可能性能够最终成为历史的现实。“在这些不同途径中，不论它们的盖然性是大是小，我们希望看到哪一个途径能够实现，取决于我们的人的基本需要，取决于我们认为最适合于人类的生活方式和社会形式的概念。”①

最后是对于人之自我实现的理解和揭示。“自我实现”概念在哲学上有着悠久的理论传统，但是在马克思之前这种传统并没有被真正地与人之存在联系起来，即是说没有被同人类现实的实践活动与历史展开联系起来。在马克思之后，所谓“正统”的马克思主义者们又从实证主义的角度，对人之存在的方式和人之自我实现的形式进行了经验化、具体化和实证化的理解，以致实践丧失了人之自我实现和自我确证的历史内涵。从马尔科维奇所重构的实践人道主义理论范式来看，作为人类历史出发点与旨归的人之自我实现就是人类历史发展的根本内涵。因此，实践人道主义不是单纯的哲学或知识，而是本体论、认识论与价值论的统一。实践人道主义不仅是人类现实历史发展的理论形式，同时也是人类在现实历史中对“好的”，即更加合理与人道的未来的价值诉求的理论写照。马尔科维奇指出，现实对于人之自我实现的限制“把道德水平导向一种狭窄的道德，这种道德目的在于解释和证明一种有限制的、根本上是自私自利的生活方式是正当的”②。在马尔科维奇看来，马克思对于现实的批判在本质上乃是一种以更加合理和人道的社会为旨归的伦理的与道德的批判。在这个意义上，马尔科维奇在恢复了马克思实践人道主义理论中的“自我实现”与历史真实主体之间的一致性的同时，也恢复了马克思理论与整个古老的西方哲学传统之间的承继关系。在方法论上在将实践、人道主义与辩证法统一起来的同时，也在理论形式上将肇始于古希腊的悠

① 沈恒炎、燕宏远：《国外学者论人和人道主义》第3辑，社会科学文献出版社1991年版，第114页。

② 沈恒炎、燕宏远：《国外学者论人和人道主义》第3辑，社会科学文献出版社1991年版，第118页。

久的实践哲学传统与人道主义传统统一起来。“马克思的批判思想是最完整的，而且是历史上人的理性之最发达的表达。在一种辩证扬弃的形式中，它包括了古代希腊**理论**(thoria)的所有本质特征。”①

第二节 人道主义辩证法

如果我们回顾和审视西方哲学历史上的几次重大变革，就不难发现方法论对于理论体系的重要意义。古希腊时期，苏格拉底通过精神助产术实现了哲学对象从自然到人的转变；在中世纪，柏拉图与亚里士多德的哲学范式成为经院哲学对《圣经》解释的方法原则；近代以来，笛卡儿以自然科学的方法重新为形而上学奠定了基础……甚至可以说方法论是建构哲学范式和实现哲学变革的前提与方式。马尔科维奇正是以此为出发点来理解马克思哲学的变革意义，并以实践、人道主义以及辩证法三者相统一的人道主义辩证法来重构马克思实践人道主义理论范式。马尔科维奇认为，人道主义辩证法的核心概念是“人在历史中的自我实现”，即对以人之存在为核心，以人之历史为场域，以人之自我实现为内涵的人类现实历史的展开。因此，辩证法是“现实—潜能”二元结构的重要中介，同时也是人类现实历史展开的理论形式。

马克思辩证法何以成为一种彻底的人道主义的方法论基础？或者说为什么实践的人道主义辩证法能够实现实践人道主义理论范式对于理论人道主义以及存在主义等的超越？这些问题并非是自明的，仍有待马尔科维奇为我们提供进一步的说明。马尔科维奇对这些问题的论述可以被总结为两个方面：其一，方法论与整体理论之间的关系；其二，人道主义辩证法自身的原则和特点。

一、方法与理论

自笛卡儿以自然科学的方法为形而上学奠定确定性的基础，从而完成近代哲学的认识论转向以来，所谓的“真理”就被同“科

---

① [南]马尔科维奇：《从富裕到实践——哲学与社会批判》，曲跃厚译，黑龙江大学出版社2012年版，第47页。

学”的认识方法统一在一起。从某种意义上说，近代哲学对于真理的追求已经转变成为对科学方法的笃信，以致理论人道主义因此而走入困境。实证主义大行其道，不断以过去的有限经验为现实提供“科学的证明”，但却对人类历史展开的可能性保持缄默——方法论失去了批判的维度，进而丧失了对于自身的自觉——“科学”方法被等同于真理从而使它免于遭受追问与质疑。

非历史的方法论必然导致僵化的理论体系，因此对马克思辩证法进行实证主义方式的解读也就必然导致僵化的苏联教科书体系。这一体系虽然宣称在马克思之前的一切历史观都是唯心主义的，但是却要求马克思主义的历史观严格地服从于实证主义理解方式下的辩证法，即唯物辩证法。结果，自然史代替了人类的现实历史，世界观代替了历史观，认识论代替了实践论，最终使“正统”的马克思主义与实践的人道主义背道而驰。“把辩证规律当做了一个先验的、给定的、神圣不可侵犯的图式的封闭体系，清晰地显露出一种反科学的、神学的态度。”①那么，为什么方法论与理论整体之间会显现出这样的关系呢？

在马尔科维奇看来，每一种哲学都有自己的方法，但是一些哲学家却并不信仰自己的方法，他们了解自身方法论的体系与方法运用之间的差距，或者说他们具有对于自身理论方法论的自觉意识，并使之从属于批判的领域。马尔科维奇深刻地指出，如果说方法论是对方法的精确表述的话，那么我们必须要了解以上的差距，并将它置于批判对象的地位——任何方法都不可避免地或多或少引入一些基本假设，而理论整体恰恰是在这些假设的基础上被建构起来的。“如果方法论预设了方法……那么方法也就预设了理论”②，换句话说，一切理论都是人为建构的结果，是方法的结果，同时也是现实的“知识化”或“常识化”。因此，方法论与建构在它之上的理论整体必然会由于经验的局限性而存在着自身的限度、主观的要素以及不可避免的预设。如遵循一切现象都应该在其动态的和历史的方面得到研究这一原则，那么方法就已经预设了这样

① [南]马尔科维奇：《从富裕到实践——哲学与社会批判》，曲跃厚译，黑龙江大学出版社2012年版，第22页。

② [南]马尔科维奇、彼得洛维奇：《实践——南斯拉夫哲学和社会科学方法论文集》，郑一明、曲跃厚译，黑龙江大学出版社2010年版，第5页。

的理论,即"世界在本质上是一个复杂的过程","包括知识和人类价值在内的所有对象都随时间而发展,并在自然和社会发展的不同阶段采取不同的形式或表现"。①

既然理论是方法论的预设结果,那么是否存在一种能够获得自身自觉的方法论保证预设的合理性,从而使理论整体摆脱教条与僵化的境遇呢?

马尔科维奇认为任何方法论对于理论的预设都包含了本体论、认识论以及价值论三个方面,但是只有实践人道主义辩证的理论和方法才能够保证这种预设的合理性。人道主义辩证法是人之存在历史展开的理论的形式和结果,能够以一种综合和复杂的方式展现人在客体世界中的创造性活动,"社会哲学必须在其方法论中综合**科学说明**和**直觉理解**,而不是以一个的名义拒绝另一个。……没有比'辩证法'更好的名称来命名这样一种综合了行为主义和现象学、结构主义和历史主义的本质特性的复杂方法了"②。因此,在知性与理性、自然与人类、真理与价值等问题上,实践人道主义所体现出的方法体系和理论体系才能够是"一种**无保留的方法**,一种**世界观**,一种**活动方式**和'**为我们**'**的世界**"③。

综上所述,马尔科维奇认为人道主义辩证法正是这种"自觉"的方法论——人在自我实现过程中对于自身的内在的限制与客观的外在的限制的超越,体现为人道主义辩证法的自我批判与超越。因此,人道主义辩证法才能够预设一种彻底的批判理论,并成为这种批判理论的前提与基础。马克思之前形形色色的"批判哲学"由于没有获得方法论的自觉意识使"批判"流于形式,而彻底的批判必须要深入到内容本身。就实践人道主义而言,深入到内容本身的批判即是一种以历史可能性为归宿的现实批判,它不是现实世界的"辩护士",而是不合理与不人道的现实社会的"掘墓人"。所以,马尔科维奇指出,他通过人道主义辩证法所重构的马克思实践

---

① [南]马尔科维奇、彼得洛维奇:《实践——南斯拉夫哲学和社会科学方法论文集》,郑一明、曲跃厚译,黑龙江大学出版社2010年版,第5页。

② [南]马尔科维奇:《从富裕到实践——哲学与社会批判》,曲跃厚译,黑龙江大学出版社2012年版,第21—22页。

③ [南]马尔科维奇、彼得洛维奇:《实践——南斯拉夫哲学和社会科学方法论文集》,郑一明、曲跃厚译,黑龙江大学出版社2010年版,第7页。

人道主义,即现代批判的社会哲学“旨在使人通过发现现存社会形式的基本局限,并指明社会组织之可供选择的、更合理的和更人道的历史可能性,来寻求问题的解决办法”①。

二、批判的辩证方法的原则

如果说一种自觉的方法论能够预设一种彻底的人道主义的话,那么这种方法论就一定要能够正确揭示其理论形式背后的现实历史的真实内容。即是说,人道主义辩证法一定要能够具备人之存在、人之历史与人之自我实现的基本原则。马尔科维奇认为,作为批判理论基础的辩证方法,即人道主义辩证法遵循五个原则:总体性原则、历史性原则、自决原则、矛盾原则以及超越原则。

第一,总体性原则。马尔科维奇认为,辩证方法所带来的预设要求我们必须将历史设想为一个总体化的过程,这一过程与人之存在于历史的场域中不断自我实现的过程相统一,亦即人的总体化。但是,实践人道主义的总体化并非简单地将片面的、单一的以及系统的偏见机械地整合在一起——所谓的总体化是指历史发展的总体化,而不是形式的总体化。现实的人通过实践来克服内在的和外在的局限,历史地实现自身的潜能,以不断促使现实的人与理想的人的统一。但人道主义辩证法并没有为“理想的人”预设一个给定的历史结果,毋宁说,历史的总体只有在作为中介的前提下——从过程的角度而非给定结果的角度——才能够被真正的理解。在此意义上,人道主义辩证法的总体性原则,即是现实的人不断实现总体化的过程。

第二,历史性原则。人道主义辩证法反对将历史作为形式上的结构进行研究。任何历史阶段都包含着过去历史的痕迹以及未来历史发展的可能性。因而,不论过去、现在还是未来,它们都处于一种历史的辩证关系中。人类历史的现实与发展是人之存在的意义与无限可能性的基础与整体,不能简单地诉诸自然科学的因果律。尽管对人类某一特定的历史阶段来说,过去的历史是先验和先在的,是未来的特定的“开端”,但是它却又是作为人类历史实

① [南]马尔科维奇:《从富裕到实践——哲学与社会批判》,曲跃厚译,黑龙江大学出版社2012年版,“英文版序言”第1页。

践的结果而存在的，即是说历史的“先验”与“后验”在人之存在的当下达成了统一。与康德的“纯粹先验论”的空洞的形式不同，这样一种“历史先验论”以人之存在为自身的研究对象与内容，并以人道主义辩证法的历史性原则为理论上的具体体现。

第三，自决原则。人道主义辩证法将人类的现实历史视为人类的实践活动，并以人之自我实现为旨归，因此也就超越了任何形式的历史的机械决定论。人道主义辩证法并没有否定特定历史阶段的现实的确定性。人类现实历史的开放性并非对无限的可能性的任意实现，即是说人类的自由存在前提与制约。所以，人道主义主义辩证法在超越历史的机械决定论的同时，也是对于历史的非决定论与唯意志论的批判。但是，人道主义辩证法的决定性意味着对于其他可能性进行自由的否定与排除，即是说自决原则是人之存在打破外在必然性限制的“否定”的能力——不是对某一可能性的“肯定”的选择——的理论体现。“对马克思来说，**自由**绝不意味着几种可能性中的唯一选择，或‘做任何不损害他人的事情的权利’。在马克思的意义上，自由是自决的能力，是合理控制自然和历史的各种盲目力量的能力。”①因此，人道主义辩证法的自决原则揭示了人之存在在自我实现过程中不断超越盲目的外在必然性并彰显自身自由的能力。

第四，矛盾原则。与对事物与历史做静态及平面考察的自然科学方法不同，人道主义辩证法力求在动态的或立体的层面上发现、揭示并解决事物与历史中的矛盾。前者将不矛盾视为逻辑论证的重要原则，后者则将矛盾视为启发性的创造原则。“形式逻辑的不矛盾律是一种**论证性**原则（demonstrative principle），它在我们提问一套命题所意味的是什么，或如何证明一个命题或一种理论这样的问题时规制了我们的思想。而矛盾律则是一种**启发性**原则（heuristic principle），它在我们提出如何发展新的知识这样的问题时规制了我们的思想。”②马尔科维奇认为，人道主义辩证法能够在作为人之力量的对象化的社会历史种种现象中发现其背后的真实

① ［南］马尔科维奇：《从富裕到实践——哲学与社会批判》，曲跃厚译，黑龙江大学出版社2012年版，第60—61页。

② ［南］马尔科维奇：《从富裕到实践——哲学与社会批判》，曲跃厚译，黑龙江大学出版社2012年版，第30页。

矛盾及其统一。“矛盾对我们的知识的未来发展来说之所以很重要，正是因为我们可能有充分的理由坚持 B 和非 B 都是真的。……B 可能是一种理论或一种自然规律的推理结果，非 B 则可能是一个观察命题；B 可能是一个公认的哲学原则（人类对其行动的责任），非 B 则可能是一种经验概括（人类在生物学上和社会上是受到限制的）。”①因此，人道主义辩证法的矛盾原则即是以理论形式展现的人之存在及其在自我实现过程中的自我矛盾。但是，以理论形式展现的人之自我矛盾却是在现实历史的展开过程中的人之存在的统一，即是说人道主义辩证法揭示出这一矛盾仅是探求历史动力因素的第一步。人道主义辩证法不会满足于揭示出这一矛盾，而是将解决这些矛盾作为自己的目标，即通过人之自我实现所展现的对现实的批判，超越现实的限制，发展人的潜能以使之成为现实。

第五，超越原则。人道主义辩证法总是向整体挑战，并试图超越现实给定的结构。“从黑格尔和马克思的观点看，最主要的矛盾是发展的能力和一定的结构属性之间的矛盾，这种结构属性把一个实体还原为其实际给定的形式，因而限制了其变化的可能性。这一内在限制显然是对那个实体**实际上**是什么（即它由于不同于其实际存在而**可能是**什么）的一种否定。因此，进一步的发展便在于废除这一限制，即否定之否定。”②在马尔科维奇看来，超越始终与事物的进一步发展有着密切的联系，并且就是黑格尔与马克思的“否定之否定”概念。人类现实历史的进程不是单纯量的变化或序列式的进化过程，即简单的连续性，而是人之存在的潜能的实现与新质的产生。但是，作为变化结果的现实性总是暗含在前一阶段历史的种种可能性之中，因而人道主义辩证法在拒斥历史的因果律基础上的连续性的同时，也是对于片面强调一切变化是非连续性的“激变论”观点的批判。马尔科维奇认为，超越原则所意指的是人之存在对于当下的历史限制的否定，亦即对于人之历史无限可能性的肯定——在无限可能性的“场域”中否定自身内在的和

① ［南］马尔科维奇：《从富裕到实践——哲学与社会批判》，曲跃厚译，黑龙江大学出版社 2012 年版，第 31 页。

② ［南］马尔科维奇：《当代的马克思——论人道主义共产主义》，曲跃厚译，黑龙江大学出版社 2011 年版，第 42 页。

外在的限制。与对“否定之否定”概念做线性理解的实证主义方式不同,人道主义辩证法的超越原则是多元的和开放的,甚至在马克思的部分继承人那里,超越原则总是被置于从属的地位,呈现出线性决定论的样态,为以经济决定论为基础的共产主义必然性服务,但这并不是马克思辩证法的本意。马尔科维奇认为,人道主义辩证法的超越原则体现为一种多样化,不同国家的社会主义革命都会由于自身文化、经济等现实因素而历史地形成一种特殊的社会主义形式。

第三节　马尔科维奇批判理论的基本内容

马尔科维奇对于马克思理论进行重新的阐释,重构马克思的实践人道主义理论范式,并以人道主义辩证法为方法论基础建构了一种“现代批判的社会哲学”。但是,马尔科维奇的理论工作并没有停留在理论体系建构的浅显层面,而是通过人道主义辩证法在理论上揭示人之存在的内在矛盾及其历史统一。在现实中张扬实践人道主义的时代性,并不断促进马克思理论与现时代的结合。因此,人道主义辩证法对马尔科维奇来说是一种对于人之存在的正确的和历史的研究方法,“马克思在克服具体和抽象之间、经验研究方法和理性(思辨的、‘形而上学的’)研究方法之间的传统二元论中获得了成功”①。同时,人道主义辩证法也是马尔科维奇对现实进行批判的理论武器,人道主义辩证法“一直是,而且仍然是一切当代形式的积极的和战斗的人道主义的理论基础”②。在实践人道主义与辩证法的结合中,即在辩证法的人道主义化与人道主义的辩证法化的过程中,现实历史通过接受理论的和实践的批判,得以沿着更加合理与人道的可能性路径展开。

马尔科维奇进而认为,“关于未来的一种发达的意识在人对现实的批判中指引着他。在这个意义上,哲学总是一种关于任何一

---

① ［南］马尔科维奇:《从富裕到实践——哲学与社会批判》,曲跃厚译,黑龙江大学出版社 2012 年版,第 58 页。

② ［南］马尔科维奇:《当代的马克思——论人道主义共产主义》,曲跃厚译,黑龙江大学出版社 2011 年版,第 5 页。

种现存的人的状况的**批判意识**”[①]。人在历史中的自我实现总是面对着各种各样内在的和外在的限制,即现实的异化状态,而实践人道主义则以批判意识展现对“现存的人的状态”的理论观照。因此,马尔科维奇以人道主义辩证法对人之存在的现实异化进行了批判,其中尤以技术理性批判与官僚主义批判最为突出。但是,囿于本书的主题和篇幅的限制,在这里仅以马尔科维奇的技术理性批判为例,展现马尔科维奇对于人道主义辩证法的具体应用。

马克思在《1844 年经济学哲学手稿》中指出,“工业的历史和工业的已经生成的对象性的存在,是一本打开了的关于人的本质力量的书”[②],可见马克思在这一时期,已经开始从人之存在的本质的对象化的角度,即实践人道主义的角度来理解科学技术了。尽管马克思深刻地意识到科学技术在私有制条件下是作为一种异化力量存在的,但他却没有忽视这种力量对于人之自我实现的积极意义,“在人类历史中即在人类社会的形成过程中生成的自然界,是人的现实的自然界;因此,通过工业——尽管以异化的形式——形成的自然界,是真正的、人本学的自然界”[③]。

马尔科维奇同样以实践人道主义立场为出发点理解科学技术,将其视为人类本质力量的展现形式,进而对科学技术抱有一种乐观的态度。在他看来,科学技术不仅是无产阶级意识形态的基础,同时也是彻底地实现人道主义化的前提条件。为此,马尔科维奇曾专门撰写文章论证在现代工业文明下彻底地实现人道主义化的可能性。[④] 但是,马尔科维奇对于科学技术所抱有的乐观态度又是“谨慎”的,即是说在尚未实现人道主义化的前提下,科学技术仍然是作为一种现实的异化力量存在的。马尔科维奇认为,科学技术应当满足人类的真实需要,并促使人类社会彻底地实现人道主义化。因此,科学技术在“应用”的过程中,无法避免地涉及对于人之存在及其历史展开的合理揭示。一言以蔽之,科学技术作为人

---

① [南]马尔科维奇:《从富裕到实践——哲学与社会批判》,曲跃厚译,黑龙江大学出版社 2012 年版,第 5 页。

② 《1844 年经济学哲学手稿》,人民出版社 2000 年版,第 88 页。

③ 《1844 年经济学哲学手稿》,人民出版社 2000 年版,第 89 页。

④ [南]马尔科维奇:《现代工业文明中彻底的人道化的可能性》,这篇文章原本是其著作《从富裕到实践——哲学与社会批判》中的第二章,但是曾以独立的形式被收录在国内一些关于南斯拉夫哲学的论文集中。

之存在的本质的对象化，具有不可否认的人的价值维度及其属性，但是，由于立基于实证主义方法的现代科学技术以严格的价值中立为原则，所以科学技术也就成为纯粹的关于客体的知识而丧失了作为历史主体本质对象化的应用维度。“科学的唯一功能就是描述和说明**存在**（there is），或至少在已知某些规律的情况下推论**可能的**存在。”①

首先，当代的科学技术不但没有满足人类的真正需要，成为人之潜能实现的对象化手段，反而成为目的本身，异化为限制人之自我实现的力量。虽然现代科学技术在一定程度上满足了人类的需要，但是在更大的程度上，现代科学技术也创造了虚假的幻象，通过欺骗性手段建构了人类虚假的需要，即将科学技术与人类的需要等同起来，从而以科学技术本身代替了人之自我实现的目的。因此，现代科学技术不仅脱离了人之存在，脱离了其“应用”的价值指向，并且煽动了人之存在对于技术理性的狂热，“需要”不再是为了满足人之自我实现的价值诉求，而是纯粹的对“物”的占有的欲望。“在落后国家的许多人尚不能满足其基本需要的同时，各种人为的需要却到处被广泛地创造出来了，其中的不少需要是一种为了**占有**而**占有**无用的东西的需要，即一种贪得无厌的需要（a need for having more on account of being more）。”②

其次，由于技术理性的过度张扬及其对于人之存在的生活方式的负面影响，现代科学技术不但没有使人真正成为一种类的存在，反而愈加分裂了人的意识，将其逐出精神家园，经验彻底的孤独。“技术文明提供了扬弃时空中的个人之间的距离的手段：大城市、快速的交通、高效的传媒使人彼此更易于接近了。”③但是，人与人之间的时空距离的缩短并为向着人之自我实现的总体性的发展，反而破坏了人之存在的内在的总体性。“但是同时，这种发展又倾向于破坏所有那些把个人与他的最初的自然环境（*milieu*）联

① ［南］马尔科维奇：《当代的马克思——论人道主义共产主义》，曲跃厚译，黑龙江大学出版社 2011 年版，第 3 页。

② ［南］马尔科维奇：《从富裕到实践——哲学与社会批判》，曲跃厚译，黑龙江大学出版社 2012 年版，第 70 页。

③ ［南］马尔科维奇：《从富裕到实践——哲学与社会批判》，曲跃厚译，黑龙江大学出版社 2012 年版，第 70—71 页。

系起来的感性的、情感的联系，而又没有提供任何替代物”，因此，“现代人感到被赶出了家园(uprooted)，并注定要在人群中经验彻底的孤独”，并且“他越是更多地属于大众社会，就越是更少地属于任何真正的人的共同体的成员”。① 不仅如此，技术理性所造成的“狭隘的专业化和过度的分工”，也使得人之存在的真正生活产生了异化，“人的意识被分裂了，对实在的一种原子主义的研究方法仍很流行，各种直接的和特殊的利益而非长远的和开明的利益统治了人的生活”②。

最后，现代科技中少部分人的创造性劳动与多数人的被迫从事简单枯燥的劳动之间的分工态势已经逐步取代了脑力劳动与体力劳动的划分方式，科学技术掌握在少数人手中，异化为垄断与剥削的力量。“尽管生活水平随着技术的进步有了很大改善，但在大多数情况下，这种改善并没有使社会群体之间的关系更加人道：在生产力快速增长的同时，更高的工资仍然和更高程度的剥削(它被定义为对无偿劳动生产的价值的侵占)相关联。”③马尔科维奇认为创造性是人最独特的特征之一，但是马尔科维奇也认识到，没有以人之自我实现为目的的所谓的创造性的发挥是可怕的，即现代科学技术的创新不但没有为更加人道化的社会提供支持，反而异化为人之存在的统治力量，“技术由于其自身原因的增长，是无意义的和危险的”④。

马尔科维奇对于科学技术“谨慎”的乐观态度揭示了现代工业文明下科学的二义性，即现代科学技术既是实现更加合理与人道化社会的物质基础，又是一种现实的异化力量。马尔科维奇进而认为，在现代工业文明之下科学的这种二义性的根源并不在科学本身，而是在对于实证主义方法与科学的态度上。第一，专家与真正的科学界存在着差别。“专家停留在部分知识的水平上，停留在

① [南]马尔科维奇:《从富裕到实践——哲学与社会批判》，曲跃厚译，黑龙江大学出版社2012年版，第71页。

② [南]马尔科维奇:《从富裕到实践——哲学与社会批判》，曲跃厚译，黑龙江大学出版社2012年版，第71页。

③ [南]马尔科维奇:《从富裕到实践——哲学与社会批判》，曲跃厚译，黑龙江大学出版社2012年版，第70页。

④ [南]马尔科维奇:《从富裕到实践——哲学与社会批判》，曲跃厚译，黑龙江大学出版社2012年版，第93页。

解决一个专门问题时正确应用的一般理论原则和方法论原则的水平上”，而“科学界知识分子则批判地、创造性地研究理论基础，他们确定相互关系，普及新的方法和新的完整体系，考查每项科学成果的深刻含义，并把这些成果熔进该时代的文化和哲学成果里”。[①] 第二，科学不是完全客观化的“实证知识”，而是一种包含了人类普遍价值在内的“应用知识”。马尔科维奇将爱因斯坦、波尔等人视为物理学家与哲学家的结合者，认为他们不但关心科学的知识，还关心科学在实践中的应用，并积极投身反法西斯斗争。简言之，在马尔科维奇看来，科学的研究方法是不能够脱离意识形态或者说实践人道主义批判的维度的，科学应“以人道主义哲学作为它的固有基础，指明了整个人道化过程的方向……还正确地指出了蕴含人类明天的可能性”[②]。

对马尔科维奇来说，科学作为一种“应用知识”是与实践人道主义的意识形态相统一的，因此技术理性批判同时也就是一种意识形态批判。马尔科维奇认为，以实证主义方法论为基础的现代科学技术的发展，以技术专家体制为表现服务于统治阶级的意识形态，已经成为统治阶级赖以巩固自身意识形态的有效手段，“为我们带来了核武器、彩色的‘我爱露西’(I Love Luky)、大量的各种广告以及威胁到个人隐私权利的窃听设备”，以至于“联邦调查局(FBI)将知道每个人在想些什么”。[③] 马尔科维奇断定，这种意识形态将会破产，因为“它想要获得所有权力，但又没有为人提供任何回报”[④]。

那么，将科学技术作为一种“应用知识”的实践人道主义的意识形态究竟如何界定呢？马尔科维奇认为，马克思的意识形态要素的本质在于批判，是一种价值性的选择，“如果‘意识形态’指的是价值、需要、利益的任何一种理论化，是关于已为人们赞同的一

① 中国社会科学院哲学研究所《哲学译丛》编辑部编译：《关于马克思主义人道主义问题的论争》(译文集)，三联书店1981年版，第190页。

② 中国社会科学院哲学研究所《哲学译丛》编辑部编译：《关于马克思主义人道主义问题的论争》(译文集)，三联书店1981年版，第192页。

③ [南]马尔科维奇：《从富裕到实践——哲学与社会批判》，曲跃厚译，黑龙江大学出版社2012年版，第93页。

④ [南]马尔科维奇：《从富裕到实践——哲学与社会批判》，曲跃厚译，黑龙江大学出版社2012年版，第93页。

种理想的任何一种理论，是指对一般的价值趋势的任何一种选择，对我们决心为之斗争的未来所作的任何一种设想，因而是一种针对现存社会现实的批判态度的话——那么在马克思的理论中肯定是有一种意识形态的成分的”①。马克思的意识形态批判只有在这个意义上，才能够成为可能，即资产阶级意识形态不符合人之存在一般性的自我实现价值追求，具有虚假性与欺骗性。马尔科维奇认为“**意识形态就是一个阶级表达其利益、目的和活动规范的全部观念和理论**”②，他认为马克思虽然宣称自己是无产阶级的代言人，但是无产阶级这个集团并不与人类的整体利益相违背——马克思立足于人类的一般性利益展开对于资本主义的实践人道主义批判。即是说，马尔科维奇并没有将实践人道主义的意识形态概念理解为特殊集团利益的陈述形式，而是从人之存在的历史总体性角度出发，将其表述为人类的一般性利益。社会主义的意识形态应当是从实践人道主义角度出发的批判理论，而不能够成为一种脱离了人之自我实现价值诉求的实证主义的舆论宣传或口号——实证主义式的意识形态只能造就罗曼蒂克式的人道主义，并最终成为乌托邦的空想。

综上所述，马尔科维奇的技术理性批判揭示了科学技术与意识形态在人之自我实现的价值目的上的统一。在此过程中，以人之存在、人之历史与人之自我实现为核心的人道主义辩证法成为马尔科维奇的有力武器。以人道主义辩证法为方法论，马尔科维奇深刻地指出现代科学技术与意识形态的异化，即科学技术的意识形态化与意识形态的实证科学化的根源在于实证主义的方法论基础。这也进一步印证了人道主义辩证法对于马尔科维奇所重构的马克思实践人道主义理论范式，即一种现代批判的社会哲学的重要意义。

---

① 中国社会科学院哲学研究所：《南斯拉夫哲学论文集》，三联书店 1979 年版，第 254 页。

② ［南］马尔科维奇：《当代的马克思——论人道主义共产主义》，曲跃厚译，黑龙江大学出版社 2011 年版，第 80 页。

第三章　辩证法与人之存在

从马尔科维奇的观点出发,一种能够预设彻底的人道主义的理论范式的方法论基础是不会满足于停留在人类现实历史的“知识化”与“理论化”层面上的,这种方法论基础必须能够包含对自身的批判维度,即是说这样的方法论必须包括人之存在及其历史展开的本真内容,而不是单纯的逻辑形式。因此,只有以人之存在为核心、人之历史为场域、人之自我实现为内涵的人道主义辩证法才能够预设彻底的人道主义,即实践人道主义理论范式。马尔科维奇将人道主义辩证法的核心范畴定义为“人在历史中的自我实现”,并以始终贯穿人道主义辩证法这一主线的“现实—潜能”历史二元结构来揭示人之存在的内在矛盾及其历史统一。简言之,任何一种人道主义理论范式都无法回避对于人的本质的回答,而对于这一问题的不同回答则直接体现出不同人道主义理论范式之间的本质区别。以实证主义方法论为基础的理论人道主义正是在这一问题上陷入了困境。因此,本章将从以下几个方面对上文所涉及的问题展开论述:其一,理论人道主义的困境;其二,人之存在的双重维度;其三,马尔科维奇对人之存在的理解。

第一节　理论人道主义的困境

严格说来,人道主义概念产生于近代,意指以弘扬人的价值为中心的理论化形态,从而与以文学、艺术等形式展现人文精神——古希腊及文艺复兴时期——的人文主义相区别。“从古希腊文化伊始，**普遍的、人道的**和**批判的**精神就以各种方式结合在了一起。"[①]尽管理论人道主义仍然在形式上保持着古希腊以来的人文主义传统，但实际上实证主义或经验主义的基础却导致了这一传统丧失，从而使其所宣扬的人道主义仅仅停留在"理论"层面上。以康德为开端的德国古典哲学逐渐恢复了人道主义概念的传统内涵，并为一种彻底的人道主义的产生开辟了道路。[②]

理论人道主义与17—18世纪的启蒙运动有着紧密的联系。启蒙的法语原意为"照亮"。当人类的理性撕毁了宗教的伪装走向前台，人们坚信在理性之光的照耀下，我们能够从愚昧、野蛮以及对自然的无知中解脱出来，凭借自身的力量将自然踩在脚下，从而走向自由与文明。古希腊时期，目的论的引介曾为先贤们的哲思注入新的活力，但启蒙运动的"进步主义"观念并不逊色于此——为人性的张扬注入了信心。如果没有黑格尔的"世界历史"观念，我们也许不会相信启蒙运动的"进步主义"竟然一直处于非历史的语境之内；如果没有现实中的残酷行径，我们也许不会相信启蒙运动为人类所带来的不仅是理性之光照耀下的自由与和平。对于人类来说，启蒙运动无异于一场英国人的特拉法加大海战[③]，一场以人为核心的对于自然的巨大胜利，却在其根基中丧失了人的灵魂。当这场伟大的胜利所构建的神话在残酷的现实中崩溃，我们不得不重新找寻人类历史的灵魂所在——何为人之存在。而理论人道主义在这一问题上的失败正是源自它自身的方法论基础。

一、理论人道主义的方法论困境

漫长的中世纪过后，教会为信徒们所描绘的神圣的天国景象在现实面前失去了它的光辉。自然科学的发展用事实把上帝从世

---

① [南]马尔科维奇：《当代的马克思——论人道主义共产主义》，曲跃厚译，黑龙江大学出版社2011年版，第106页。

② 康德在认识论的框架下以人之存在的有限性为出发点，从而为实践理性乃至作为彻底的人道主义的马克思"实践哲学"留下了空间。或者说，只有从人的有限性出发，才能够正确地揭示人之存在的真实样态及人的实践活动对于人之历史的重要意义，从而剥去历史的"神"的外衣，使其复归于人。

③ 特拉法加大海战是英国海军史上最大的一次胜利，不仅粉碎了拿破仑登陆英国的计划，更奠定了英国百年之久的海上霸权地位，但是在这场奠基性的胜利中，英国却失去了这场海战的指挥官——"海军之魂"纳尔逊勋爵。

俗世界驱逐到了信仰之中，并为其披上自然的外衣。牛顿凭借作为“第一初始力”的自然的上帝成为世间光明的化身。自然科学代替了神学，重新确立起人之存在的合法性——人对自然世界所行使的天赋的权利并非来自上帝，而是来自人自身，即对自然规律的认识能力和对自然知识的掌握，归根结底，来自人的理性。因此，在文艺复兴之后，欧洲的思想者们不但继续向宗教神学发难，而且试图以自然科学方法论为基础，在神学的废墟上建立人的权威和理性的圣殿。

然而，近代哲学建立人的权威和理性的圣殿的理论诉求首先要以形而上学的确定性的重新确立为基础，即必须保证能够在种种现象与重重假象中发现真理，获得完全正确并普遍有效的知识。笛卡儿从方法论出发，为近代哲学的认识论转向奠定了根基。笛卡儿重新规定了哲学的方法论原则：首先，需要避免仓促的判断和偏见，将具有确定性的东西呈现在理智面前；其次，要将每一个难题尽可能地分化为可以圆满解决的细小部分；再次，需要按照从简到繁的方式为问题设定次序；最后，要毫无遗漏地将一切情形尽量完全地列举出来。[①] 所以，笛卡儿以几何学为模型，将从无可置疑的基本原则出发进行必然性推理的理性演绎法作为哲学的根本方法。进而，笛卡儿为了获得这样的基本原则，提出了他的形而上学的最重要的命题，即“我思故我在”。除怀疑自身外，一切都必须被置于怀疑之下，笛卡儿因此确立了先验的自我意识，即怀疑的主体。这不仅提出了整个近代哲学对于主体的理解模式，更将理性推向了判断标准与原则的地位。一切都要置于理性的怀疑之下，并通过理性的严格的科学方法，从不能再怀疑的确定基础出发，推导真实有效的结论（值得注意的是，这正是柏拉图对于辩证法的理解[②]），甚至是上帝都不能例外，笛卡儿认为一个没有理性的人，是不可能认识和思维上帝的。所以，笛卡儿实际上在三个方面对近代哲学产生了深刻影响：第一，以“我思”所确定下来的先验主体，即自我意识与自在的客体之间的二元对立；第二，作为判断标准与原则的理性的工具化应用；第三，在科学方法尤其是数理逻辑中为

---

① 张志伟：《西方哲学史》，中国人民大学出版社 2002 年版，第 265 页。

② [美]G. J. 斯塔克：《论辩证法的概念》，邵水浩译，载《哲学译丛》1981 年第 1 期。

形而上学建立确定性的基础。以笛卡儿为开端，近代哲学逐渐走向了以确定性知识为目标的认识论，与此同时，哲学的内容则成为理论化的知识。

尽管在整个近代哲学的发展中，充斥着唯理论与经验论之间的争执，但是在认识论的框架内，对于形而上学确定性的追求却直接与正确获得关于“在者”知识的理论方法联系起来。一个苹果令牛顿改变了世界，发现了“上帝创造世界的规律”，将宇宙描述为在第一初始力作用下的一部“永动机”，而近代认识论所理解的人之存在的自由，即是对于以技术理性所发现的真理的掌握——只有符合自然规律的观念才能够成为真理。整个宇宙都遵循着铁的自然规律，任何现象都可以被还原为其背后的本质，任何偶然都可以被还原为其背后的必然，任何杂多都可以被还原为其背后的“一”。因此，人之存在及其历史也必然能够通过对自然规律现象的归纳总结，即通过实证主义的自然科学方法被揭示与推断出来——“人性”被等同为工具化了的理性。

在经验论者们强调认识的真理性来自经验，并以实证主义的方式提出证明的同时，唯理论者们则赋予理性更多的内容。唯理论者们认为对有限的经验的总结是无法认识真理的，真理来自理性的“天赋观念”。但是，在近代科学技术所展现出的强大的现实力量面前，唯理论者们的意见被广泛地指认为一种思辨式的哲学或者一种主体哲学，甚至被以神学的形式局限在信仰领域，驱逐出近代科学为自身所划定的庞大帝国。无论如何，理性在盲目追求自然“真理”的认识论——无论经验论还是唯理论——框架内，都难以逃脱工具化的命运。

启蒙运动以来科学技术所展现的巨大力量，将实证主义的自然科学方法推向了方法论的主导地位，并逐步扩大到了人文科学领域中。经验论者休谟终结了近代以来的唯理论与经验论之争，并促使这一争论在康德那里重新回到古希腊哲学的语境中，转变为理论理性与实践理性相统一的问题。休谟的《人性论》以“在精神科学中采用实验推理方法的一个尝试”为副标题，希望在人文科学领域中贯彻经验论的自然科学方法。然而，休谟对于因果律来源问题的考察却彻底打破了以自然科学方法探求人文科学的梦想，支撑近代哲学方法论的因果律在休谟的证明下成为彻底的谎言与独断论。经验所掌握的个别材料通过归纳法被提升为一种客观的普遍性,但是经验总是有限的,即是说任何归纳法都是不完全的。所以,通过实证主义方法所最终形成的理论必然存在着不可逾越的界限,一旦超越这一界限,知识的确定性就会烟消云散。"由此看来,不但我们的理性不能帮助我们发现原因和结果的最终联系,而且即在经验给我们指出它们的恒常结合以后,我们也不能凭自己的理性使自己相信,我们为什么把那种经验扩大到我们所曾观察过的那些特殊事例之外。我们只是假设,却永不能证明,我们所经验过的那些对象必然类似于我们所未曾发现的那些对象。"①休谟所指出的正是理论人道主义走向困境的根源性问题,即实证主义的方法论在揭示何为人之存在问题上的失败。换句话说,人之存在的本真样态无法被实证主义的方法论揭示,只能诉诸以人之存在的有限性为出发点,以其有限性与总体性之间的历史关系为着眼点的历史方法,而后者正是以康德为开端的德国古典哲学的理论路径。

综上所述,理论人道主义以实证主义方法来揭示和理解人之存在及其历史的展开,必然导致对其实证化的理解。自然科学方法试图以静态的、固定的、孤立的方式解释给定的主体和客体以及它们之间的关系,致使难以弥合的主、客体的二元对立关系始终困扰着近代的思想家们。因此,理论人道主义由于无法从人之存在的现实角度理解它的研究对象,也就无法从实践的角度理解主体与客体之间的关系,即将自然界理解为人的本质的对象化世界。按照马尔科维奇的观点,只有能够正确地揭示出人之存在及其历史展开的真实内涵的方法论才能够预设一种彻底的人道主义理论范式。相反,理论人道主义在方法论层面的失败,不仅未能做到这一点,反而导致了人类现实历史主体的遮蔽。

二、理论人道主义的历史主体困境

古希腊时期,柏拉图在《斐多》篇中就曾借苏格拉底之口提出了"一个东西之所以能够存在,只是由于'分有'它所'分有'的那

① [英]休谟:《人性论》上册,关文运译,商务印书馆1980年版,第109页。

个实体”[①]的观点。亚里士多德在此基础上以“四因说”的形式完善了以神学为旨归的目的论。自此之后,超验世界的实体——理念、上帝、完满的人性、绝对精神等——成为对于现象世界或世俗世界的观照,成为人类现实历史发展的终极指向。

以实证主义方法论为基础的理论人道主义同样为人类的现实历史勾画了一个乌托邦式的终极目标。理论人道主义坚信理性的无限的力量,并宣称人类通过对理性的运用,终将在进步主义的道路上不断发展,直至掌握世界的全部真理,与超验的实体达成一致。完满的人性成为衡量人之为人的先验标准,即是说所谓真正的“人”必然要符合具有普遍性与必然性的作为抽象结果的“人性”。历史的真实的主体被遮蔽了,实体性的“人性”取代了人之存在的现实,人类历史的“生成”也被线性的“决定”取而代之。因此,理论人道主义陷入了人之存在的悖论,即它愈是张扬“人性”,就愈是依赖外在于人的实体,愈使自身沦入“神道”。

在现实的人与理想的人之间的关系中,异化概念发挥了重要的理论作用。近代哲学所理解的异化概念首先出现在政治学领域。霍布斯、卢梭等人凭借这一概念来说明个体的部分权力在公共领域中的让渡,并使其最终成为自然权利派和社会契约论的核心概念之一。黑格尔首先将异化概念引入哲学领域来说明绝对精神的自我发展过程,费尔巴哈进一步在生存状态层面上将宗教视为人的类本质的异化,而赫斯则在政治经济学领域中应用这一概念。马克思正是在这样的概念史基础上提出了自己的异化理论。肖恩·塞尔斯认为,马克思的异化劳动概念直接来源黑格尔,因此只有在黑格尔哲学的背景下,才能使其更为明朗化。[②] 以上问题大致可以从马克思哲学与德国古典哲学关系或与西方哲学传统之间的关系得以说明。我们不打算在此详细地阐释马克思的异化劳动理论的这种承继关系,而是试图通过对异化概念的考察揭示这一概念与人道主义或主体哲学之间的紧密关系、理论人道主义以异化或其他与此相类似的概念所造成的历史主体的实体化倾向以及

① 北京大学哲学系外国哲学史教研室编译:《西方哲学原著选读》上卷,商务印书馆1981年版,第74页。

② [英]肖恩·塞尔斯:《马克思〈1844年经济学哲学手稿〉中的“异化劳动”概念》,高雯君译,载《当代国外马克思主义评论》,人民出版社2008年版,第372页。

实践人道主义对异化概念的理解方式对历史主体的遮蔽等问题。

尽管异化概念的起源可以追溯到更加久远的古代,但是近代哲学对于异化概念的理解却与人之主体性的张扬相关。即是说,这一概念唯有在从主体的角度出发来构建实然与应然之间的关系时,才能够真正作为一种主体的存在状态出现在人道主义的理论中。

在以自然为哲学研究对象的世代中,人被消解于自然界与哲思之外,只能凭借微弱的理性之光去把握隐藏在自然背后的"上帝意志"——绝对客观的"逻各斯"成为理智和哲学的目的。心灵也被客观的自然规律侵蚀,或者在偶然的个体心灵中抽象出具有普遍性的"意志",或者更加直接地将心灵交付给神秘的规律性。总之,向心灵内部寻找安身立命之源的方式也并没有产生实际意义上的主体哲学,而是以"努斯"的形式最终与自然哲学殊途同归。

时至近代,人类在无限理性的历史设计中筹划对于自然的反制,进步的信心催生了从主体角度认识世界、把握真理的理论萌芽。这种萌芽首先以获得政治解放的资产阶级所宣称的"人权"的形式出现。早期社会契约论者认为,在公共政治领域中,人的自由与平等体现于合理性下的权力让渡,并且正是这种个体权力的让渡最终产生了作为普遍理性的国家。当人作为自然的附属而没有获得"大写"的地位时,异化或其他与此相似的概念还只是局限于用以说明人与神之间关系的神学领域。但是,当人成为哲学的对象并作为历史的主体——尽管是超验的实体化形式——显现时,近代对于异化概念的理解方式就率先出现在了最能够彰显人之权力的政治学领域中。

正如马克思所言,理论人道主义的产生是以对于宗教神学的扬弃为中介的。在前资本主义时期,"人权"尚未被以明确的形式提出,因而也就无法以理论的形式产生明确意义上的人道主义。理论人道主义虽然能够超越宗教神学,却割裂了实践、人道主义与辩证法之间的现实联系以及它们古老的理论的历史渊源。从实证主义方法出发的理论人道主义对于异化的理解非但没有揭示出现实的人与理想的人之间的历史内涵,反而通过这一概念预设了现实的人与超验实体之间先验的同一。因此,理论人道主义虽然看到了人的有限性,却未以此为出发点,反而使其成为对超验实体的证明，以致已经被作为历史主体的人之存在再一次被遮蔽——“人性”僭越其历史的局限而被等同为“神性”——人的历史再一次成为“神”的历史。

直至康德以古典哲学为基础重新审视近代哲学的问题，才使实践、人道主义与辩证法之间的古老联系的重现成为可能，即使人之存在的现实及其维度成为人道主义的出发点成为可能。然而，德国古典哲学的努力并没有获得实质意义上的成功。尽管德国古典哲学从其产生之初就以主体哲学的形式出现，但是对主体的绝对张扬又使其回归到一种客体哲学的思维，以致黑格尔最终以“主体即实体”的方式重新确立了作为精神实体的“绝对精神”的无上地位。

休谟所指出的实证主义方法建立在有限的经验归纳基础上的事实上，促使康德以哲学领域的“哥白尼革命”的方式为纯粹理性划定了界限，并为实践理性留下了地盘。康德哲学所遗留的纯粹理性与实践理性之间的关系问题，为黑格尔将异化概念引入哲学领域埋下了伏笔。

黑格尔通过异化概念将主体哲学和理论人道主义推向了巅峰。一方面，唯有在主体哲学内部，近代以来的异化概念才能够得到进一步的充分发展；另一方面，近代以来的异化概念也只有在解释历史主体的实然状态时，才能使历史主体获得合法性——一旦异化概念从超验的实体或纯粹客体出发，历史主体就会成为超验实体或纯粹客体的异化形式，从而消解其主体性，并最终走向客体哲学。因此，一种发展了近代异化概念的主体哲学与从超验实体或纯粹客体出发的异化概念之间存在着不可调和的矛盾。然而，黑格尔却通过“主体即实体”的悬设将它们统一在了一起。黑格尔以“绝对精神”为基础，抽象地解决了客体哲学与主体哲学之间的矛盾。虽然黑格尔揭示出了异化概念中的历史内涵，但这毕竟是思维中实现的人类历史和完满的“人性”——历史性被其封闭的体系扼杀了。即是说，在黑格尔的哲学体系中，主体和实体的最终统一与和解完全建立在自我意识上升为绝对精神的历史过程中，但是绝对精神在此之前却已经以实体的形式存在了——历史不再是现实中历史主体“自我实现”的过程，而是思维中超验实体“自我显现”的逻辑结果。黑格尔以自我意识确证了绝对精神，以历史的现实主体的思维形式确证了精神性的实体。所以,黑格尔哲学达到了主体哲学的巅峰——同样也是客体哲学的巅峰——“哲学”被终结了。

综上所述,理论人道主义通过近代以来的异化概念建造联系现实的历史主体与完满的“人性”之间桥梁的构想最终走向了破产——费尔巴哈的人本主义也不例外。理论人道主义在将人之存在作为历史主体的合法性推向超验实体的同时,也将人之存在的现实的自由抛给了未来,不仅导致人类历史的主体的遮蔽,最终陷入了人之存在的悖论,更走向了由此衍生而来的历史悖论与自由悖论。

但是,德国古典哲学毕竟在一定程度上恢复了实践、人道主义与辩证法之间的联系,为实践人道主义的最终形成奠定了基础。黑格尔在康德开创的理论路径上,以历史辩证法揭示了历史主体的双重维度,统一了共时态维度下主体与客体之间的关系以及历时态维度下自我意识与绝对精神之间的关系,即客体是主体的异化(对象化)形式,自我意识是绝对精神的具体形式。也就是说,尽管马克思之前的辩证法并没有正确地揭示出人之存在及其展开的历史内涵,却在形式上体现了人之存在的维度。

马克思对于理论人道主义的超越,使异化概念真正地与人之存在的现实性联系起来。马克思从现实的人之存在而不是超验的实体出发,彰显了这一概念的历史内涵。在马克思看来,异化并非是人之存在的现实与应然的人类状态之间的“疏离”,而是人之存在的本质力量的对象化活动在一定历史条件下的特殊形式——异化劳动。马克思认为,现实的人与理想的人之间的历史关系的核心不是一个需要与之“相符”的社会形态,而是现实的活动,是扬弃将人之本质的对象化作为一种外在必然性加以服从的异化状态,即人之对象世界的丧失,从而使其“复归”于人。在此基础上,马尔科维奇继承和发挥了马克思对于异化概念的理解。在他看来,现实的人与理想的人之间的关系本质上是现实的人与其自我实现的“可能性”之间的关系。因此,马尔科维奇认为异化乃是现实对于人类自我实现的内在的和外在的限制。

不同的方法论导致了人之存在的不同命运。理论人道主义通过异化概念确证了真实历史之外的实体,并将其作为历史的主体及人类历史的归宿;实践人道主义通过异化概念揭示出人之存在的内在矛盾,确证了人之存在及其自我实现过程,并将其置于人类历史的核心地位。理论人道主义由于其方法论限制、遮蔽了历史的真实主体,掩盖了人之存在的内在矛盾,人道主义辩证法却能够真正展现其重要意义——人之存在的内在矛盾呈现为人之存在的双重维度,而对于人之存在的理解,即对人的本质的理解只有在这双重维度中才能够被正确地定位。

第二节　人之存在的双重维度及其理论形式

人之存在的内在矛盾展现为人之存在的双重维度,即以人与其对象世界之间的关系为核心的共时态维度和以现实的人与理想的人之间的关系为核心的历时态维度,但是,由于理论人道主义的方法论所存在的问题,人之存在作为历史真正主体的地位被消解,致使人之存在的内在矛盾与双重维度无法被正确地揭示与理解。即是说,理论人道主义的方法论不能够从人之存在的真实样态出发,进而没有能够认识到人之存在的内在矛盾的统一,最终导致了二元论理论形式在人道主义中的泛化。理论人道主义割裂了实践、人道主义与辩证法之间的联系,因此在人之存在的共时态维度中,人与对象世界之间的一元关系成为给定的主体与客体之间的二元关系,在人之存在的历时态维度中,现实的人与理想的人之间的一元关系成为现实的人与超验实体之间的二元关系。究其根本,理论人道主义的二元论理论形式的根源在于西方传统的理性的分裂。在人之存在的共时态维度中,理论人道主义尤其是从有限经验出发的经验论者,试图以价值中立的原则通过理论理性建构主、客体以及它们之间的联系,导致了价值理性的式微及主体与客体之间的二元对立;而从无限理性出发的唯理论者虽然在一定程度上张扬了价值理性,却没有在人之存在的历时态维度中成功地将理论理性与价值理性统一起来,甚至导致了两者之间的二元对立。

马尔科维奇认为,“一方面,我们有一种**二元论的**取向,它很明确地设立了人和自然的对立,主体和客体的对立,以及心灵和物质的对立。……另一方面,我们又有一种**一元论的**取向,它从古希腊哲学伊始就开始了其发展。在此，本质的意义在于逻各斯即存在、心灵和语言的普遍规律的观念”①。即是说，二元论的理论倾向与一元论的理论倾向存在着历史的张力，并且是相互交织的。辩证法从古希腊至今的发展使黑格尔最终建立起真正的历史的一元论——尽管是以先验逻辑的形式——因此，暂且抛开其现实的历史内涵因素不谈，辩证法至少在形式上为一元论奠定了方法论的基础。

一、人之存在共时态维度的二元论理论形式

当人类开始以独立的视角审视其赖以生存的世界时，世界的万千变化与**流变不居**带给人类早期的先哲们以无限的遐想。自泰勒斯以来，伊奥尼亚学派甚至是整个古希腊自然哲学的先贤们就开始致力于对世界始基的朴素的猜测，试图为**变动不居**的世界找到不变和统一的基础，进而开创哲学的本体论传统。

古希腊的哲学传统随着近代哲学的认识论转向而发生了改变。在古希腊哲学的传统中，人作为自然的一个组成部分而没有被视为世界与历史的主体，甚至在苏格拉底之前，人尚未成为先哲们沉思的对象。因此，人之存在被以自在的存在方式与自然统一起来，但是，笛卡儿的二元论却在理论上将思之主体与被思之物对立起来。当思维的主体被先验地肯定下来，思维的对象就成为直接呈现在思维面前的在本质上与思维本身相异的东西。所以，心灵的本质在于思维，而物质的本质则在于广延。② 然而，在本质上并不相同的心灵与物质如何统一却成为困难，如果两者无法统一，那么认识本身也就丧失了可能性。笛卡儿在这一问题上面临了困境，最终不得不诉诸纯粹的臆断。

所以，人之存在在近代哲学的理论形式中始终面对着一个异质的自在自然或终极真理，它们为自己披上林林总总的现象的外衣，静待人之存在抽丝剥茧地认识和把握它们的“内核”。因此，无论是经验论者还是唯理论者，在近代哲学的认识论框架内人之存在与其对象世界的关系仍然是以主体和客体之间的关系展现出来

① ［南］马尔科维奇：《当代的马克思——论人道主义共产主义》，曲跃厚译，黑龙江大学出版社 2011 年版，第 145—146 页。

② 张志伟：《西方哲学史》，中国人民大学出版社 2002 年版，第 373 页。

的。这种本质主义的思维范式传统最早可以追溯到古希腊。赫拉克利特将“逻各斯”作为永恒活火燃烧与熄灭的尺度，作为万事万物所遵循的客观理性，并在此基础上提出了朴素的客观辩证法，从而奠定了本质主义的思想基础。一个永恒的本质——真理——隐藏在各种各样、多变无常的现象背后。巴门尼德凭借着“存在”这一概念推开了人类抽象思维的大门，展现出一个变动不居的经验世界和一个永恒不变的“存在”的世界之间的对立。通过对于意见之路与真理之路的划分，巴门尼德将哲学思考的对象从在经验与现象的沉沦中解脱了出来，同时也使此岸的现实世界让位于所谓“真实”的彼岸世界。在此基础上，芝诺更是以悖论的形式揭示了概念与经验之间的矛盾。柏拉图的理念论延续了巴门尼德的理论路径，试图在现象世界之外确立作为“真实”状态的理念世界。我们无法在这里对本质主义的古希腊源头及其对后世的影响进行全面和系统的梳理，但值得引起我们关注的是，在古希腊的哲学传统中，所谓的“真实”与“至善”始终是统一的。即是说，尽管二元论理论倾向的趋势明显，但其中却不乏统一的力量。

近代哲学扩大了这种二元论理论的倾向。以价值中立为原则的实证主义方法彻底割裂了“求真”与“求善”之间的联系。古老的实践哲学传统的遗失，使理论人道主义至少是德国古典哲学之前的理论人道主义忘却了人之存在与其对象世界之间的实践关系或历史关系，从而试图以主体与客体的二元化理论形式揭示人之存在的共时态维度。

理论人道主义或者以理论理性构建起来的形而上学终究难以找寻人之存在的确定性基础。完全从“真理”或“实在”出发的理论人道主义不仅丧失了真正的人类历史的视域，甚至在理论上威胁到了人之存在的历史主体地位——以“人性”的张扬为出发点却最终确立起“存在”的主体地位。理论理性不断将具有丰富历史内涵的现实“知识化”与“常识化”。人之存在在对于真理“是”与“否”的追问过程中被简化为追问者，而答案却存在于给定的客体而非其自身。由于不能够从人之存在及其实践活动的角度去理解存在，理论人道主义并没有走向人之存在的自我确证，而是在不断地确证“他物”。然而，人之存在并不满足于对“真实”进行“是”与“否”的追问——人不仅反思自然，还要追问自身。换句话说，人之存在不仅反思当下实然的存在状态，还要追问自身应当“如何存在”。理论人道主义将自身局限在认识论的框架内，因而无法完成它为自己提出的任务，以主、客体对立为中心的二元论理论形式也始终无法揭示人之存在内在矛盾的统一。

综上所述，理论人道主义由于不能够从人之存在及其实践活动的角度来理解作为人的对象世界的自然或真理，不能真正将人之存在作为其理论的出发点，最终导致其无法进入人之存在历时态维度的语境。因此，以主、客体对立的二元论理论形态也就无法理解与揭示人之存在及其自我实现的历史一元结构。正如马尔科维奇所说，笛卡儿和他的后继者们“发现他们自己也面临着**自我**和环境之间的中介的问题。但是他们无法解决这个问题，因为**自我**总将保留某种主观的、异化于环境的东西，而自然则是某种纯客观的、外在于人的东西”[①]。

甚至康德也未能完全地解决这一问题。尽管康德通过自己的理论展示出了理论理性与实践理性之间的分裂问题，也认识到了理性对于整体性的导向作用，但他最终并未达到黑格尔历史观念的高度。

二、人之存在历时态维度的二元论理论形式

康德哲学在一定程度上恢复了古希腊哲学的传统，尝试通过判断力将纯粹理性与实践理性统一起来。尽管康德最终没有获得成功，但是却为黑格尔的历史辩证法开辟了道路。不仅如此，康德哲学也集中展现了对人之存在历时态维度的二元论理论形式——理论理性与实践理性之间的分裂所带来的两者的对立——的反思与批判。

当人之存在反思自身，追问应当“如何存在”之时，就不可避免地形成一种价值层面的判断与评价。在这个意义上，无论是对于真理的“是”或“否”的判断还是对于理想的人的应然状态的“善”与“恶”的评价，人之存在的任何追问都包含其自身的目的性与价值诉求——自然因其作为确证人的本质力量的对象化世界而成为

① ［南］马尔科维奇：《当代的马克思——论人道主义共产主义》，曲跃厚译，黑龙江大学出版社2011年版，第146页。

"为人的世界",而对理想的人的追求则成为人之自我实现的历史指向——自然与历史因而具有了以人之存在为核心的总体性的特征。但是,在理论理性与实践理性分裂的前提下,人之存在的历时态维度,即现实的人与理想的人之间关系的历史总体性却被理论人道主义割裂,并以理论理性与实践理性的二元论的理论形式展现出来。

与古希腊的自然哲学不同,苏格拉底开创了西方伦理学之先河,并将对于善的追求作为哲学的根本目的。"知识即是美德",所以"有知为善,无知为恶"。苏格拉底将无知的现状与有知的理想对立起来,并宣称自己一无所知,而求知的目的则在于认识美德的理想。[①] 苏格拉底的理论路径经由晚期罗马哲学以及斯多葛派的理论最终与希伯来文化形成合流。希伯来文化打破了古希腊哲学对于时间,即永恒的论断,将"末世论"引入对于人类历史的理解方式中。教父哲学的集大成者奥古斯丁以此为基础,试图通过人间之城与上帝之城的二元结构为理解人类历史提供理论范式。直到路德和加尔文的宗教改革,世俗世界才重新获得其合法性。但是,宗教改革并未使业已处于分裂状态的应然与实然之间的关系得到统一。人之存在历时态维度的二元论理论形式不过是由晚期经院哲学的唯名论与唯实论之争转变为了近代认识论哲学框架下的经验论与唯理论之争。

不论处于何种现实,也不论处于哪个世代,人之存在总是向往和憧憬着"更美好"的现实与"更合理"的社会。但是,由于经验论者与唯理论者各执一端,人之存在的内在矛盾在历时态维度中的统一并未被理论人道主义正确地理解与揭示。从有限经验出发的经验论者始终面临着理论的困境,即对有限经验的归纳与总结如何通达整体性的真理没有清晰的认识。但是,尽管唯理论者能够认识到理性对于总体性的范导作用,却也同样面临着无法回避的问题。唯理论者从天赋观念的理性直观中得出了总体性的结论,然而理性本身却被作为前提而逃避了应有的批判。通过以无限的理性悬设历史之总体,唯理论者将理性塑造成为人类现实历史的超脱之物和超验的实体——忽视了现实的人与理想的人之间的历

① 张志伟:《西方哲学史》,中国人民大学出版社2002年版,第76页。

史路径的经验性要素。如果说经验论者在现实的人与理想的人之间,即有限的经验归纳与历史的总体之间留下了难以逾越的鸿沟,而不得不求助于给定的外在必然性的话,那么唯理论者则与其殊途同归——通过无限理性的悬设,将理性的普遍性转化为历史的必然性。因此,由于理论人道主义的方法论无法正确地理解和揭示现实的人与理想的人之间的现实历史路径,人之存在的历时态维度始终没有摆脱二元论的理论形式。

康德回到古典哲学的理论路径,试图以哲学的"哥白尼革命"重新统一理论理性与实践理性。在康德看来,人是利用认识的先天形式来整理和规划经验世界的。感性的经验材料被按照知性的范畴进行加工并最终成为有效的知识。知性是有限的,当它超出有限的经验范围,认识物自体时就会陷入自身的二律背反,但是,理性却不满足于获得的丰富知识,并试图将杂多的现象作为一个整体加以把握。康德认为,人类理性对于知识整体的构建是以善为目的的价值诉求,并因此走向了实践理性批判。纯粹理性遵循因果律,并非是人之自由的基础,所以只有遵循道德律的实践理性才是"自由何以可能"的根基。可见,康德尝试通过赋予知识以目的性,并将这种目的性转化为对于现象世界的知识的整体性的方式解决自笛卡儿以来困扰近代哲学的二元论思维范式,但其结果却事与愿违。由于没有认识到二元论理论形式所缺失的历史内涵,康德不但无法真正使主、客体形成统一,反而扩大了现象界与物自体,即现象与本质、事实与价值之间的鸿沟。

毋宁说,康德尽管认识到了理论理性与实践理性之间的联系,却没有能够通过正确的方法将其统一起来,以致康德哲学本身走向自反——既是对于理论理性与实践理性分裂的批判与反思,同时又是人之存在历时态维度的二元论理论形式的集中展现。但是,康德对于古典哲学的复兴也为实践、人道主义与辩证法三者的统一奠定了基础,使马克思得以走上了经由黑格尔所延续的德国古典哲学路径,最终创立了实践人道主义理论。

与人之存在的共时态维度的二元论理论形式相同,人之存在的历时态维度的二元论理论形式虽然以理论的形式展现了人之存在的内在矛盾,但是却从外在的角度理解这种内在的矛盾,从而割裂了现实的人与理想的人之间关系的内在统一。如果说,共时态维度的二元论理论形式的问题在于没有理解以实践为核心的人之存在与其对象世界的统一，那么历时态维度的二元论理论形式的问题同样在于没有理解以实践为核心的人之自我实现的过程，即丧失了理解人之存在的历史视域。

黑格尔利用辩证法在历史语境中使主体与客体以及理论理性与实践理性得到统一，彻底摆脱了对人之存在双重维度理解的二元思维方式，并将理论人道主义和认识论哲学推向了巅峰。在马尔科维奇看来，黑格尔辩证法是一种彻底的一元论，“在黑格尔手中，辩证法成了一个**包罗万象的普遍的体系**”，辩证法因此而成为一门科学。并且，黑格尔的辩证法“是一个伟大的综合，它想要解决许多基本的传统冲突，并在黑格尔的前辈的思想中连接起许多鸿沟(bridge many gulfs)。客体和主体、物质和精神、存在和思维不再被视为**分裂的**实体。……于是，一种能动的、积极的一元论第一次成为可能”①。

三、人之存在双重维度的一元论理论形式

尽管辩证法在黑格尔的手中第一次成为一种能动的、积极的一元论的方法论基础，甚至成为一门具有自身内容的学科，但是这同样与辩证法自身的特性息息相关。即是说，虽然黑格尔之前的辩证法尚未揭示出人之存在的历史内涵，但是却至少在其理论形式上揭示了人之存在内在矛盾的外在表现及其现象的统一——不同形式的辩证法未必都可以成就一种彻底的历史一元论，但是彻底的历史一元论却一定以辩证法为方法论基础。黑格尔辩证法的天才之处在于，这种辩证法将历史主体的内部矛盾及其统一视为种种外在矛盾及统一的根源，并使后者复归于前者，从而揭示了辩证法与自我意识以及其“自我显现”过程——人之存在及其自我实现过程在思维中的表现——的同一性。

黑格尔认为芝诺才是辩证法的真正创始者，“芝诺的出色之点是辩证法。……——他是辩证法的创始者”②。芝诺为了证明巴门

---

① [南]马尔科维奇：《当代的马克思——论人道主义共产主义》，曲跃厚译，黑龙江大学出版社2011年版，第23—24页。

② [德]黑格尔：《哲学史讲演录》第1卷，贺麟、王太庆译，商务印书馆1959年版，第272页。

尼德关于存在不动的论断而提出了著名的"芝诺悖论"。在"芝诺悖论"中,经验与概念、思维与存在之间的矛盾被清晰地显现出来。在黑格尔看来,存在着两种辩证法。一种是以智者学派为代表的考察对象的方法,而另一种则是"对于对象的内在考察",并且"在这样的考察里,于是对象自身便显示出其自身〔的矛盾〕:即自身便包含有正相反的规定,因为自己扬弃自己"。[①] 进而,黑格尔将赫拉克利特的辩证法作为芝诺辩证法的一种发展,"赫拉克利特把绝对本身了解为这种过程——了解为辩证法本身。〔于是〕辩证法〔就有了三方面〕:(一)外在的辩证法,即达不到事物内在本质的反复推论;(二)关于对象的内在的辩证法,但陷于主体的静观;(三)赫拉克利特的客观性,亦即认辩证法本身为原理"[②]。在黑格尔看来,"有"是"一",是第一者,而"变"则是第二者,赫拉克利特正是进入到"变"的范畴内。"变"是"一"的第一种具体形式,"是统一对立者在自身中的'绝对'"[③]。即是说,黑格尔认为芝诺的辩证法传统是对象自身矛盾对立与统一的理论形式,赫拉克利特的辩证法则以"变"的原则揭示出对象的具体体现形式。在这个意义上,人道主义语境中的对象即是人之存在本身,而其具体体现形式即是人之历史的展开。

芝诺所开创的辩证法传统也使实践、人道主义与辩证法之间的统一成为可能。毋宁说,芝诺通过经验与概念之间的矛盾展现了人之存在内在矛盾的具体化,并揭示了人之存在及其对象世界、现实的人与理想的人之间的"距离",以及理论与现实、方法论与整体理论之间的"距离"。在黑格尔那里,这种"距离"体现为自我意识与绝对精神的差别同一,并且在自我意识最终上升为绝对精神之前,"距离"始终存在着。黑格尔以其历史辩证法正确地揭示了这种"距离"的实践的与历史的内涵——尽管在黑格尔哲学的整体体系中这种"距离"最终消失了——以历史主体的内在的必然性取

① [德]黑格尔:《哲学史讲演录》第1卷,贺麟、王太庆译,商务印书馆1959年版,第280页。

② [德]黑格尔:《哲学史讲演录》第1卷,贺麟、王太庆译,商务印书馆1959年版,第295页。

③ [德]黑格尔:《哲学史讲演录》第1卷,贺麟、王太庆译,商务印书馆1959年版,第295页。

代了二元论理论形式的外在必然性，最终使能动的和积极的历史一元论成为可能，并最大限度地展现了理论人道主义的理论生命力。

由于通过这种“距离”揭示了人之存在的内在矛盾及其统一，辩证法作为一种方法论同样与现象学和存在主义之间存在着紧密的联系。甚或说，辩证法与实践及人道主义之间的统一使其成为实践哲学不同理论形态的方法论基础。因此，无论是马克思的实践人道主义还是作为理论人道主义巅峰的黑格尔哲学，都展现出了实践哲学或批判哲学的特质。①

同样处于实践哲学传统内的伽达默尔以另外一种方式展现了辩证法及其所揭示出的这种“距离”的重要意义。伽达默尔认为，格拉西安（Gracian）②以趣味概念提出的社会教化的理想具有划时代的意义。“趣味这一概念是格拉西安的社会理想教化的出发点，他的有教养的人的理想在于，这种人，即 hombre en su punto（完美的人），获得了同生活和社会的一切事物保持正确距离的自由，所以他知道自觉而冷静地分辨和选择”，所以伽达默尔进一步认为，“趣味概念无疑也包含**认知方式**。人们能对自己本身和个人偏爱保持距离，正是好的趣味的标志。因此按其最特有的本质来说，趣味丝毫不是个人的东西，而是第一级的社会现象”。③ 作为“好的趣味的标志”的正确距离在伽达默尔的审美领域中成为一种普遍性的基础，而在他的效果历史视域中则成为一种“时间距离”。《在现象学和辩证法之间——一种自我批判的尝试》一文是伽达默尔为《诠释学Ⅱ：真理与方法——补充和索引》所做的一篇导论，在这篇文章中他更加清晰地展现了“时间距离”在诠释学中的重要性。“人们在我论证的某些论点上会特别感到我的出发点同‘历史’精神科学是一致的。特别是我引进的时间距离的诠释学含义非常令

---

① 傅其林先生曾从美学角度阐释了实践、人道主义等南斯拉夫实践派核心概念，并深刻地指出“实践派从马克思那里找到了现象学与存在主义的根基”（傅其林：《论东欧新马克思主义的实践存在论美学》，载《广西师范大学学报》2013 年第 1 期，第 79 页）。在这个意义上，萨特通过辩证法揭示存在主义和人道主义之间的一致性的理论探索也并非是一种偶然。

② 巴尔塔扎·格拉西安（Balthasar Gracian，1601—1658 年），西班牙作家、哲学家。

③ ［德］伽达默尔：《诠释学Ⅰ：真理与方法——哲学诠释学的基本特征》，洪汉鼎译，商务印书馆 2011 年版，第 57 页。

人信服……凡时间距离发生作用的地方,它都保持了一种特殊的批判辅助性。”①正是这种保持了特殊的批判辅助性的时间距离使伽达默尔认识到了个体经验背后的普遍性,甚至为一种诠释学提供了“何以可能”的基础——距离的消失就意味着诠释的可能性及意义的丧失。所以,最终使自我意识与绝对精神达到同一,从而丧失了这种距离的黑格尔哲学为思维的历史画上了终结的句号,“如果说黑格尔的辩证方法把正在进行着的经验的外在反思置于思想的自我反思之中,那它只不过是在思想之中的一种调解”②。

辩证法所揭示出的这种“距离”在黑格尔之前的辩证法发展历程中,以潜在的方式在各种二元论的理论形式下保留着一元论的理论倾向——至少是在形式上——只有当这种“距离”的内涵最终被理解并得以揭示出来时,真正的一元论理论形式才能成为可能。黑格尔和马克思乃至伽达默尔在这一点上惊人地相似,即这种“距离”的内涵是批判的,同时也是实践的与历史的。这种“距离”在理论与实践的关系中体现为批判,在人之存在的共时态维度中体现为现实的实践活动,在人之存在的历时态维度中体现为人之自我实现的历史过程,一言以蔽之,这种“距离”即是人之存在内在矛盾统一的基础。因此,与实践、人道主义相统一的辩证法才能够成为能动的和积极的一元论的方法论基础。

但是,首先为以二元论理论形式为表现的理论人道主义指明出路的黑格尔最终却没有能够逃脱其理论人道主义自身的束缚。在黑格尔哲学中,批判、实践与历史丧失了其现实性并成为纯粹的思维活动,“在黑格尔那里,人被归结为自我意识;但在马克思那里,人则被当做了一种**实践**的存在,即一种能够根据人的规划实际地改变世界的自由的、创造的、感性的活动。……在黑格尔那里,历史只出现在过去当中;而在马克思那里,历史则是人的环境和人自身之持续不断的产物”③。

① [德]伽达默尔:《诠释学Ⅱ:真理与方法——补充和索引》,洪汉鼎译,商务印书馆2011年版,第9—10页。

② [德]伽达默尔:《诠释学Ⅱ:真理与方法——补充和索引》,洪汉鼎译,商务印书馆2011年版,第9页。

③ [南]马尔科维奇:《当代的马克思——论人道主义共产主义》,曲跃厚译,黑龙江大学出版社2011年版,第24页。

第三节　马尔科维奇对于人之存在的理解

任何一种人道主义理论都无法回避对于人之存在的理解，并且对于人之存在的理解的不同也使人道主义传统内部呈现出不同的理论形态，但是，由于方法论基础的局限性，对于人之存在的理解与揭示始终难以摆脱二元论理论形式的困境，从给定的自然或实体出发研究人之存在与它们之间的矛盾关系。因此，人之存在丰富的实践与历史内涵被遮蔽了，取而代之的是作为抽象的普遍性的“人”。诚然，理论人道主义凭借这个大写的“人”推翻了神权的统治，并以对于“人性”的信心为人类社会带来了巨大的进步，但是却在历史中为“神道”留下了地盘——马克思之前的一切历史观都是唯心主义的。换句话说，将人之存在作为实证主义方法所研究的对象并非毫无意义，这至少在经验的层面描述了人之存在的现实性，但是在人文科学层面，即在人之存在的历史性层面上，实证主义方法论却无能为力——历史性的缺失使人之存在内在矛盾的统一成为难题。

人之存在的历史性的秘密隐藏在人之存在的内在矛盾及其统一之中，因此，如若不能够从人之存在的内在矛盾出发，人的本质与人的历史就只能被以外在的形式理解与揭示。与理论人道主义——包括黑格尔在内——对于人之存在的本质的抽象的和片面的理解方式不同，马尔科维奇所重构的马克思实践人道主义理论范式从现实的人的内在矛盾以及这种矛盾所展现出的人之存在的双重维度出发，并以人道主义辩证法为方法论揭示了它们内在的历史统一性。

一、对于人之存在本质内涵的定义的矛盾

马尔科维奇认为，“人实际上是什么的问题，只是他**潜在地**是什么即他**可能**是什么的问题的一个很小的片段”[①]。即是说，以实证主义的方式从经验出发，描述人之存在的现实性只是全面理解

① ［南］马尔科维奇：《当代的马克思——论人道主义共产主义》，曲跃厚译，黑龙江大学出版社2011年版，第89页。

和揭示人之存在的一个组成部分，还必须进一步揭示人之存在的历史性。“至关重要的是，在人**显现**的那样和他**可能是**什么之间即在人类的**现实性**和**潜在性**之间作出一种区分。那种不能作出这种区分的社会哲学——它假定人**就是在他的现实存在中所流行的东西**(prevails)——被谴责为其目的在于对现存社会秩序作出一种终极的意识形态证明。”[①]但是，仅仅对于人之存在的双重维度进行区分，并分别揭示其现实性与历史性还远远不够——由于方法论的限制，这种区分极易陷入到二元论理论形式的困境中，即以人之存在的单一维度或特性涵盖整体。“在人道主义框架中，马克思主义辩证法根本不同于所有那些构造了刻板的、非此即彼的两分范畴的批判倾向。例如，**本质主义**预设了人之一种既定的、不变的、固定的理想本质……相反，**存在主义**则否认了任何一种先于个别的、单一的、具体的存在的本质存在，并认为人类活动和自我发展的全部过程都是彻底开放的。”[②]因此，在二元论理论形式下，存在着两种相互对立的对于人之存在的理解方式：其一，从理性或实体的角度出发，以规范的方式将人之存在等同为以超验实体为归宿的所谓历史性；其二，从经验或现象的角度出发，以描述的方式将人之存在等同为其现实性。在实践人道主义产生之前，两种方式在对于人之存在的理解的历史中相互对立与交织，却未能获得有效的统一。在马尔科维奇看来，由于无法真正理解人之存在的内在矛盾及其统一，因此两种方式在本质上是一致的，即导致对于人之存在的理解的乌托邦概念，只不过前者是乐观的，而后者则是悲观的。

“所有革命思想的基本假定是，它可能构建一个自由的个人的真正共同体……捍卫这种共同体的可能性的传统的乌托邦方式，是派生于一种过于乐观的人的本质的观念”，并且“这种方法在柏拉图的《政治学》中得到了应用，尽管是为了其他的目的”。[③] 柏拉

---

① [南]马尔科维奇：《从富裕到实践——哲学与社会批判》，曲跃厚译，黑龙江大学出版社2012年版，第12—13页。

② [南]马尔科维奇、彼得洛维奇：《实践——南斯拉夫哲学和社会科学方法论文集》，郑一明、曲跃厚译，黑龙江大学出版社2010年版，第26—27页。

③ [南]马尔科维奇：《从富裕到实践——哲学与社会批判》，曲跃厚译，黑龙江大学出版社2012年版，第194页。

图为理解人之存在奠定了本质主义的基础,并且为其预设了“善”的最终目的。在这种理论传统中,完满的“人性”被作为“善”的体现而成为人之存在发展的终极目标或历史归宿。尽管本质主义没有彻底忽视人之存在的现实性——甚至在近代实证主义方法论的影响下以经验的归纳作为通达本质的基础——但是,世俗世界或经验世界之于本质主义不过是上帝或真理的附属品,是充满了偶然性与缺陷的世界,甚至是一个“恶”的世界。然而,在本质主义的理解中,世俗世界或经验世界的缺陷与“恶”恰恰是对于人之存在的历史归宿,即完满世界与“善”的证明。“这种基本上过于乐观的、完美主义的人的内在善的观点,支配了直到20世纪的欧洲思想史。”①虽然在近代的启蒙运动中,善转化为人之存在的自由,乐观主义转变为进步主义,但是却始终没有摆脱其“过于”乐观的乌托邦色彩。

相反,“现代文化的所有形式:心理分析、社会人类学、存在主义、超现实主义、表达主义和现代文学艺术的其他流派,有力地强调了人的本质的这一更黑暗的方面”,并为对于人之存在的理解提供了“一种消极的悲观主义的乌托邦概念”的选项。② 由于人类在20世纪的“令人惊恐”的经验,“善”作为人之存在的内在本性的观点受到了质疑,取而代之的是“恶是人生的一种永恒的、基本的特性”③的观点,因此,强烈的反启蒙和反理性主义的思潮在20世纪尤其是在两次世界大战之后成为趋势与潮流,甚至人之存在自身也成为不可相信之物。存在主义以“存在先于本质”的命题表达了对于人之存在内在本性的不信任,既然人的理性自身出现了问题,那么人类的崇高与美好的历史期冀等还有什么是值得相信的呢?能够确定的只有人之存在的现实性。因此,由于忌惮人之存在各种未知的或恶的力量,存在主义宁愿使其面对无限,但是不可知的未来,也不愿承认其现实性之外的任何确定性,并将自由等同为无

① [南]马尔科维奇:《从富裕到实践——哲学与社会批判》,曲跃厚译,黑龙江大学出版社2012年版,第195—196页。

② [南]马尔科维奇:《从富裕到实践——哲学与社会批判》,曲跃厚译,黑龙江大学出版社2012年版,第200页。

③ [南]马尔科维奇:《从富裕到实践——哲学与社会批判》,曲跃厚译,黑龙江大学出版社2012年版,第200页。

尽的选择。进而,存在主义将人之生存及其展开视为一种纯粹的偶然性与盲目性。

但是,“一个现代的辩证思想家可能给出的唯一答案是:不能把人当做一个**物**! 他既不是一个好物,也不是一个坏物”①。两种对于人之存在的理解的不同方式,因二元论的理论形式而忽视了人之存在内在矛盾的统一,并未成功地揭示人之存在的本质,而使其成为“物”。“人的本质不过是一个很复杂的和能动的整体,充满了各种对立的特性及利益之间的张力和冲突”②,尽管本质主义和存在主义都揭示了人之存在内在矛盾的单一方面,甚至也认识到了各种“张力和冲突”,但是由于方法上的限制,它们却无法理解这个“复杂的和能动的整体”,无法理解它们对人之存在的两种界定之间的历史统一关系。

二、描述概念与规范概念

在马尔科维奇所重构的实践人道主义理论范式下,人之存在的内在矛盾及其统一理论化为“现实—潜能”的历史结构,人之存在的内在矛盾体现为其现实性与可能性的对立和历史统一。为此,马尔科维奇以描述概念和规范概念之间的辩证统一关系来揭示人之存在的本质。

描述概念意指对事实进行描述的概念或者对于事实陈述的概念,亦即一种判断性概念。描述概念面向经验世界,因此是以实证科学方法论为基础的理论结果。即是说,以描述概念揭示人之存在的本质是将人之存在作为实证主义方式研究的对象的理论形式,“对不同历史条件下人的行为的经验研究,为对一种描述性特征之可能的人类学概括提供了材料”③。但是,描述概念对于人之存在本质的揭示并不全面。首先,这种方式将人之存在作为给定的科学对象和固定的静止实体,从而无法填补人之存在的现实和

---

① [南]马尔科维奇:《从富裕到实践——哲学与社会批判》,曲跃厚译,黑龙江大学出版社 2012 年版,第 200 页。

② [南]马尔科维奇:《从富裕到实践——哲学与社会批判》,曲跃厚译,黑龙江大学出版社 2012 年版,第 201 页。

③ [南]马尔科维奇:《当代的马克思——论人道主义共产主义》,曲跃厚译,黑龙江大学出版社 2011 年版,第 88 页。

潜能之间的巨大的鸿沟。其次，对于人之存在的经验性描述往往会使其内在矛盾局限在行为的经验层面，以致对人的本质的理解呈现出难以调和的对立，“全部先前的历史都展现了一幅人之行为的对立倾向的图画：渴望自由，但又逃避责任；追求普遍主义和国际主义，但又奉行阶级的、民族的和种族主义的利己主义；需要创造性，但又具有强大的非理性的、解构的动力；在一定条件下可以自我牺牲，但又贪求个人权力并统治他人；对爱有着深切的需要，但又有使所爱的人蒙受痛苦的不可理解的需要”①。

规范概念是一种指向“应然”或“合理”的价值性概念，因此与历史的总体性相关。由于是从人之存在的有限经验之外对于其本质的揭示，因此规范概念无法通过实证主义的方法获得，而只能来自一种现实基础上的“合理的预设”。因此，规范概念所揭示的人之本质是对于人之存在的可能性或历史性的认定。即是说，描述概念揭示了人“是什么”，而规范概念则揭示了人“可能是什么”。

至此，马尔科维奇从人之存在的内在矛盾出发，分别在经验与理性或描述与规范两个层面提出了两种概念范畴以揭示人之存在的本质，即“人之存在的现实性—现实—科学—描述概念”和“人之存在的可能性(历史性)—潜能—意识形态—规范概念”。前者是经验论和存在主义对于人之存在的理解方式，而后者则是唯理论和本质主义的理解方式。但是，两种概念范畴中的任何一种方式都无法全面地揭示人之存在的本质，毋宁说，正是人之存在内在矛盾的统一视域的丧失，才使对于其本质的片面理解始终贯穿于实践人道主义之外的关于人的本质的理论与观点中。

因此，马尔科维奇尝试通过两种范畴之间的统一，即“人之存在的现实性—人之存在的可能性(历史性)”、“现实—潜能”、“科学—意识形态”以及“描述概念—规范概念”之间的一元结构，全面地揭示人之存在的本质。在马尔科维奇看来，描述概念和规范概念在揭示人之存在的本质的过程中都十分重要，并且是相互统一的。“我们在意识形态中发现的人的本质概念是一种明显**规范的**人的本质概念，而且在为实践群体的一定活动方案**提供理论基础**

① [南]马尔科维奇：《当代的马克思——论人道主义共产主义》，曲跃厚译，黑龙江大学出版社2011年版，第89页。

方面比**描述现实**起着更大作用”[①]，但是我们也“不应拒斥**描述的**人的本质概念，而应把它当做构建一个既包括了描述成分又包括了规范成分的**理想**概念的事实基础”[②]，因为在马尔科维奇看来，科学与意识形态本身即是统一的。

所以，马尔科维奇并没有将本质理解为给定的或固定的抽象物，而是将其理解为一种关系，并将这种关系划分为三个层面：“(a)在经验上似乎是一种可直接观察的质的规定性或量的规定性，**其实**是一种关系——和其他对象的关系。(b)接着，似乎是一个等同于其自身的事物，其实是各种肯定的和否定的对立面的统一，因而它包括了对它本身的否定。(c)最后，除了事物之明显的可变性，除了其性质的纯粹变化，中介发现了其各种状态的同一性，而本质恰恰是‘一个事物中永恒的东西’。”[③]进而，马尔科维奇认为是“中介导致了存在的**本质**”[④]（请读者回想上文中所提到的“距离”——作者）。即是说，人之存在的本质是通过“中介”的形式展现出来的，因此也只有在描述概念与规范概念的“中介”关系中才能够真正理解和揭示人之存在内在矛盾的统一——人之存在的本质所在。

三、人的基本能力

马尔科维奇认为，“对马克思来说，关于人的本质的一种一般的观念不仅是可能的，而且是必需的”[⑤]，但是在马克思那里，这种一般的观念是通过中介来实现的，“所有一般概念都是中介的结果：**为人的世界**(World-for-man)是以实践为中介的，**人的本质**是以社会关系的总和为中介的，**资本**是以被迫将其劳动力作为一种商

---

① [南]马尔科维奇：《当代的马克思——论人道主义共产主义》，曲跃厚译，黑龙江大学出版社2011年版，第87—88页。

② [南]马尔科维奇：《当代的马克思——论人道主义共产主义》，曲跃厚译，黑龙江大学出版社2011年版，第91页。

③ [南]马尔科维奇：《当代的马克思——论人道主义共产主义》，曲跃厚译，黑龙江大学出版社2011年版，第35—36页。

④ [南]马尔科维奇：《当代的马克思——论人道主义共产主义》，曲跃厚译，黑龙江大学出版社2011年版，第35页。

⑤ [南]马尔科维奇：《从富裕到实践——哲学与社会批判》，曲跃厚译，黑龙江大学出版社2012年版，第197页。

品出卖的没有财产的工人和占有所有剩余价值的生产资料的所有者之间的社会关系为中介的”[①]。“中介”或“距离”的内涵是实践的和历史的,是人之存在内在矛盾的统一的基础。因此,马克思的实践人道主义对于人之存在本质的一般概念的中介——“社会关系的总和”同样也是实践的和历史的,即包含了社会关系的现实与其历史总体性的内在统一。

马尔科维奇将人道主义辩证法的核心范畴界定为人在历史中的自我实现,因此在由其所预设的整体理论中,马尔科维奇同样引入了三个与此相对应的核心范畴,即人的基本能力、真正的人的需要以及实践,“批判的人类学的关键范畴是:**基本的人的能力、真正的人的需要和实践**”[②]。前者可以被认定为后者的理论化形式,而后者则可以被认定为前者的具体表现。即是说,人的基本能力构成了人之存在的本质的一般概念、现实与历史内涵,亦即人的社会关系总和的内涵和人之存在的潜能的具体形式。

马尔科维奇认为,在人之存在现实的社会关系及其发展的趋向的诸多要素中间,有八种人的能力处于根本性的位置,即:(1)无限潜在的感性发展;(2)理性,即分析形势、把握规则、在不断的变化中发展秩序和解决问题的能力;(3)想象,人在思维、幻想和睡梦中超越既定界限的能力,即设计理想化的对象、人类和状况的能力;(4)交往能力,这种能力不仅是学习一种语言意义上的能力,而且也是一种不断增长的理解来自其他集团、民族、种族、宗教和文化的他人思想、感情、愿望和动机意义上的能力;(5)创造性活动的能力,这种能力不是永恒地重复同样的形式,而是引入各种新事物;(6)协调同他人的利益和愿望的能力;(7)在各种可供选择的可能性中做出评价和选择的能力;(8)自我意识,即人发展一种对自己、自己的潜能和可能的成长方向的清醒的批判意识的能力,由于这种能力,个人才能选择改变其生活方式、社会角色和与他人的

① [南]马尔科维奇:《当代的马克思——论人道主义共产主义》,曲跃厚译,黑龙江大学出版社 2011 年版,第 36—37 页。

② [南]马尔科维奇、彼得洛维奇:《实践——南斯拉夫哲学和社会科学方法论文集》,郑一明、曲跃厚译,黑龙江大学出版社 2010 年版,第 28 页。

关系。①

如果说人之自我实现是人类历史的内涵的话，那么人的基本能力则构成了人之自我实现的现实内涵，因为尽管这些能力是一种基于现实的人类自我实现概念的"预设"，但是却已经在人之存在的现实中得到了体现，并"以**潜在的预先倾向**（latent predisposition）的形式存在于每一个正常的人类个体中"②。换句话说，正是这种能力在个体的人与人之存在的普遍性的统一中起到了重要的中介作用。因此，以中介的方式带来人本质的一般概念的实践人道主义并不试图凭借单一的描述概念或规范概念揭示人之存在的本质，而是在两者的统一关系中展现对它的理解。至此，马尔科维奇从人之存在的内在矛盾及其统一出发，以人道主义辩证法完成了对于人之存在的本质的"预设"，并摆脱了长期处于分裂状态的对于人之存在本质的片面化理解的二元论理论形式的困境。

① ［南］马尔科维奇、彼得洛维奇：《实践——南斯拉夫哲学和社会科学方法论文集》，郑一明、曲跃厚译，黑龙江大学出版社2010年版，第28—29页。

② ［南］马尔科维奇：《从富裕到实践——哲学与社会批判》，曲跃厚译，黑龙江大学出版社2012年版，第13页。

第四章　辩证法与人之历史

人之历史是人之存在自我实现的场域，但是，由于对人之存在的理解和揭示的片面化，人之历史也存在着二元论理论形式的对立倾向，即人之存在的悖论导致了人之历史的悖论。由于实践、人道主义与辩证法的分裂，人之历史或被以实体的方式理解为自然史和神史，或被以经验的方式理解为偶然性的集合——要么是决定论的，要么是非决定论的——人之存在的内在矛盾在对于人之历史的理解中再一次丧失了统一的基础。

“中介”（“距离”）的实践的和历史的内涵的遮蔽，致使历史成为外在于人之存在的纯粹的和空洞的形式，其“生成”的过程性特质被消解，取而代之的是作为给定的结果性的“乌托邦历史设计”[①]或毫无确定性可言的“集合”。但是，无论是对于人之历史的确定性的过分张扬还是将其诉诸一种虚无，都是未能理解人之历史的主体及其展开过程的理论表现，简言之，人之历史始终被理解为人之存在之外的客体形式。[②] 因此，人之存在的自我实现过程被理解为“天赋的自由”或“无尽的选择”。

人之存在的内在矛盾及其统一在人之历史这一场域中，体现

---

① 衣俊卿先生在其著作《历史与乌托邦——历史哲学：走出传统历史设计之误区》中，区分了作为人之超越性的体现的“乌托邦历史定势”与作为从给定结果的角度出发理解历史的“乌托邦历史设计”（衣俊卿：《历史与乌托邦——历史哲学：走出传统历史设计之误区》，黑龙江教育出版社 1995 年版）。

② 如果不能够理解历史的主体及其展开，即人之自我实现作为历史内涵的重要意义，历史就无法被理解为历史主体的历史。在这个意义上，存在主义等理论形式由于没有正确地理解和揭示人之存在的内在矛盾及其统一，同样是在历史主体之外来理解人之历史。

为事实层面的现实性与价值层面的可能性之间的辩证统一。即是说，人之历史既不是纯粹被决定的，也不是纯粹非决定的。因此，马尔科维奇认为，实践人道主义的历史观是在历史视域中全面揭示人之存在内在矛盾及其统一的“辩证决定论”——是以更加“人道的”和“合理的”价值追求为指向的自我实现过程。

第一节　时间与历史的区别

为什么在黑格尔之前，没有产生现代意义上的历史意识呢？或者说，为什么近代哲学以来产生的关于人类历史的各种各样的观念——实践人道主义除外，却没有一种真正意义上的“历史”理论呢？近代哲学吹响了使历史重新复归于人的号角，但是为什么又再一次使历史成为一种神话或神史呢？

斗转星移，四时变换，自然的万事万物总是在流变中产生和消亡，逝者如斯，不舍昼夜。这种“流变”产生了人类对于自身历史的反思，而时间则被认为是这种“流变”的刻度。早在古希腊时期，时间概念就已经被引入到哲学视域之中，但是，对于时间的理解却随着哲学的发展与进步产生了不同的趋势。根源于人之存在的内在矛盾，对于时间的理解被以不同的理论形式展现出来：从人之存在的现实性出发，时间被赋予客观与物理的特性；从人之存在的可能性出发，时间则被赋予主观与总体的特性。前者以经验论或实证主义的方法为基础，将时间作为一种外在于人的客观尺度，导致对于时间理解的客体化和庸俗化；后者则以理性或主体哲学为基础，将时间视为主体的内在属性，导致对于时间理解的内在化和主体化。因此，两种对立的历史观念应运而生。一种是以物理时间的一维性或不可逆性为中心的线性历史观念，另一种是以主体时间的总体性或超验性为中心的总体历史观念。

但是，以上两种历史观念所揭示的并非是真正意义上的人之历史。由于人之存在内在矛盾的统一性被在不同程度上忽视，片面的对于时间的理解被等同为人之历史。因此，在不同的历史观中始终存在着二元化的倾向。如若不能摆脱这种二元化的理论倾向，那么人之历史的真实内涵就很难被正确理解——在黑格尔以辩证法揭示出人之历史的思维形式之前，所有的历史观念都是“非历史的”。

一、对于时间的客体化理解

千百年间，我们对于时间概念的理解不甚明了。自古老的计时方法诞生以来，时间就被以显而易见的方式“呈现”在我们的经验面前，即是说，我们不过是以均等地划分空间的方式来理解时间本身，并且这种方式至今仍在沿用——时间通过空间化的手段实现了自身的客体化。在西方文化的背景下，这种对于时间的自然化或物理化的理解方式可以在古希腊的哲学中找到其理论的根基。

古希腊时期的自然哲学家们以找寻世界赖以存在的始基为自身的理论任务，并且这一时期的思想者们对于世界本原的指认存在着诸多的差异——以不同的元素作为世界的本原，但是，不论何种元素被定义为世界的基础，它们都存在着形态上的“流变”。即是说，在古希腊的自然哲学家们看来，始基是世间万事万物流变中的不变，是世界的复杂性或多样性与确定性的统一基础。因此，在古希腊的自然哲学中，时间就被与流变或事物的运动和变化联系起来，即包含了时间客体化理解方式的理论根源。尽管古希腊的自然哲学家们还没有明确地提出对于时间的系统理解，但是当他们以时间在先的神话原则去追寻世界的初始之物时，就已经建构起朴素的猜测与时间之间的内在联系，同时将变动不居的现象世界的根基与不变和永恒联系起来。简言之，古希腊自然哲学在以时间在先原则对于世界始基进行追问的同时，已经使时间本身成为哲学的对象。

在此基础上，巴门尼德哲学明确地将存在与永恒等同起来。在巴门尼德看来，真理之路并不真实，而通过真理之路所通达的存在却是永恒不变的，“存在者不是产生出来的，也不能消灭，因为它是完全的、不动的、无止境的。它既非过去存在，亦非将来存在，因为它整个在现在，是个连续的一”①。巴门尼德所奠定的理论基础在柏拉图的理念论中得到了进一步的发挥。时间虽是一种永恒，

① 北京大学哲学系外国哲学史教研室编译：《西方哲学原著选读》上卷，商务印书馆2003年版，第32页。

但是由于宇宙不停地运动与生成，自然是变动不居的。同自然哲学家们一样，柏拉图试图通过自己的理念论来统一永恒与变化或一与多之间的矛盾。在柏拉图的理念论中，永恒与变化或者一与多之间并不是绝对的对立关系，而是一种"有差距的同一"，是原型与摹本的关系。柏拉图认为，作为摹本的自然和宇宙所具有的流变性源于其与原型在永恒性上所存在的差距，"原型是永恒存在的生物，但正是在永恒这一点上宇宙不能和原型完全一样，因为它是生成的。他（创造之父——引者）决心造一个永恒运动的影像。于是他在创造天宇的时候，为那留止于一的永恒造了依据数运行的永恒影像，这个影像我们称之为'时间'"①。

不论是巴门尼德还是柏拉图，都使对于时间的理解与永恒的存在或整体建立了联系，从外在于人的超验实体出发，为对于时间理解的客体化倾向奠定了理论基础。尤其是柏拉图的理念论所体现的浓厚的神创论色彩，更将时间与神联系在一起，以致对奥古斯丁产生了巨大的影响。而后者虽然受到了柏拉图的影响，并将永恒归于上帝，但是由于奥古斯丁更加重视人之存在与上帝之间的内在联系，从而将对于时间的理解内化或主体化，这一点我们将在下文中进行论述。

柏拉图的理念论从两个方面对时间做出了规定。其一是"永恒"，其二则是"依据数运行"，但是，柏拉图的理念论尚未真正就原型与摹本之间的关系做出合理的解释，即是说，理念论并未认识到现象世界的流变与运动和永恒的时间之间的"中介"。因此，柏拉图的弟子亚里士多德对柏拉图的理念论提出了质疑，并以"形式—质料"之间的运动关系代替了僵死的"模仿"和"分有"，从而建立起时间与运动之间的联系。亚里士多德对于时间的理解更加重视运动而非永恒，所以在亚里士多德看来，"时间乃是就先与后而言的运动的数目，并且是连续的（因为运动是属于连续性的东西）"②。同样基于时间的数的规定性，亚里士多德提出了与柏拉图理念论的"神学"时间不同的物理时间，将时间直接同运动的事物

① ［古希腊］柏拉图：《柏拉图全集》第3卷，王晓朝译，人民出版社2003年版，第288页。引文有改动。

② ［古希腊］亚里士多德：《亚里士多德全集》第2卷，苗力田译，人民大学出版社1991年版，第120页。

联系起来,为后世理解以数理逻辑或实证主义方法为基础的时间的客体化提供了理论的源头。

赫拉克利特曾提出作为客观理性的“逻各斯”,进而在使“逻各斯”在成为现象世界流变规律的同时,也使其成为真理的内容。继他之后,亚里士多德将时间作为流变事物数字化计量的物理时间,与作为事物运动客观规律的“逻各斯”相结合。因此,尽管在古希腊存在着实践、人道主义与辩证法的内在结合,但是由于时代的局限性,人之存在的双重维度被以客体化的方式呈现出来,并对后世的二元论理论形式产生了深远的影响。古希腊哲学所展现出的是一幅人之历史的波澜壮阔的画卷的底色,它兼具了二元论理论倾向与统一的实践人道主义的理论萌芽。即是说,在古希腊时期的某一单一理论中尚存在理论理性与实践理性之间的张力,而在此之后,理论理性与实践理性则沿着不同的理论路径走向了二元化的分裂。尽管对于时间的理解在亚里士多德那里已经呈现出物理化的倾向,但在这种理解中,时间尚存在合规律性与合目的性的统一趋势。一旦这种趋势被瓦解,那么人之历史的画卷就将被渲染成纯粹的自然史或神史。

摆脱了教会的思想束缚的近代自然科学为人之历史带来了前所未有的发展和进步。数学与物理学日益成为人类张扬主体性、认识真理以及战胜自然“最恰当”的工具与武器。在其有力的支持下,世界被假设为一个合规律性的自在对象。人可以通过对于数学以及物理学等自然科学的掌握,凭借着因果关系“合理”地推断并预言未来的自然发展状况。但是,实证主义的思维范式却导致人之存在及其对象化世界的无目的的量化趋势,即可以利用数理逻辑任意选取自然界的研究对象,进而对其进行人为的量的分割,以便有利于计算并为“合理”的推断提供模型。随着实证主义思维方式的普遍化,自然科学方法渗透到了一切科学领域。达尔文的进化论引起巨大的轰动,自然界的优胜劣汰的规律使人之历史得以摆脱上帝的意志,并使人之存在成为自然规律的结果,但是,当人之历史摆脱了合目的的神之历史时,却马上又被合规律的自然历史吞没了。

对于时间的合规律性的客体化理解遮蔽了历史的真正主体,即人之存在,并割裂了人之历史的总体性,使其模式化与断片化。

首先,由于过分强调人之存在的现实性,忽视了其内在的超越性,对时间的纯粹合规律的理解为人之历史设置了固定的模式。"人类历史中的时间和自然历史中的时间有着完全不同的意义和不同的结构。自然事件在长时间中是简单重复的,甚至在运动和变化的时候,它也发生在固定的模式中。"①其次,由于忽视了人之存在内在矛盾的统一性,对于时间的纯粹合规律的理解使人之历史成为断片的叠加。"在自然历史中,时间推移的唯一标准是某些不可逆(irreversible)过程的出现……真正存在的只是现在:过去消失了,而未来则尚未到来。"②因此,对于时间的纯粹和规律性的客体化理解由于未能正视人之存在的内在矛盾的统一,而无法形成对于人之历史的合理理解的理论形式。

二、对于时间的主体化理解

对于时间的客体化理解因其对于时间的合规律性特质的过分张扬,使人之历史成为自然历史。与此不同,对于时间的主体化理解却因其对于时间的合目的性特质的重视而将人之历史导向了神史。因此,对于时间的主体化理解方式与神学有着紧密的联系,并且同样能够在古希腊哲学中找到其理论的根源。

尽管以主体为出发点来理解人之历史的理论传统可以追溯到阿那克萨戈拉的"努斯"概念,但是明确将时间概念"历史化"的人则是奥古斯丁。奥古斯丁受到柏拉图理念论的影响,并试图通过哲学为基督神学提供理性的证明,哲学因而成为神学的"婢女",但是,奥古斯丁并没有将时间完全归于上帝,而是将视域转移到了尘世。

基督教文化的产生源自古希腊文化和希伯来文化。时间在古希腊文化中是永恒的,而在希伯来文化中则存在着终点。犹太人视现实的苦难生活为彼岸世界的幸福生活的必要准备,并试图通过末日审判获得救赎以及为"上帝选民"的身份提供合法性的证明。即是说,在希伯来文化中,末日审判作为现实世界的终结,同

① [南]马尔科维奇:《从富裕到实践——哲学与社会批判》,曲跃厚译,黑龙江大学出版社2012年版,第11页。

② [南]马尔科维奇:《从富裕到实践——哲学与社会批判》,曲跃厚译,黑龙江大学出版社2012年版,第11页。

时也为人之历史的发展指明了方向和归宿。作为基督教哲学的集大成者，奥古斯丁以理论的形式将基督教的两个源头统一起来，并且转变了古希腊的时间是永恒的哲学命题。在奥古斯丁的观点中，人类的历史是一部善与恶的斗争史，并且这部历史终将以上帝之国对于人间之国的胜利而告终——人之历史的巨幕将在末日审判到来时缓缓落下。如果说从创世到末日审判是人之历史幕后的上帝所安排的剧本，那么人之存在就是这幕戏剧的演绎者。尽管柏拉图理念论式的分裂——原型与摹本、上帝之城与人间之城的对立——在奥古斯丁的思想中依旧存在，但是对于时间的理解方式已经从其与永恒的一致性转变为人间之城与上帝之城或人之存在与上帝的有限的内在同一的过程。因此，在奥古斯丁看来，时间或人类历史存在着开端与终结，因而是有限的——上帝对于人的创造意味着时间的开端，而末日审判则预示着时间的终结——进而，时间也被打上了合目的性或主体化的烙印。

奥古斯丁的思想经过整个中世纪的涤荡，不仅对经院哲学产生了深远影响，更为笛卡儿所开创的近代哲学，尤其是为近代哲学对于时间的主体化或合目的性的理解方式奠定了理论基础。尽管笛卡儿以反对宗教神学、重新确立形而上学的确定性为自身的理论任务，但是在某种意义上，他却是奥古斯丁思想的传承者。[①] 奥古斯丁对于笛卡儿的影响不仅在于怀疑论的思想特质上，更在于对时间的理解方式上，即是说，奥古斯丁通过对于时间的合目的性的理解所带来的时间主体化转向在笛卡儿那里得到了进一步的深化和发展。笛卡儿的二元论割裂了心灵与物质之间的内在联系，将心灵的属性定义为思维，而将物质的属性定义为广延。因此，物质作为自然科学的研究对象，成为一种纯粹给定的具有空间形式的存在，而被排除在了人之历史之外。由于无法理解"中介"或"距离"的实践的和历史的内涵，笛卡儿或者说整个抽象实体形而上学的理论传统认为，存在的本质乃是给定的和不变的，因此只能通过理性的形式加以把握，作为人之存在的本质的对象化的世界却因其"流变"的特质而沦为现象，成为经验的对象。古希腊哲学中的本体以实体的形式转变为近代哲学的"真理"，并为认识的主体悬

① 张志伟：《西方哲学史》，中国人民大学出版社 2002 年版，第 369 页。

设了内在的目的。

康德继休谟的温和怀疑论之后,试图将理论理性与实践理性、合规律性与合目的性统一在一起。康德提出了先天综合判断,认为知识的确定性来源于经验与知性的共同作用,即是说,在休谟对基于有限经验的归纳所得到的知识的普遍性提出了质疑之后,康德通过哲学的“哥白尼”革命将知识的普遍性与确定性立基于认识主体的先天认识形式——经验为认识提供了感性的材料,知性凭借范畴将感性材料进行划分,理性则保证了知识的普遍性与必然性。在康德看来,先天综合判断基于两种不同的形式,即空间形式与时间形式,其中空间形式是认识自然之物的基础,而时间形式则是认识心灵的基础。① 因此,康德彻底地将时间心灵化。

然而,康德最终并没有成功地统一理论理性与实践理性或合规律性与合目的性。一旦理性被与绝对的真理联系起来,那么主体化的时间也会因作为认识活动最终目的的自在之物或绝对真理,而被传统的理性主义抛弃。康德的自在之物或绝对真理同样是不变的和永恒的,亦即没有时间上的规定性。因此,对于时间主体化的理解方式最终使心灵与物质处于绝对的静止状态,尽管传统理性主义内部的部分思想家并不否认理性是历史性的——比如说黑格尔——但是理性的自我完善过程却并不能够超越绝对真理的界限。

由于不能从人之存在的内在矛盾及其统一出发,在本体论和认识论的框架下,亦即在抽象实体形而上学的理论背景下,时间的客体化理解与主体化理解两种方式都无法真正揭示人之历史的内涵。时间的客体化理解使时间流于经验,最终成为知性的、片面的和纯粹合规律性的自然时间;时间的主体化理解虽然将时间与主体——认识主体而不是历史主体——联系在一起,但是却赋予其以给定的内在目的。简言之,尽管两者分别强调了时间的不同特质,却丧失了人之历史的总体性——时间的合规律性与合目的性在人之存在中的统一。因此,无论是对时间进行单纯的客体化理解还是单纯的主体化理解,其本质都是相同的,即忽视了人之存在内在矛盾及其统一这一根本,而将对于人之历史的理解导向了“非

① [德]康德:《纯粹理性批判》,邓晓芒译,人民出版社2004年版,第36—38页。

历史”的在场的实体。

三、对时间的实体性理解的问题

由于忽视了时间的合规律性与合目的性在人之存在中的统一这一基点，对于时间的纯粹客体化与纯粹主体化的理解方式由不同的理论路径汇聚于一点，即从在场的实体出发的线性决定的历史观念。因此，尽管理论人道主义充满了将人作为历史主体的巨大信心，却因不能理解人之存在的内在矛盾及其统一而重新使人之历史沦为自然史或神史，或者说试图以“非历史”的方法和理论揭示人之历史本身。

对于时间的客体化理解方式来说，时间是能够被经验到的事物的运动与变化的连续性，其背后则是本质层面的自然的铁的规律；对于时间的主体化理解方式来说，尽管时间是主体价值诉求或目的性的展开过程，但是在过程背后则隐藏着上帝的意志，即是说，因果律在理论人道主义对于人之历史的理解中起着决定性的作用。因此，人之历史或被理解为断片化的事件的叠加，或被理解为整体性的神的观照。虽然时间的合规律性与合目的性在人之存在中的统一使二元论理论形式对于时间的理解在一定程度上片面地揭示出人之历史的某一方面，但是纯粹的自然史或神史却与人之历史有着本质上的区别。

首先，自然史或神史所体现出的特质乃是一种循环或终结，而人之历史所体现出的特质乃是一种创造或超越。四时变化、昼夜更替、草木荣枯、自然变化在客观的规律下循环往复；现世的考验、来世的幸福、自我的救赎、罪恶的世界在上帝的意志下走向终结。但是，人之历史却与自然史和神史不同，它既非简单的重复，也不是以神为最终归宿的自我救赎的封闭的圆圈，而是人之存在充满了超越与创造的自我实现过程。至今的人之历史与浩瀚宇宙的历史甚至是地球的历史相比是何其短暂，但是人类却在短暂的历史中创造了不可估量的物质财富与精神财富。人之存在通过实践活动不断打破外在必然性的束缚，摆脱对于自然的从属性地位，最终令自然成为其无机的身体。在人之历史中，每时每刻都充满了创造与创造所带来的发展——新的科学技术、新的理论，甚至是新的自我——人类无时无刻不在发展，无时无刻不在创造。因此，创造与超越是人之历史，即人之自我实现过程的最本质特征。

其次，自然史或神史从在场的实体出发，抹杀了历史的真正主体，使人之历史成为空洞的形式。自然史或神史是人之历史的外化与抽象化，由于不能揭示人之存在的内在矛盾及其统一的基础，理论人道主义只不过是展现了人之历史的形式，而忽视了其内涵。一旦人之历史的内涵被剥离，那么时间也就成为历史真正的主体之外的“纯形式”。因此，康德虽然完成了哲学的“哥白尼”革命，但是仍然将空间与时间认定为外在于经验的人类理智普遍具有的先天形式。人之历史是合规律性与合目的性的统一，即是说，人之历史具有其客观性，但是同时也具有其目的性——人之历史始终与人的存在方式紧密联系在一起。人之存在既不是简单地顺应自然，也不是随意地创造历史，而是在不断的自我实现与确证过程中否定给定的环境，创造属于自己的世界与历史。如果人之存在作为历史真正主体的地位被抽象的实体——自然或神——取代，那么历史理论就会成为非历史的形式，即人之存在置身于历史之外对于后者的描述，而非对于后者的创造。

理论人道主义假借自然史或神史中所具有的必然性为人之历史注入巨大的进步的信心。然而，这种信心却是通过将人之存在直接等同为自然物或神的途径来实现的，换句话说，理论人道主义由于不能理解人之存在内在矛盾的统一基础或历史的现实路径，即“中介”或“距离”的内涵，而以先验同一的形式消解了“中介”或“距离”。因此，由于实践、人道主义与辩证法之间的分裂，人之历史由一种生成的过程转变为僵化的、给定的历史路径或历史设计——即使黑格尔也没有能够跳脱出这一框架。黑格尔无疑将对于时间的合规律性的理解与合目的性的理解统一起来。遗憾的是，黑格尔对于两者的统一是在理论人道主义的框架内进行的，即主体与实体的同一使黑格尔以绝对精神为人之历史画上句号。

以人道主义辩证法为方法论基础的实践人道主义凭借着对于人之存在内在矛盾及其统一的正确揭示与理解超越了理论人道主义对于人之历史的决定论的理解方式。马尔科维奇认为，人之历史并非是简单的线性结构，而是一个复杂的，并且以人之存在内在矛盾及其统一为核心的过程，即“现实—潜能”历史结构。因此，以理论的形式对于人之历史的揭示与对于人之存在的方式——人之自我实现——的揭示是统一的。“人类在历史上发生了什么？他们的关系、他们的社会、他们在历史发展的特定时期中，生活质量的本质是什么？在给定的社会结构下，他们实现自身基本能力和需要的程度如何？他们去向何处？他们努力为了什么？目前他们的本质条件限制是什么？他们未来最佳的可能性是什么？”①在这些问题得到合理的回答之前，对于人之历史的理解必定是机械的或混乱的。作为人之自我实现过程的人之历史，在现实的历史进程中体现为人之存在通过创造性的活动不断超越自身的有限性，从而达到类的与历史的总体的普遍性的过程——在认识论框架下的个别与一般辩证统一关系的历史理论形态——因此，尽管人之历史并不存在作为终点的终极目的，但是人之存在内在矛盾及其统一的基础，即其创造性的实践活动却在历史的当下赋予人之存在以类的和历史的总体的普遍性。反过来说，将人之历史理解为过去、现在、未来之间的线性关系或外在于人之存在的形式上的总体，是忽视了人的实践活动的重要历史意义的必然结果。所以，同实践、人道主义与辩证法相结合的人道主义辩证法所预设的批判的人类学相比，消解了“中介”或“距离”的纯粹的物理学和神学显然无法为我们提供全面的与合理的理解人之历史的理论范式。

第二节　人之历史的辩证决定论

如上所述，时间的合规律性理解，即客体化理解与合目的性的理解——主体化的理解之间的分裂，使对于人之历史的理解陷入抽象实体形而上学的境遇中，并导致二元论理论形式之间的对立。尽管黑格尔一度以历史的辩证法将两者统一起来，但是其统一的基础——主体与实体的先验同一——却在对于现代性的反思中面临崩溃。因此，对于人之历史的理解在现代性及对其进行反思的理论背景之下，再一次以新的形式陷入二元对立的局面当中，即现代性语境下的历史的决定论与后现代主义语境下的历史的非决定论之间的对立。

① Gerson S. Sher. *Marxist Humanism and Praxis*, Prometheus Books, 1978, pp. 20 – 21.

一、人之历史的决定论形式

古希腊哲学发端以来,抽象实体形而上学的思维方式就占据了主导地位,以致于近代哲学虽然张扬了人之存在在历史中的主体地位,却仍然试图以抽象的实体在形式上弥合二元论的理论倾向。因此,时间的客体化与主体化理解方式的对立最终在黑格尔哲学中以绝对精神自我显现的过程化的方式达成了统一。然而,预设的实体脱离了人之存在的内在矛盾及其统一,并将对于人之历史的理解推向了纯粹的自然史或神史——在黑格尔那里则体现为以绝对精神为核心的两者的统一,即人之历史在思维中的表现。

对于人之历史的自然史理解方式片面地强调人之历史的一维特性。物理时间具有一维的不可逆性,人之历史也因此而呈现出一维的线性规律——过去已经完结,未来尚未到来,而当下不过是过去与未来的连接点。因此,完全可以对人之历史进行实证主义式的研究,即通过将人之历史视为可量化和阶段化的事件的集合,从而达到对过去、现在以及未来分别进行研究、以过去和现在的因果关系为基础推导未来历史的现实等的目的。而人之历史的神史理解方式则片面地强调人之历史的总体特性。无论是宗教神学中的上帝还是近代唯理论中的“好的钟表匠”,都为人之历史设定了固定的场域。即是说,人之存在的一切活动及其历史的展开是上帝所设计的杰作,因此人之存在及其历史展开的总体性呈现为以给定结果为终点的纯粹的“圆圈”。综上所述,尽管对于人之历史的理解陷入到二元对立的理论形式中,但是两种片面的理解方式都割裂了过去、现在与未来之间的以人之存在、自我实现为纽带的历史联系,并以单纯的因果关系取而代之。因此,人之历史最终以外在于人之存在的、以因果律为基础的决定论的形式展现出来。

首先,人之历史的决定论忽视了人之存在内在矛盾的统一基础。人之历史的决定论以因果规律——有限经验的总结——为根基,将人之存在的内在矛盾的统一基础视为外在的、线性的必然性,而忽视了人之存在的实践活动及其自我实现的过程。尽管历史的决定论并不否认同一个原因能够产生多种结果,但是作为历史终点的结果却始终是给定的,即是说,任何偏离给定的线性路径的结果都将被视为一种应当得到修正的“异质”,而并非是人之历史的可能性的现实结果。正如鲍曼所言，“我以为（是因为疏忽而不是经过了深思熟虑）大屠杀是历史正常发展过程中的断裂，文明化社会体内生长的毒瘤，健全心智的片刻疯狂。因此，我可以为我的学生描绘一幅正常、健康、健全的社会图画，而把大屠杀的故事交付给专业的病理学家”①，但是“大屠杀是现代性所忽略、淡化或者无法解决的旧紧张同理性有效行为的强有力手段之间独一无二的一次遭遇，而这种手段又是现代进程本身的产物。即使这种遭遇是独特的，并且要求各种条件极其罕见的结合，但出现在这种遭遇中的因素仍然还是无所不在并且很‘正常’”②。由此可见，一旦作为人之存在内在矛盾统一基础的实践活动被忽视，那么人之历史的丰富的可能性——包括悲剧式的——也将会被过去、现在与未来之间的必然的线性关系取代，并且必然性关系之外的事实将会被作为一种偶然性而受到排斥。因此，历史的现实与给定的目标之间被外在必然性的历史路径连接起来，而人之历史无非是沿着这条轨迹走向圆满的历史终结的过程。简言之，对于人之历史的决定论来说，作为已知数的预设的“X”并不妨碍当下的运算，同时运算本身就是求得和证明这个“X”的过程。因此，人之存在不断地将给定历史的结果过程化的创造性被历史的决定论所忽视了。

其次，人之历史的决定论片面夸大了人之存在内在矛盾的无限性方面。人之存在是其内在矛盾的统一，但是由于历史的决定论忽视了其统一的基础，致使人之存在内在矛盾的无限性方面被片面地夸大，即是说，历史的决定论由于无法将人之存在内在矛盾的统一视为人的现实的实践过程，而将其诉诸绝对的先验同一，即片面地夸大人之存在的无限性，并将其与自然或神的无限性等同起来。因此，对于历史进步的盲目信心笼罩在人之历史的进程当中。人之历史的阶段的结果被作为给定的终极目标而非人之自我实现过程的中介，以致于使由人之存在的有限性出发的具体条件下的历史设计成为一劳永逸的解决一切问题的最终归宿。换句话说，历史的决定论将人之存在的作为阶段的历史目标僵化地和片

① ［英］鲍曼：《现代性与大屠杀》，杨渝东、史建华译，译林出版社 2002 年版，“前言”第 2—3 页。

② ［英］鲍曼：《现代性与大屠杀》，杨渝东、史建华译，译林出版社 2002 年版，“前言”第 10 页。

面地理解为人之历史的终极目的。在人类赖以征服自然的现代科学技术中,这种盲目的信心的表现尤为明显。科学技术为人类带来的不仅是自我的不断发展与生活质量的提高,从某种意义上说,现代性所展现出来的重重问题与科学技术的自律或技术理性的僭越有着密不可分的关系。然而,在盲目的信心的作用下,科学技术非但没有受到应有的反思,反而成为解决一切问题的有效手段。科学技术的发展真的可能消除其自身所带来的问题吗?潘多拉的盒子一旦被打开,就无法重新回到它的原始状态。在核战争阴影笼罩下的今天,核威慑本身反而成为确保人类能够远离大规模核战争的有效手段,越来越多的国家迫不及待地开发和掌握核技术——潜在的威胁与恐怖被掩盖在人们称为“希望”的幕布之后。当人之存在的有限性被巨大的盲目的信心消解,人之历史也就会必然从生成性的无限展开的过程转变为僵死的线性的因果关系——由于无法正确揭示和理解人之存在内在矛盾的统一基础,人之历史当下的现实问题被以宿命论的形式交付给自然或神——人之存在的现实形式,即他的有限性被他的无限性的外在形式吞没了。

二、人之历史的非决定论形式

从古希腊经由近代哲学直到黑格尔的思想的历史,如今被广泛地解读为现代性从其古希腊的根源中走向自反的历程,即从对自然的猜测走向以理性构建完满的主体的历程。人之历史的决定论在黑格尔处达到巅峰。主体与实体的同一使黑格尔能够以无限的理性完全吞并人之存在的现实的有限性。但是,随着20世纪中后期对于后现代的反思的不断深入,尤其是后现代主义思潮的一度兴起,以黑格尔为最主要代表的现代性哲学被广为诟病——以理性的无限性作为人之存在内在矛盾统一基础的思维方式已经受到质疑。然而,一旦对于无限理性的批判转变为对于理性自身的片面的否定,对于人之历史的理解将会走向与历史的决定论相对立的另一个极端,即人之历史的非决定论。同历史的决定论一样,历史的非决定论并没有能够从人之存在的内在矛盾及其统一出发,而是试图以人之存在的有限性片面地取代其无限性方面在现代性哲学当中的绝对地位。因此,在理性本身被解构之后,知性在历史的非决定论的理解中占据了主导。

与历史的决定论相反，对于现代性的反思与批判认为无限理性的绝对的同一性预设了历史的目的，并为此而牺牲了人之存在现实的异质性与丰富性，最终造就了恐怖的奥斯维辛与古拉格。然而，对于现代性的反思与批判却产生了激进的倾向，以致于对于人之历史的理解彻底地走向了知性，即是说，因否认人之历史存在任何规律而将其诉诸从人之存在有限性出发的非确定性——在历史的决定论中赋予人之历史以必然性的无限理性转变为人之存在赖以进行选择的有限的知性。所以，人之历史成为无数非确定性的现象的集合，成为绝对的偶然性的场域，并因而被神秘主义的谜团笼罩。历史的决定论将人之存在的普遍性等同为历史的必然性目的，即完满的人性或无限的理性，而历史的非决定论则在打破这种联系的同时，片面地否认了人之存在自身的普遍性——同样忽视了人之存在的内在矛盾及其统一的基础。尽管对于人之历史的非决定论的理解方式自觉地对现代性视域下的历史观或理论的人道主义进行了反思与批判，但是却以激进的方式否定了历史的决定论理解中的合理因素。基于无限理性的历史决定论在一定程度上揭示了人之历史所内蕴的历史主体的目的性维度，并将人之历史理解为一个连续的总体。然而，当对于人之历史的理解彻底地走向知性，历史的非决定论也同样面临着反思与诘问而无法令人轻易信服——人之存在真的仅是其有限性的集合而不具有任何内在的“本质”吗？进而，人之历史真的不具有任何“本质”结构，而仅仅是人之存在不断进行“选择”的偶然结果吗？

首先，由于不能够理解人之存在的内在矛盾及其统一的基础，历史的非决定论否认了人之历史的目的性维度。人之存在通过实践活动将自身的本质外化，并以这种存在方式使其得到确证，即是说，人之历史在实践活动中展现出其合规性与合目的性的统一。马尔科维奇认为，人之历史始终具有一定的乌托邦倾向——如果没有“孟德斯鸠（Montesquieu），洛克（Locke），卢梭（Rousseau），伏尔泰（Voltaire）和杰斐逊（Jefferson）几人的政治哲学”，资产阶级的民主革命是“不可想象的”[①]。作为马克思哲学对于人之存在的本

① Gerson S. Sher. *Marxist Humanism and Praxis*, Prometheus Books, 1978, p. 24.

质性指认,实践活动使人之存在自身始终处于无限的自我超越与自我实现的过程当中,并使人之历史呈现出鲜明的目的性与趋向性,即是说,人之存在正是在对于阶段性的历史目标的反思与修正中不断展开自身自我实现的过程。尽管历史的决定论将这种目的性绝对化,片面地扩大为人之历史给定的归宿,但是一旦历史的目的性本身随着无限的理性一同被消解,那么人之历史将失去其内在的本质结构而成为纯粹的偶然性的场域。换句话说,将对无限理性在人之存在及其自我实现过程之外所建构的目的的拒斥,等同为对人之历史的目的自身的拒斥,那么这无异于是因噎废食——历史的非决定论将人之存在自我实现过程中的不断超越的本性连同对于人之历史的盲目的信心一起抛弃了。尽管人之历史并不存在某一个给定的终结点,但是其展开的过程也不是盲目地"投石问路"。因此,"永远也不要让空椅子被一个冒充者占据(每一个占据者都是冒充者),但最好是不要把空椅子搬走"①。

进而,由于不能够理解人之存在的内在矛盾及其统一的基础,历史的非决定论否认了人之历史的整体性维度。如果说历史的决定论通过先验的绝对同一的方式将历史的主体与其绝对的目的等同起来,从而"弥补"了人之存在内在矛盾所呈现出的"距离",并将这种同一诉诸外在于历史主体的必然性的话,那么历史的非决定论则通过对于"距离"的"消解",从而使知性替代理性成为人之存在内在矛盾的统一基础。因此,历史的非决定论从对于人之存在的丰富性的积极肯定走向了自反,即走向一种消极的历史观。在无限理性的视域下或者说在本质主义那里,普遍性与外在的必然性有着极其紧密的联系。但是,历史的非决定论同样没有正确地区分以上两种范畴,在拒斥外在必然性的同时否定了人之存在及其历史展开的普遍性。即是说,对于人之存在个体的异质性的张扬解构了人之历史所内蕴的普遍性的因素或本质性的结构,因此,"合宜的做法是,在每一步都只做一切可能的事情,而把其他的留给'诸神'"②,亦即"谋事在人成事在天"。事实上,人之存在的"每一步"的选择并非仅仅取决于个体的特殊性,即是说,任何选择皆

① [匈]赫勒:《现代性理论》,李瑞华译,商务印书馆2005年版,第23页。

② [法]梅洛-庞蒂:《辩证法的历险》,杨大春、张尧均译,上海译文出版社2009年版,序第3页。

是人之存在的特殊性与普遍性,即其内在矛盾及其统一的具体体现。换句话说,每一个所谓的个体都是一种普遍性下的“个体”,是作为人之存在历史实践结果的一定的文化背景、历史传统、价值追求下的“个体”—— 人之历史在实践活动中呈现出一种具体的总体性。但是,由于不能够理解实践活动对于人之存在内在矛盾及其统一的重要意义,历史的非决定论也就不能够理解其在人之历史的展开中的核心作用。因此,历史的非决定论将人之历史单纯描述为一种无限开放的偶然性的连续过程,并在否认了其总体性的前提下片面地强调其多元的可能性。

三、人之历史的一元论形式

综上所述,尽管历史的决定论存在着诸多的问题,但是对其所进行的激进的反思与批判同样不能够摆脱它自身的困境。“从辩证的观点看,无论是严格的传统决定论还是非决定论都是不可接受的”,因为“前者把人类完全还原为物,并忽视了人的习惯、愿望、行为模式之突发的质的变化”,即是说无论是以本体论为形式还是以认识论为形式,历史的决定论始终以确证他物的方式来理解人之历史。而“后者即非决定论则假定,所有可能性都是开放的,而且我们在它们当中是绝对自由地进行选择的。所有可能性在逻辑和数学中当然都是开放的,但在历史中则不然。过去就生活在现在之中,并为未来设定了界限”①。然而,虽然历史的决定论与历史的非决定论在理论上呈现出二元对立的形式,但是在马尔科维奇看来,两者却有着本质上的共同点。“决定论的一般原则的另一个重要特征是,作为特例,它既包括经典的严格的决定论,也包括各种较弱形式的决定论,由于它和前者是不可通约的,因而往往被称为‘非决定论’。”②换句话说,历史的决定论与非决定论遵循着相同的原则,而其根源则在于不能够理解人之存在的内在矛盾及其统一的基础。

事实上,由康德所开创的德国古典哲学传统,尤其是黑格尔哲

① [南]马尔科维奇:《从富裕到实践——哲学与社会批判》,曲跃厚译,黑龙江大学出版社2012年版,第34页。

② [南]马尔科维奇:《当代的马克思——论人道主义共产主义》,曲跃厚译,黑龙江大学出版社2011年版,第117页。

学，已经认识到并趋向于揭示出人之存在的内在矛盾及其统一的基础，尽管是以纯粹的唯心主义主义的方式。康德以哲学的“哥白尼”革命揭示出人之存在的知性的有限性与理性的总体性之间的矛盾，并试图以合规律性与合目的性之间的一致关系来统一理论理性与实践理性。但是，康德哲学自身中所存在的二元论倾向却使得这一初衷最终以失败告终，即是说，康德哲学一方面在实践理性中找到了人之存在的自由与归宿，但是另一方面却又因其所依赖的形式逻辑而导致知性与理性、理论理性与实践理性之间的分裂集中并且明显地展现出来。沿着康德所开拓的主体哲学路径，德国古典哲学最终由黑格尔哲学显现出了它的最高形态——主体即是实体。黑格尔以辩证法解决了千百年来一直困扰着西方思想者们的核心问题，即西方文化中的理论理性与实践理性的分裂问题。人之存在的内在矛盾在黑格尔哲学中，以绝对精神为基础得到了统一，并使人之历史第一次以彻底的一元论的理论形式呈现出来。但是，黑格尔哲学，正如恩格斯所评价的那样，是一个封闭的圆圈，即是说，黑格尔哲学以思维中的人之存在的内在矛盾及其统一为内容，构建起人之历史的彻底的一元论，却又以绝对精神的预设而止步于无限理性语境下的历史的决定论。

与历史的非决定论的激进方式不同，马克思通过反转黑格尔的辩证法，从而真正继承和拯救了德国古典哲学的理论传统。如上文所述，马克思对于黑格尔辩证法的反转并非是简单地以外在于人的自在自然替代黑格尔的绝对精神，即以自然史代替绝对精神的自我发现的历史，或以庸俗的唯物主义代替客观的唯心主义。马克思以人之存在自由自觉的活动，即实践活动为基础，理解人之存在的内在矛盾及其统一，并使人之历史得到了正确的理论揭示。作为人之为人的本质性特征，亦即人之存在内在矛盾的统一基础，实践弥合了人之历史的知性因素与理性因素、合目的性与合规律性等二元对立。实践以人之历史的经验的总和为内涵，是以当下的客观实际为立足点、以价值性的追求为旨归的创造性活动。其过程的展开体现为人之存在本质的对象化与给定世界的属人化，即人之存在内在矛盾的分化与统一的过程。因此，人之历史的进程既包含当下的客观实际对于人之存在的活动的限制，又包含其价值性追求的目的指向——人之历史是知性的有限性与理性的总体性之间的统一。在这个意义上，马克思的历史观既非一种传统的历史的决定论，亦非一种对人之存在的自由持有激进的乐观态度的历史的非决定论，而是建构在以人之存在内在矛盾及其统一过程为全部内涵的基础之上的辩证决定论。毋宁说，马克思在理性自身当中找到了超越传统理性主义的路径，即一种现代理性主义或新理性主义的路径。

第三节　人之历史的本质性结构

如前文所述，马尔科维奇认为人之存在具有“现实—潜能”的本质性结构，因此，以人之存在内在矛盾及其统一，亦即人之自我实现过程为内涵的人之历史同样在理论形式上展现为这一结构。但是，实践人道主义所谓的人之历史的“本质”结构并非是本质主义视域下的人之历史的现实进程必须与之相“符合”的给定结构，而是以人之存在内在矛盾及其统一为核心的人之自我实现过程的理论形式。传统的理性主义试图以无限的理性建构起人之历史的主体，而抽象与归纳的方法在此过程中起到了至关重要的作用，但实证主义的方法却并非完全适用于人文科学。

首先，作为理论抽象的结果的“人”——大写的“人”、完满的“人性”或者传统理性主义下的“人的本质”等——是一个非历史的范畴。换句话说，以抽象的实体而不是现实的人之存在作为人之历史的真正主体的做法本身即是非历史的——在人之历史现实进程中作为主体出现的是具有丰富差异性的活生生的个体生命。其次，传统的理性主义以抽象的“本质”遮蔽了个体的差异性。即是说，实证主义的归纳方法排除了个别的异质性，从而使人之历史的主体的丰富性与开放的可能性被抽象的“本质”上的同一性吞噬。最后，传统理性主义将理性作为一种确定性的工具加以利用，致使理性本身丧失了历史的维度，被赋予了无限和完满的特质。然而，人之理性却不是纯粹给定的形式或工具，它不但具有自身的内容，亦处于历史的发展进程之中。也就是说，人类对于自身理性的认识与自觉的应用是以人之自我实现为内涵的历史过程，而不是一种给定的历史结果——黑格尔认识到了这个过程，却又为它预设了结果。

在这种意义上,要求解构宏大叙事,进而走向微观化与平面化的后现代主义思潮是传统理性主义内部所孕育的自我反思的一种激进形式。但是,当指向传统理性主义的矛头最终指向了理性本身时,非理性占据了理性的地位,并且知性的历史取代了其背后的本质性结构。

马克思所开创的新理性主义,即实践人道主义理论传统真正地揭示了人之历史的奥秘。黑格尔曾通过对于康德哲学的批判而如此地接近这一奥秘——康德忽视了对于"过渡的描述"。康德"从**形式逻辑**那里把规定的联系,即关系概念和综合原则自身,作为**现成的东西**拿过来;它们的演绎应当是对于自我意识的这个简单统一向它的这些规定和差别**过渡的描述**;可是康德没有花功夫去指出这种真正综合的**前进运动,这种自己产生自己的概念**"①。黑格尔进而指出,"既然**自为**的概念现在是自在自为的规定的概念,那么观念就是**实践的**观念,即**行动**"②。可是,黑格尔虽然认识到了这种"过渡",却将其视为一种实践的观念或者说是观念的实践。而马克思的实践人道主义则综合了康德哲学与黑格尔哲学中的合理因素——康德哲学对于有限的现象世界的指认与黑格尔哲学的历史视域,以人的现实的实践活动为核心,揭示了人之存在现实的有限性与其自我实现的无限性之间的统一过程,亦即人之历史的展开过程。马尔科维奇正是在这种基础上,提出作为人之历史本质性结构的"现实—潜能"图式。

一、对人之历史研究的出发点的转向

无论是历史的决定论还是非决定论,在它们的二元论形式背后都隐藏着对作为人之历史主体的人之存在的指认,但是,由于两者并没有能够真正地以人之存在的内在矛盾及其统一为基础,从而致使这种指认往往以不同甚至是相互矛盾的外在于人的形式展现出来。就此而言,理论人道主义与历史的决定论或传统理性主义之间的关系并非是一种偶然——对于完满的人性的悬设在林林总总的启蒙思想中占据着十分重要的地位。在霍布斯和卢梭看

① 列宁:《哲学笔记》,人民出版社 1993 年版,第 178—179 页。

② 列宁:《哲学笔记》,人民出版社 1993 年版,第 180—181 页。

来，完美的人性必然来自自然法，人类在其野蛮时期虽然不是“文明”的，但至少并不存在所谓的“恶”。[①] 同样，孟德斯鸠也以“法的精神”来宣扬其思想。这一方面说明人之主体性自启蒙运动以来就通过明确的理论形式得到了张扬；另一方面也说明理论人道主义对于人之主体性的张扬并没有真正深入到人之存在的本质，而是以外在于人的“实体”替代了人之历史的现实主体，以使其获得“完满”的特质。相比较而言，从人之存在的现实的有限性出发的历史的非决定论虽然通过对于现代性或传统理性主义的批判，在一定程度上避免了使人之历史的主体陷入到给定的僵化状态的困境，但是却由于对于人之存在非给定性的激进指认而将其局限在了所谓“自由的选择”这一特性上。一言以蔽之，马克思的实践人道主义或新理性主义的理论路径才是对于人之存在内在矛盾及其统一过程的合理揭示，即真正的德国古典哲学的出路与对它的彻底超越。

如果说，康德通过哲学的“哥白尼”革命为近代哲学指明了出路的话，那么黑格尔则是通过其宏大的历史视域为德国古典哲学指明了出路。尽管黑格尔预设了绝对精神，但他却从感性的确定性出发，描绘出自我意识的不断自我扬弃从而实现自觉的历史过程。黑格尔认为真理在于历史的总体性，然而他从未在意见的堆积的意义上看待哲学史，而是将其作为绝对精神的派生形式加以理解。换句话说，各种各样的哲学理论与形式之间必然存在矛盾，甚至呈现出相反的路径，但是这并不能够说明它们与真理形成了抽象的对立。[②] 毋宁说，黑格尔的辩证法已经揭示出个别与一般之间的辩证统一的历史关系。只不过人之历史的现实主体自身的内在矛盾及统一在其哲学中体现为“自我意识”和“绝对精神”在思维的“实践”过程基础上的统一。因此，同康德一样，黑格尔最终没有能够彻底地摆脱自身哲学体系的局限和束缚——以思维历史的形式将人之历史的进程推向了泛逻辑的神秘主义。

马克思敏锐地洞察到了这一点，并批判地继承了德国古典哲学的理论传统，尤其是康德和黑格尔哲学所指明的路径。首先，走

---

① 张志伟：《西方哲学史》，中国人民大学出版社 2002 年版，第 488 页。

② ［德］黑格尔：《哲学史讲演录》第 1 卷，贺麟、王太庆译，商务印书馆 1959 年版，“导言”部分。

出校门的马克思在接触到了残酷的社会现实之后，旋即通过揭示黑格尔的国家决定市民社会这一命题的逻辑问题，提出了市民社会决定国家的观点——以现实而不是普遍的理性为出发点。其次，在卢梭等人看来，异化概念意指人的现实生存状态与自然法之间的异化，但是由于人之存在业已无法回归到与自然绝对同一的自在状态，所以很难在异化与非异化之间的关系上自圆其说。而黑格尔在将异化概念从政治学和法学领域引介到哲学之中时，在一定程度上改变了它的内涵，即在经验层面谈及异化概念，而将非异化或异化的扬弃视为绝对精神认识自身的不断展开的思维过程。因此，马克思在作为其实践人道主义理论创立重要标志的《1844 年经济学哲学手稿》中，以私有制下人之存在的特殊状态为基础赋予了异化概念以新的现实内涵，即异化劳动，从而真正实现了黑格尔逻辑与历史相统一的原则。“因为马克思在经验异化之际深入到历史的一个本质性维度中，所以，马克思主义的历史观就比其他历史学优越。……故无论是现象学还是实存主义，都没有达到有可能与马克思主义进行一种创造性对话的那个维度。”[①]最后，马克思在《关于费尔巴哈的提纲》中明确指明了以往唯物主义的唯心主义历史观，即从现实出发却没有能够正确理解和揭示人之历史的本质的根源。“从前的一切唯物主义（包括费尔巴哈的唯物主义）的主要缺点是：对对象、现实、感性，只是从**客体**的**或者直观**的形式去理解，而不是把它们当做**感性的人的活动**，当做**实践**去理解。”[②]综上所述，马克思思想发展的历程存在着一条向我们昭示其理论的出发点与落脚点的清晰的逻辑线索，即从现实的个体出发，并通过个别与一般的辩证关系揭示人之历史的本质性结构，“代替那存在着阶级和阶级对立的资产阶级旧社会的，将是这样一个联合体，在那里，每个人的自由发展是一切人的自由发展的条件”[③]。因此，马克思实践人道主义是关注个体并以个体的自由发展为基础的。即是说，是人之存在的感性确定性以及他的现实的活动过程赋予了理性和人之历史以现实的和真实的内容。所以，人之历史的主体并非是给定的“人性”、无限理性所建构的思维结

① ［德］海德格尔：《路标》，孙周兴译，商务印书馆 2000 年版，第 401 页。

② 《马克思恩格斯文集》第 1 卷，人民出版社 2009 年版，第 499 页。

③ 《马克思恩格斯文集》第 2 卷，人民出版社 2009 年版，第 53 页。

果，抑或人之存在的“选择”，而是现实生存状态下的人，亦即切身从事实践活动的个体。

马尔科维奇继承了德国古典哲学——马克思的理论传统，在现实的感性确定性中确立人之历史的基础，并将其作为“现实—潜能”历史结构的理论出发点。事实上，对于大多数西方马克思主义以及东欧新马克思主义者来说，现实的个体的经验层面的异化是人类社会历史展开的内在动力因素，同样也是他们各自理论研究的出发点。可以说，正是在这些马克思主义的理论家的努力下，马克思实践人道主义理论对于人之历史的揭示才能够在20世纪被清晰地勾勒出来，并得到重新的理解与阐释。一方面，20世纪新马克思主义哲学家们的理论贡献与这一时期哲学理论的整体转向具有一致性，即以马克思哲学的立场参与到当时世界范围内的关于人道主义的争论中以及推动人类理性的现实化或回归生活世界；另一方面，这些理论观点虽然各具特色，却具有本质上的共同点，且能够为理解马尔科维奇的思想提供必要的时代和理论背景。因此，有必要在此对其中部分有代表性的观点做一个简要的说明与介绍。

弗洛姆坚持认为马克思是一种人道主义，并一直致力于将弗洛伊德的精神分析学与马克思的异化理论结合起来，最终与马尔库塞一道走向了弗洛伊德主义马克思主义。在弗洛姆看来，“马克思主义是一种人道主义，它的目的在于发挥人的各种潜能”①，他认为马克思青年时期的著作以及《资本论》都包含了大量的心理学概念，也许马克思对于这些概念的应用相对于亚里士多德以及斯宾诺莎的伦理学来说，可能无法被定义为一种明确意义上的心理学理论。而且在其所处的时代，马克思也无法自觉地将心理学的理论用于自身的学说当中，但这并不意味着马克思与弗洛伊德所创立的精神分析学说不能够建立起某种内在的联系。相反，就两者都以人类自我实现的内驱力为研究对象这一点来说，弗洛伊德的精神分析学说恰恰能够成为马克思的人道主义的补充。因此，弗洛姆在此基础上将马克思实践人道主义引向了微观的心理分析层

① ［美］弗洛姆：《人的呼唤——弗洛姆人道主义文集》，王泽应、刘莉、雷希译，上海三联书店1991年版，第11页。

面，对沙夫在《马克思主义和人类个体》一书中所阐释的观点表示赞同，并认为马克思的人道主义是“作为一种全球性的人的哲学的人道主义”①。

哈贝马斯同样注意到了这一点。他认为，现代性的困境归根结底是理性自身的自反问题，然而却不能因噎废食，即是说，不能够激进地放弃理性本身——理性有能力在自身内部完成对自我的修正。出于对理性自身的信心，哈贝马斯试图在马克思新理性主义的基础上，通过揭示有限的主体之间的交互关系来为理性提供合法性的证明。在哈贝马斯看来，有利于科学的理解方式在历史领域中必然会导致理解上的偏差，换句话说，自然科学对于纯粹的和与人无涉的自在世界的关注反而导致了人之历史主体的遮蔽。马克思的“批判”只有在避免自然科学的错误结论时才能显现出来，因此将历史唯物主义局限在生产力结构中时，恰恰是对于马克思哲学的革命性的严重忽视。马克思的历史唯物主义所揭示的内蕴并非是一种人类社会历史发展的给定的结构，而是这一结构内在的生成过程。所以，哈贝马斯希望通过找寻与论证语言结构对于社会系统和个性结构的根本性作用，来重新建构马克思的历史唯物主义。“以基本的语言行为为原型加以研究，这些结构对社会系统和个性系统来说，都是根本性的。”②值得引起注意的是，哈贝马斯在重建历史唯物主义的过程中，尝试运用发生学的方法对个体系统所具有的一般的意识结构进行论证。毋宁说，这一意识结构是特殊的个体得以统一的前提，同时也是复合社会中，不同个体建立理性同一性的前提，亦即哈贝马斯交往理论得以可能的前提。综上所述，哈贝马斯虽然坚信理性自身能够摆脱传统理性主义的困境的基础在于以有限的作为个别的历史主体为出发点，对传统理性主义进行修正。这在历史唯物主义的重建过程中，体现为抛弃使传统理性主义面临困境的思路与方法，从而以作为个别的人之历史的现实主体为出发，对其向着普遍性或有差别的同一性的生成过程和内在机制进行深入的研究。

---

① ［美］弗洛姆：《人的呼唤——弗洛姆人道主义文集》，王泽应、刘莉、雷希译，上海三联书店 1991 年版。

② ［德］哈贝马斯：《重建历史唯物主义》，郭官义译，社会科学文献出版社 2013 年版，第 6 页。

东欧新马克思主义的重要代表之一,波兰人沙夫在这方面也有着独到的见解。他认为,马克思所关注的是人类的作为现实存在的个体,而非一种给定的人类"本质"。在其著作《作为社会现象的异化》中,沙夫以独特的角度有力地论证了马克思对于人类个体的关注。沙夫认为,德语的特殊性导致了能够揭示马克思本真思想的重要的词汇在翻译成其他语言的过程中,被普遍误读。因此,沙夫认为在关于费尔巴哈的提纲的"第四条"中,德语词汇"Wesen"应当被翻译为"人",即作为具体的人类个体的人,而不是"本质"。同样,"如果我们分析'关于费尔巴哈的提纲第六条'的文本,第一句话就明确展现了马克思在'实质(essence)'['being(存在)']的意义上使用 Wesen,因为如果不是这样,我们就会得到费尔巴哈将宗教本质归结为人的本质这一毫无意义的句子。这个思辨形而上学的命题与我们所知的费尔巴哈人本学观点没有关系。从另一个角度来说,费尔巴哈将宗教的实质(即宗教中的存在——上帝)归结为人类(即人)的译法,则与他的人本学及其他命题(尤其是第四条提纲)相一致"[①]。进而,沙夫在此基础上提出主体异化与客体异化的区分,并从现实的人之存在的实践活动出发来理解始终贯穿于马克思思想发展过程的异化理论。

马尔科维奇与以上所论述的观点基本相一致,将现实的人之存在作为自己"现实—潜能"历史结构的出发点和理论基础,从人之自我实现或历史主体的生成角度揭示人之历史的本质性内涵,亦即摆脱传统理性主义的以给定的历史目标为出发点建构人之历史的主体的框架,从个体的层面出发探索人之历史普遍性的价值追求及其生成机制。因此,在马尔科维奇看来,"现实—潜能"历史结构是人之存在内在矛盾及其统一在历史场域中不断展开的理论形式。首先,从人之历史的目的角度来看。马尔科维奇认为,人类对于未来的憧憬并非是一种乌托邦幻想,而是人之存在超越现实或给定的状态,即打破对人之自我实现的限制的内在诉求。但是,"人们可能接受人类彻底解放的理想,是当他们被当代人类生活中所有这些消极因素所严重妨碍并对它们深深不满的时候"[②],即是

① Adam Schaff. *Alienation as a Social Phenomenon*, Pergamon Press, 1980, p. 35.

② 沈恒炎、燕宏远:《国外学者论人和人道主义》第 3 辑,社会科学文献出版社 1991 年版,第 118 页。

说，普遍被人们所接受的理想或历史目标并不是来自外部的灌输，而是在无数个体自觉的自我确证过程中所生成的共同的价值追求，亦即人之自我实现的具有普遍性意义的结果。其次，从人之历史的主体的生成角度看。马尔科维奇认为，人之历史中并不存在被给定的历史主体，并以无产阶级运动为例为这一观点提供了证明。马尔科维奇指出，在马克思开始探索扬弃私有制的现实路径之前，欧洲的工人运动就已经存在并取得了一定程度上的发展。换句话说，马克思的理论并没有预设一个给定的或观念中的工人阶级，而是从现实的无产阶级运动出发，以哲学的形式造就或者说是生成一个革命的无产阶级，所以“关键在于这个伟大历史任务的载体不能够被设想为被以经验形式给定的无产阶级，而是以哲学形式摆脱了偏见的无产阶级——这样的无产阶级已经意识到怎样的革命的哲学被肯定为它的可能性和它的使命”①。最后，在马尔科维奇看来，人之自我实现，即人之历史的主体的生成过程，是一个具有无限可能性的历史场域——在一种作为业已实现的未来的可能性到来之前，人之存在始终处于开放之中。但是，与对人之历史的两种二元论形式的理解方式不同，马尔科维奇认为最终决定哪种可能性的未来成为现实的关键并非人的绝对自由的选择，亦非外在于人的上帝或自然的规律，而是现实的人类的需要。“在这些不同途径中，不论它们的盖然性是大是小，我们希望看到哪一个途径能够实现，取决于我们的人的基本需要，取决于我们认为最适合于人类的生活方式和社会形式的概念。”②

二、马尔科维奇的需要概念

在此，有必要对第一章中所提及的马尔科维奇整体的思想框架进行简要的回顾。与其对于人道主义辩证法的第三个核心范畴——人在历史中的自我实现相对应，马尔科维奇在他所建构的一种现代批判的社会哲学中引入了人的基本能力、真正的人的需要以及实践三个重要的概念。即是说，在马尔科维奇看来，真正的人的需要对于理解人之历史有着十分重要的意义。

① Gerson S. Sher. *Marxist Humanism and Praxis*, Prometheus Books, 1978, p. 25.

② 沈恒炎、燕宏远:《国外学者论人和人道主义》第3辑，社会科学文献出版社1991年版，第114页。

理性在历史的决定论中以先验给定的无限的形式出现，而在历史的非决定论中则被拒斥为一种绝对的统治力量。然而，人之历史的二元论理论形式并没有真正地理解人之存在内在矛盾及其统一在人类社会历史发展过程中的核心地位，进而将对于人之历史的理解导向“非历史”的理论境遇，即脱离历史的视域理解人之存在甚至是理性自身，最终导致了理性的非历史化或被彻底地消解。

事实上，理性本身亦是历史的产物，或者说，理性需要在历史的展开中不断地生成与实现。马尔科维奇认为，理性是一种亟待实现的基本能力而不是先验的或给定的。人之存在的这种基本能力的实现需要以其生存过程中的感性经验为内容。因此，正确理解和揭示以人之存在的基本能力的实现，即人之自我实现过程为内涵的人之历史需要从现实的、活生生的人之生存出发。马克思曾指出，人之存在与其他物种有着本质的区别——人之存在的前提不是对于外在必然性的绝对服从，而是对于它的否定。即是说，人之存在以不断否定给定的环境为存在方式，而这种否定活动的前提和动力则是其自身的需要。“我们首先应当确定一切人类生存的第一个前提，也就是一切历史的第一个前提，这个前提是：人们为了能够‘创造历史’，必须能够生活。但是为了生活，首先就需要吃喝住穿以及其他一些东西。因此第一个历史活动就是生产满足这些需要的资料，即生产物质生活本身。”①

由此可见，实践人道主义的历史观是以经验层面的现实的人为自身的出发点的。但是，实践人道主义辩证法并没有停留在这一层面，陷入到纯粹知性的历史观中，而是揭示出以人之历史为具体形式的人之存在内在矛盾及其统一的展开过程。人之存在内在矛盾及其统一的展开过程是多元的形式的内在同一，即是说，它既是作为历史主体的人之存在的生成，即人之自我实现的过程，同时也是人之存在从自在自为走向自由自觉的过程。而这一过程在理论上更体现为人之存在的理性的生成过程或作为个体的历史主体从特殊或个别上升为普遍或一般的过程，即从对于自身本质的确证生成为对于类的总体性的确证的过程。人之存在的真正的需要

① 《马克思恩格斯选集》第1卷，人民出版社1995年版，第78—79页。

在此过程中扮演了重要的中介的角色——个体的真正的需要(非异化的需要)与类的普遍的真正的需要是同一的,简言之,作为个体的人之存在通过自身的真正的需要展现出其作为一种类存在的生物性、社会性、价值性等,亦即他的类的规定性或总体性。因此,马尔科维奇将"需要"概念视为辩证人类学的第二个关键范畴。正是人之存在的真正的需要赋予其基本能力得以实现的可能性,并使其基本能力的实现最终能够超越一种纯粹的理论假设。马尔科维奇认为,人之存在的真正的需要这一范畴所体现的乃是一种人与自然,即人的对象世界之间的价值性的历史关系。"需要是人对世界的一种能动关系,即一种双重的关系。一方面,为了生存和发展,人必须不断地从其环境中占有和吸收一定的对象(内在化);另一方面,人又必须不断地将自身置于其环境之中,不断地使其感觉、理智和体力对象化(外在化)。需要就是人与环境之间的一种物理-心理的、客体-主体的关系。"①人之存在的基本能力因此而成为一种变量,"这些能力越发展,人所达到的技能水平就越高,我们的需要也就越丰富、越高雅,越能得到更好地表达"②。当其真正的需要不能够得到满足时,人之存在就会设法打破和超越自身外在的和内在的限制;当其真正的需要得到满足时,人之存在就会在此基础上提出更高层次的需求。一言以蔽之,人之存在的真正的需要推动了人之历史的发展或人之自我实现进程。但是,人之存在的需要并非永远是"真正的",即是说,存在着"直接或间接地阻碍和窒息了人的基本能力的发展"的异化的或虚假的需要,反之,真正的需要则是"那些其满足导致了重新认识和发展人之基本能力的需要"。③ 马尔科维奇认为,科学技术在需要概念的结构中扮演了调节人之存在的自然状态与社会状态之间关系的重要角色,是人之存在满足自身需要的现实手段。然而,一旦科学技术在私有制条件下被少数人所占有,进而沦人一种异化的状态,那么就会

① [南]马尔科维奇、彼得洛维奇:《实践——南斯拉夫哲学和社会科学方法论文集》,郑一明、曲跃厚译,黑龙江大学出版社2010年版,第29页。

② [南]马尔科维奇、彼得洛维奇:《实践——南斯拉夫哲学和社会科学方法论文集》,郑一明、曲跃厚译,黑龙江大学出版社2010年版,第29页。

③ [南]马尔科维奇、彼得洛维奇:《实践——南斯拉夫哲学和社会科学方法论文集》,郑一明、曲跃厚译,黑龙江大学出版社2010年版,第30页。

导致人之存在的需要的异化，“技术不再是一种实现人的能力并满足那些在自然人类学基础上产生的需要的手段，异己的技术成了加强异己的经济力量和政治力量的基础。这就完全颠倒了技术、需要和制造产品之间的关系。生产产品不是为了满足人的需要，技术开始生产人的需要，已经人为地创造出一种对产品的需求”①。即是说，当科学技术远离了人之存在内在矛盾及其统一的核心并成为外在于人的自律的力量，就会使人之存在的现实的需要陷入一种被人为创造的异化状态。在此意义上，马尔科维奇对于人之历史的“现实—潜能”结构和人之存在的真正的需要及其异化状态的指认，延续了马克思以人的现实异化为基础揭示人之历史内驱力的理论思路，并在新的时代背景下对其进行了发展与深化。

三、人之历史的辩证决定论

不可否认，马尔科维奇所提出的人之存在的或人之历史的“现实—潜能”结构，乃至马克思对于人之历史的奥秘的揭示都具有明确的决定论色彩。即是说，在实践人道主义的历史观中仍然存在着某种目的论因素，甚至难免使其被同传统理性主义下的宏大叙事联系起来。然而，实践人道主义的历史观虽然存在着一定的决定论色彩，却与传统理性主义下的决定论有着本质的区别，即实践人道主义认为人之历史的理论形式乃是一种辩证的决定论。现代性总是试图借助未来赋予自身以合法性②——对于传统理性主义或现代性理论来说，作为当下的根基与合法性证明的人之历史的目的，始终以完满的和抽象的实体形式存在于未来。相反，在那些以绝对的和激进的形式拒斥理性本身的理论看来，人之历史的内涵与核心并不是所谓的历史目的，而是现实的个体在无数个当下“选择”的集合。但是，在实践人道主义看来，人之历史的内涵与其说是一种确定性的指认——实体或选择，抑或类似后者的以具体形式替代人之存在的活动的总体性和丰富性的做法，如理性、政治、社会等——毋宁说是一种不断展开的辩证的历史关系，即人之存在的内在矛盾及其统一，即人之自我实现的过程。因此，尽管黑

① ［南］马尔科维奇、彼得洛维奇：《实践——南斯拉夫哲学和社会科学方法论文集》，郑一明、曲跃厚译，黑龙江大学出版社 2010 年版，第 29—30 页。

② ［匈］赫勒：《现代性理论》，李瑞华译，商务印书馆 2005 年版，第 18 页。

格尔与马克思分别以各自的辩证法思想提出了人之历史的彻底的一元论理性形式,但是后者却实现了对于前者所代表的传统理性主义或现代性的超越。

传统理性主义下的人道主义立场或理论的人道主义将现实的人之历史理解为大写的“人”的整体异化的结果,并将这种异化的消除作为人之历史的给定的终极目的。这种从给定的总体性的角度出发对于人之存在的异化状态的理解——无论是与自然相异化还是与所谓的完满的“人性”相异化——是人之存在与自身的对象化,即其实践活动相疏离的理解形式。即是说,在人之存在的内在矛盾及其统一,即其存在方式尚未被追问和正确地揭示之时,关于人之历史的理论已经为现实的历史主体套上了枷锁并弃之于“原罪”的深渊中。由于脱离了人之存在的现实的生存方式,对于异化概念的本质主义的理解方式必定无法就抽象的和给定的人的非异化状态自圆其说。因此,在对于现代性的反思过程中,尤其是激进的理论的“非人道主义”曾一度对异化概念广为诟病。

尽管如此,与传统理性主义的理解方式有着本质区别的异化概念仍然在实践人道主义中占有重要的地位。从人之存在的现实的异化及其扬弃,亦即人之存在的内在矛盾及其统一出发,实践人道主义最终以辩证决定论的彻底的一元论形式弥合了人之历史的二元论形式。

马尔科维奇继承了马克思的从人之存在的现实异化出发的理论思路。如上文所述,在马尔科维奇看来,异化概念所指称的既不是一种与完满的人性相疏离的状态,也不是社会契约论意义上的权利让渡,亦不是黑格尔意义上思维的外化,而是一种对于人之存在实现自身基本能力的现实的限制——包括内在的和外在的——异化的扬弃则是人之存在对于这些现实的限制的超越过程。因此,实践人道主义没有也无须将现实的历史主体追溯到给定的外在必然性,并以此为其自身的合法性提供证明。但是,实践人道主义也没有因此而拒斥人之历史的目的性或一种本质性的人之历史的稳定结构,只不过在实践人道主义看来这种结构是人之存在内在矛盾及其统一展开过程的理论形式。简言之,实践人道主义的人之历史的辩证决定论即是基于人之存在自身的现实的和历史的关系,将人之历史视为人之自我实现的过程——既是对于本质主义的给定的历史目标的拒斥，也是对于激进的反本质主义历史观的批判。

有鉴于此，可以断言马克思实践人道主义历史观并非是一种庸俗的经济决定论。不可否认，马克思的《资本论》是一部经典的经济学著作，但它又不仅仅是一部纯粹的经济学著作。甚或说，《资本论》是马克思自 1844 年所开创的实践人道主义思维范式的延伸，并不能够为经济决定论提供合法性的证明。① 但是，由于没有能够正确理解马克思的辩证法思想，苏联教科书体系以教条的方式将人之历史的内涵局限在生产力与生产关系、经济基础与上层建筑等人之存在的对象化形式的矛盾运动上，而忽视了其背后的根基，即人之存在的内在关系。

在此意义上，马尔科维奇认为，马克思的历史理论虽然从人之存在的现实的异化出发，但是却以总体性为归宿，自由人的联合体，即具体的总体。因此，马尔科维奇十分重视“中介”——具体与总体，亦即人之存在内在矛盾的统一基础——的作用，“任何直接把握总体性而又没有分析中介的尝试，都会导致神话和意识形态”②，而在马克思那里，“所有一般概念都是中介的结果：**为人的世界**（World-for-man）是以实践为中介的，**人的本质**是以社会关系的总和为中介的，**资本**是以被迫将其劳动力作为一种商品出卖的没有财产的工人和占有所有剩余价值的生产资料的所有者之间的社会关系为中介的，资产阶级和无产阶级这两个**对立的阶级**是互为中介的，**人的解放**和大写的人的生成是以私有财产的统治和异化形式中的需要的增长为特征的历史时期为中介的”③。

① 马克思在《资本论》第二版跋中简要论述了这部著作的方法论基础及其与黑格尔辩证法之间的本质区别，但是马克思却在《1844 年经济学哲学手稿》中，对于黑格尔思想，尤其是他的辩证法思想进行了深刻和系统的批判。如上文所述，这正是他的实践人道主义思维范式形成的重要前提，因此《资本论》也是一部重要的实践人道主义著作——商品作为劳动二重性的结果，恰恰是人之存在内在矛盾的具体的外在化形式。换句话说，并不存在成熟马克思与青年马克思之间的思想的对立。

② ［南］马尔科维奇：《当代的马克思——论人道主义共产主义》，曲跃厚译，黑龙江大学出版社 2011 年版，第 8 页。

③ ［南］马尔科维奇：《当代的马克思——论人道主义共产主义》，曲跃厚译，黑龙江大学出版社 2011 年版，第 36—37 页。

第五章　辩证法与人之自我实现

马尔科维奇认为，人道主义辩证法的核心范畴在于人在历史中的自我实现，并以此为方法论基础揭示了实践人道主义或批判的社会哲学的结构，即以人之存在内在矛盾及其统一为核心、以人之历史为场域、以人之自我实现为内涵的“现实—潜能”这一彻底的一元论图式。如上文所述，本质主义—传统人道主义以及存在主义—理论的反人道主义由于不能够理解人道主义辩证法赖以走向彻底的一元论的奥秘，即作为人之存在内在矛盾统一基础的“中介”或“距离”，并对此疏于必要的考察，最终仅是停留在二元论的理论形态，使人之历史的本真被遮蔽在种种人之存在本质对象化的外在形式上。

通过以上的论述，本书基本阐明了马尔科维奇将人道主义辩证法作为现实的人之存在的活动及历史展开的理论形式，并以此为方法论基础对于人之存在及人之历史的理解，即人之历史是以人之存在内在矛盾及其统一为核心的人之自我实现的过程。其中，人之自我实现作为重要的“中介”或“距离”，是人之历史的内涵，并构成了人之存在内在矛盾的统一的基础。因此，本书在以下的论述中，将对人之自我实现以及马尔科维奇的批判的社会哲学中与此相对应的实践范畴，亦即马尔科维奇的实践、人道主义以及辩证法三者相统一的观点的基础进行深入的分析与阐释。

其一，上文所引述的一段原文为理解马尔科维奇对于马克思实践人道主义理论范式的重构提供了有力的证明。[①] 在这段引文

---

① 参见本书“马尔科维奇对于马克思实践人道主义的理解”一节的最后部分。

中，马尔科维奇明确提出了对于马克思思想与古希腊理论之间的关系的理解，即马克思的批判思想包括了古代希腊理论的所有本质特征，并且“通过它，人才能改变世界并决定他自己的生活”①。因此，有必要首先对古希腊的理论，或者说，对马克思与马尔科维奇处于其中的理论传统进行考察，以追溯人之自我实现范畴——尽管在古希腊甚至近代，这一范畴是被以外在于人之存在的形式提出的——的理论渊源。

其二，马尔科维奇认为，实践人道主义是实践、人道主义与辩证法三者的内在同一。肇始于古希腊的实践哲学在西方哲学传统中有着悠久的历史，然而由于近代哲学的实证主义倾向，这种古老的传统却逐渐走向式微，以致于丧失了实践哲学维度的西方近代哲学对于人之主体性的张扬，反而落入理论人道主义的理论困境。直到康德开创德国古典哲学，实践哲学的古老传统才得以摆脱被遗忘的命运，经由康德—黑格尔—马克思的思想路径重新焕发其内在生命力，并最终在马克思的实践人道主义思维范式中与人道主义和辩证法达成了统一。因此，与人之自我实现相对应的实践范畴在马尔科维奇的理论框架中，作为人之存在内在矛盾以及人之历史的理性理解与知性理解的统一，亦即彻底的一元论的“现实—潜能”结构的“中介”或“距离”，占据着重要的理论地位。

其三，由于实践人道主义认为人之自我实现是“现实—潜能”一元结构的内涵，并且与之相对应的实践范畴作为人之存在内在矛盾以及人之历史的彻底的一元理解方式的基础，起着重要“中介”或“距离”的作用，因此，两者也就分别成为在人之存在生存过程展开的理论形式，即人道主义辩证法，以及批判的社会哲学中具有本体的意义。毋宁说，在方法论层面，人之存在作为人之历史的真正的主体的合法性就在于其是一种不断生成和开放或不断自我实现的类存在，而对于一种现代的批判的社会哲学或人之存在的生存与发展而言，实践活动则是人之存在内在矛盾统一的基础或内在规定性——使其能够成为一种不断生成和开放的类存在的现实根基。在此意义上，马尔科维奇甚至整个在古典意义上理解马

① ［南］马尔科维奇：《从富裕到实践——哲学与社会批判》，曲跃厚译，黑龙江大学出版社2012年版，第47页。

克思的实践范畴的南斯拉夫实践派，归根结底乃是立足于一种自我实现的本体论或实践本体论的立场上。

第一节 人之自我实现范畴的理论传统

不可否认，迄今为止的西方哲学和其所关注的核心问题乃至形式各异的理论形态，都能够在古老的希腊精神和哲学中找到其思想的发源地。如上文所述，马尔科维奇认为，从古希腊哲学开始，黑格尔和马克思彻底的一元论的萌芽和因素已存在并潜在地发展。然而，尽管存在着彻底的一元论的萌芽，但是古希腊哲学仍然具有浓厚的朴素的二元论理论倾向，即从人之存在本质的对象化形象——自然和心灵——中，寻找世界的始基或本原。简言之，本质主义与存在主义思维方式的分裂在古希腊就已经存在并为后世这一分裂的扩大埋下了伏笔。

赫拉克利特试图以朴素的辩证法揭示"逻各斯"本体地位，为流变不居的世界万物确立起隐藏在现象背后的本质领域，并将此作为哲学的对象以及知识的目的与真理的内涵。但是，在其纯粹客体化的倾向下，人之存在始终游离在哲学之外，即是说，人之存在始终是立足于自然世界之外，成为自然世界的观察者与思考者。一旦这种倾向以价值中立的实证主义方式展现出来，人之历史也就沦为人之存在的对象的历史，呈现为被给定的僵化的稳定结构。因此，无限的实体或理性、背负了原罪的人间之国以及完满的"人性"等形象充斥在对于人之历史的理解之中。副本窃居于原本的地位，以致于以哲学形式所展现的人之历史遮蔽了它的本来面目。

阿那克萨戈拉持有与赫拉克利特不同的观点，提出了一条与本质主义相异甚至是截然相反的理论路径。尽管，阿那克萨戈拉的观点具有纯粹的主观主义的倾向，但是却张扬了被赫拉克利特忽视的关涉主体价值性的理论维度，并为后世的实践哲学对于实证主义批判，以及从人之存在内在矛盾的角度出发统一主体与客体、实然与应然之间对立的方式留下了理论发展的空间。

一、阿那克萨戈拉的努斯概念及其影响

阿那克萨戈拉认为，种子是世界的本质，而世界的动力则在于

努斯,即心灵,并在此基础上提出了著名的种子说。在阿那克萨戈拉看来,世界的统一性是不可以被截然分开的,“统一的世界中所包含的那些东西是不能用一把斧子砍开截断的,热不能与冷分开,冷也不能与热分开”[①],即是说,相互对立的两方面同时也是以共生或相辅相成的形式存在的,任何脱离了其对立面而对某一方面的片面的研究和考察都是不可取甚至是无法完成的。因此,对于阿那克萨戈拉来说,不能够片面地将世界的流变以及其背后的根源认定为一种纯粹的物质性或矛盾双方的单一方面,或者说,这一根源即是矛盾着的两方面的统一关系,进而是促成矛盾着的两方面之间统一或分裂的根本动力。“努斯”或心灵就是阿那克萨戈拉所认定的这一根本动力,他认为,唯有独立存在的努斯能够推动世界的运动,从而使世界的流变性得以展现,“心开始推动时,运动着的一切事物就开始分开;心推动到什么程度,万物就分开到什么程度”[②]。阿那克萨戈拉从对立面的统一和分裂关系出发,将不同于“逻各斯”的“努斯”,亦即以与自然世界的客观规律相异的精神因素,作为世界运动的动力与尺度,并赋予这种精神因素以高于自然界的种子的等级。尽管,阿那克萨戈拉的猜测不能够摆脱古希腊自然哲学形式的束缚,但他至少已经开始从矛盾对立面的统一或分裂的关系出发,以主观理性的角度考察世界的流变性及其本质基础,并最终使“努斯”成为高于一切的精神实体。在此意义上来说,阿那克萨戈拉为近代的唯理论奠定了理论基础。

如果说柏拉图将赫拉克利特的外在于主体的客观理性——“逻各斯”置于哲学的中心地位,并以此为基础提出了现象世界赖以模仿的原本,即“理念”范畴,那么,阿那克萨戈拉的理论路径则在苏格拉底的哲学中得到了充分的体现与发挥。苏格拉底转变了古希腊哲学的自然哲学传统,进而提出“认识你自己”以及“知识即美德”的哲学命题,从而将主体及其道德置于哲学研究的中心,开创了西方伦理学的先河。

近代以来,笛卡儿的二元论成为困扰思想家们的重要问题。

① 北京大学哲学系外国哲学史教研室编译:《西方哲学原著选读》上卷,商务印书馆1981年版,第39页。

② 北京大学哲学系外国哲学史教研室编译:《西方哲学原著选读》上卷,商务印书馆1981年版,第40页。

经验论者试图以实证主义的方式统一主体与客体之间的关系，即是说，延续赫拉克利特的理论路径，从复杂多样的经验中透视其背后的客观规律，并力求使主观的经验与客观的规律相符合。然而，如上文所述，实证主义式的对于经验的归纳与总结总是有限的，因此由于缺乏“中介”或不能够正确揭示有限的主体经验与无限的客观规律之间的“距离”，经验论面临着阿那克萨戈拉所指出的将矛盾着的两方面截然分开却又无法将其弥合的困境。与经验论者不同，唯理论者则延续了阿那克萨戈拉的理论传统，即从主体与客体之间的总体性关系出发，以唯心主义的方式将两者的统一诉诸先验的绝对同一。

斯宾诺莎认为，笛卡儿之所以不能够解决主体与客体之间的对立关系，乃是由于他的出发点被局限在了纯粹的心灵上。笛卡儿通过“我思”确定了先验的主体，并从主体的确定性中衍生出客体的确定性，然而却又为两者设定了互不通约的性质——思维与广延，因此笛卡儿最终不得不求助于他所臆想的“松果腺”，以使主体和客体得到统一。斯宾诺莎没有从心灵或物质中的某一方面出发，而是在两者之上先验地设定了它们的同一形式——实体，并将心灵与事物或思维与广延认定为实体的属性。“我把实体理解为在自身内并通过自身而被认识的东西。换言之，形成实体的概念可以无须借助于别的事物的概念。我把属性理解为从理智看来是构成实体的本质的东西。”①即是说，主体与客体作为实体的本质属性，而实体则是主体和客体之间的绝对的同一关系。尽管，斯宾诺莎对于主客体二元对立的解决途径无非是以无限的理性为两者设定了同一的形式，但这种解决方式却展现了阿那克萨戈拉的理论特质，以对于总体性的理论诉求深刻地影响了后世哲学。因此，斯宾诺莎曾对莱布尼茨讲过这样的话：“一般哲学是从被创造物开始，笛卡尔是从心灵开始，我则从神开始。”②

莱布尼茨在斯宾诺莎的理论基础上更近一步，其理论不仅悬设了历史的总体——预定和谐，同时也对上升到这一总体性的过

① 北京大学哲学系外国哲学史教研室编译：《西方哲学原著选读》上卷，商务印书馆1981年版，第415页。

② 钟宇人、余丽嫦：《西方著名哲学家评传》第4卷，山东人民出版社1984年版，第341—342页。

程进行了规定。莱布尼茨认为,作为精神实体的单子是世界的本质。单子是自因的,不但存在不同的等级,而且由最低等级向着最高等级不断地发展。为使这一发展过程得以实现,莱布尼茨赋予了上帝以一个好的"钟表匠"的角色,即是说,上帝预先为世界设定如此和谐的状态并使其依此自行运转,而自己则"隐退"于完美的世界之外。[①] 不可否认,对于近代唯理论的发展以及德国古典哲学,甚至是马克思实践人道主义来说,莱布尼茨的单子论都具有无可取代的重要的理论意义。首先,作为对于阿那克萨戈拉的理论路径的延续,莱布尼茨认为世界的本质是自因的精神实体,并且这种实体通过自下而上的自我运动的程式达到总体性的预定和谐。换句话说,在阿那克萨戈拉和斯宾诺莎的理论基础上,莱布尼茨虽然没有摆脱传统理性主义的束缚,但是却已经开始从过程或者生成的角度理解预定和谐的总体性。其次,在批判作为近代经验论主要代表人物之一洛克的过程中,莱布尼茨提出了对于自由的独特的理解方式。莱布尼茨认为,自由存在着多种含义,大致可以划分为法权意义上的自由与事实意义上的自由。在法权的意义上,奴隶与臣民是不完全自由的;在事实的意义上,自由则"或者在于如一个人所应当的那样去意愿的能力,或者在于做一个人想做的事的能力"[②]。因此,自由在莱布尼茨的理论中已经具有了主体之自我实现的深刻意义——单子的自由体现在其由低级向高级的实现或进步的过程。尽管莱布尼茨的思想仍然局限在以传统理性主义预设的整体框架下——黑格尔亦是如此——但其理论中的作为自因的主体向着总体性实现的过程的观点,对德国古典哲学尤其是黑格尔哲学,乃至马克思和马尔科维奇的思想都产生了巨大的影响。最后,同时也是最值得引起注意的,莱布尼茨的理论已经明确地认识到合规律性与合目的性之间的辩证关系,并试图将两者统一起来。在莱布尼茨看来,灵魂与肉体遵循着不同的规律,"灵魂依据目的因的规律,凭借欲望、目的和手段而活动。形体依据动力因的规律或运动而活动。这两个界域,动力因的界域和目的因

① 张志伟:《西方哲学史》,中国人民大学出版社 2002 年版,第 433 页。

② [德]莱布尼茨:《人类理智新论》上册,陈修斋译,商务印书馆 2002 年版,第 167 页。

的界域,是互相协调的"[①]。然而,莱布尼茨所谓的协调却只能求助上帝的预设,是现实世界的运动以及进化规律等对于理论推演的结果的证明,"这些后天地作出来的、从经验中引申出来的推理,是与我以上先天地推演出来的那些原则相一致的"[②]。

综上所述,近代唯理论继承了阿那克萨戈拉的理论传统,并对于德国古典哲学以及马克思实践人道主义产生了深远的影响。然而,虽然唯理论认识到了经验论的不足,并试图从对立着的两方面的统一关系即总体性出发,弥合主体与客体之间的二元对立,但是却走向了同经验论相一致的理论困境。一方面,唯理论将主体与客体之间的统一追溯到理性——人之存在抽象的和外在的形式,从而遮蔽了人之历史的真正主体;另一方面,唯理论以传统理性主义的方式预设了主体与客体之间的绝对同一,从而忽视了两者之间的差异性。在此意义上,唯理论同样缺乏对于其统一的基础,即"中介"或"距离"的必要考察与正确揭示。尽管如此,近代唯理论对于主体"自我实现"的理论传统的继承和发扬,仍然不失为使理论人道主义走向实践的必然环节。

二、自我实现对于实践人道主义的理论意义

关于主体的自我实现的理论对于彻底的人道主义或实践人道主义来说具有十分重要的理论意义。换言之,主体的自我实现构成了其内在矛盾统一的基础与"中介",是对于实践哲学所关注的"距离"的揭示,因此,尽管在古希腊哲学与近代唯理论中,自我实现的主体是以抽象的和人之存在本质的对象化形式出现的,但是这一理论却以各异的形式始终保持着实践哲学与人道主义之间的古老的联系。

早在古罗马时期,"教养"就已经被作为区分文明与野蛮的标准,并在一定意义上形成了古老的人道主义的态度和立场。虽然古希腊神话中的普罗米修斯的故事被后世广为传颂,并将其塑造为人道主义的经典形象,但是"人道"一词却最早见于西塞罗的文

---

① 北京大学哲学系外国哲学史教研室编译:《西方哲学原著选读》上卷,商务印书馆 1981 年版,第 491 页。

② 北京大学哲学系外国哲学史教研室编译:《西方哲学原著选读》上卷,商务印书馆 1981 年版,第 490 页。

章。在西塞罗的文章中，“人道”一词与“神道”相对，意指“使个人的才能得到最大限度的发展”，并成为古代罗马所提倡的一种“具有人道精神的教育制度”的基础。[①] 可以断言，正是古希腊文化中的“人道”因素最终促使西塞罗提出了这一概念。古罗马时期所产生的人道主义的理论根源大致来自两个源头：其一，是根源于普罗米修斯的“善行”；其二，是来自古希腊智者的“身心全面训练”[②]。

正如普罗米修斯放弃了神邸的特殊立场而盗取天火，并在作为类存在的人的立场上确证了自身的价值一样，“善行”所昭示的乃是从个别的主体的特殊性上升为一种普遍性的自我确证的过程。然而，“身心全面训练”则是与“善行”相反的过程，即以给定的普遍性形式对于作为个别的主体的塑造，或者说，从给定的目的出发对于个体的“教化”过程。虽然“善行”与“身心全面训练”的形式截然相反，但两者却是相互统一的同一个过程，即是说，两者共同构成了一种彻底的人道主义或实践人道主义的根本内涵，而主体的自我实现过程则是两者得以统一的基础。然而，西方的理性文化中所固有的裂痕却使“善行”与“教化”两种传统以不同的理论路径传承下来，从而缺乏一种能够真正揭示其统一内涵的彻底的一元论理论形式。其中，“善行”的传统通过苏格拉底而被作为一种伦理追求被延续下来，而“教化”的传统则更多地同以外在形式为目标的“塑造”以及对于知识的渴求相关联。因此，西方哲学史在其理论形式上呈现出主体与客体、价值与事实或者实践理性与理论理性等的二元对立形式。特别是在实践哲学传统与实证主义此消彼长的现代性背景下，对立的趋势愈加明显。

然而在人之历史的事实层面上，既不存在脱离了普遍性的自我确证的“善行”，也不存在脱离了个体自由的“教化”，简言之，人之历史的进程恰恰是两者辩证统一关系的现实体现。因此，尽管近代的唯理论尤其是莱布尼茨的自我实现概念试图使两者得到统一，并对德国古典哲学产生了深远的影响，但是却由于没有能够理解和揭示作为这一过程的基础的人之存在的内在矛盾及其统

① 《中国大百科全书》（哲学Ⅱ），中国大百科全书出版社 1987 年版，人道主义词条。

② ［美］大卫·戈伊科奇、约翰·卢克、蒂姆·马迪根：《人道主义问题》，杜丽燕等译，东方出版社 1997 年版，第 2 页。

一——忽视了人之历史中"自我实现"的真正主体,从而以抽象的人之存在本质的对象化形式为研究对象——最终没有完成这一理论任务,甚至是对其理论进行了创造性的继承与发挥的德国古典哲学亦是如此。

但是,德国古典哲学尤其是黑格尔哲学毕竟重新焕发了实践哲学与人道主义之间的古老的统一的基础。伽达默尔在《真理与方法》中,将"教化"作为精神科学的第一个重要概念加以考察,在其与"善行"的统一基础上,即在实践哲学的基础上对其进行阐释。在伽达默尔看来,"教化"概念的古老形式是一种"自然造就"状态下的理论灌输与自然地塑形,但是黑格尔却在康德哲学的基础上突出强调了它的实践性,"在黑格尔对实践性教化的这种描述中,我们已经认识到历史性精神的基本规定,即自己与自己本身和解,在他物中认识自己本身。……理论性的教化在于学会容忍异己的东西,并去寻求普遍的观点,以便不带有个人私利地去把握事物,把握'独立自在的客体'"①。即是说,理论性的教化以给定的作为人之存在的外在形式为旨归,通过以价值中立为原则的实证主义或自然科学的方式不断认识和确证"自在的客体",而实践性的教化则是通过将"自在的客体"视作主体本质的外在形式或主体自身的对象化形式,从而实现对于主体自身本质的认识与确证。前者侧重于对主体的普遍性的认同,而后者侧重于这种普遍性的生成过程。简言之,彻底的人道主义应当是双向过程的内在统一:一方面是人之存在的本质的对象化过程,另一方面是人之存在的本质的复归过程,即占有自身对象世界的过程。在此意义上,理论人道主义,包括黑格尔的彻底的一元论理论形式,之所以会走入困境,乃是因为其以传统理性主义为基础,将上述的普遍性转变为一种外在的和给定的"必然性"——光辉的"人性"、上帝、自在的客观规律、绝对精神等,并剥夺了真正的历史主体超越这种"必然性"的合法性。"辩证法的关键范畴不是**必然性**而是**可能性**,换言之,不应该认为在未来的某个时刻,人的境况似乎只有一种得以改变的方式,而且生活只能有一种状态。有多种可能的未来——未来的状

① [德]伽达默尔:《诠释学Ⅰ:真理与方法——哲学诠释学的基本特征》,洪汉鼎译,商务印书馆2007年版,第25页。

况能否存在取决于人的活动。”①从实践人道主义的观点来看，理论人道主义并没有为个体的自由和丰富的可能性留下空间。这种“必然性”强制剪裁了现实的历史主体的特殊性和可能性，并将其视为动摇形而上学确定性的异端放逐在“真理”之外。与之相反，对于现代性的激进的批判却无限地夸大了个体自由。

综上所述，关于主体的“自我实现”的理论作为人道主义双重内涵的统一的基础，是彻底的人道主义或实践人道主义赖以产生的重要前提。一旦“自我实现”的主体从抽象的实体走向现实历史中的“真正的人的生命”，实践哲学与人道主义之间的一致性就将被彻底地揭示出来，而马克思理论所带来的哲学变革正是这种转变的完成。

尽管马克思在生前没有完成创作一部关于辩证法的著作的夙愿，但是其核心思想却贯穿于马克思的整个理论生涯。马尔科维奇继承了马克思著作中内蕴的方法论思想，通过对于人道主义辩证法的人在历史中的自我实现的三大范畴的概括，明确地揭示出辩证法、实践哲学与人道主义之间的内在统一，并通过对于马克思实践人道主义理论范式的重构，阐发了对于实践人道主义的“现实—潜能”本质性结构的理解。马尔科维奇一再强调，彻底的人道主义或实践人道主义是以对于真正的主体，即人之存在的正确理解和揭示为基础的。人之存在为了实现自身的潜能，或者说为了实现自身内在矛盾的统一，在人之历史中展开自我实现的过程；进而，实践人道主义所指认的自我实现并不以某一个超脱在人之历史之外的给定的目的为最终归宿，而是以人之存在本身为目的。同时，人之自我实现亦是作为实践人道主义的方法论的人道主义辩证法的本质特征，一旦丧失了这一维度，辩证法就“可能以一种形式主义的方式被利用，并很容易成为意识神秘化的一种工具。如果在肯定与否定、进步与倒退、进化与革命等概念中，普遍的人类内容被表述特定社会集团之有限利益的狭隘内容所代替，那么，辩证法就会从一种人类自我实现的方法变成特殊集团或统治阶层

① ［南］马尔科维奇、彼得洛维奇：《实践——南斯拉夫哲学和社会科学方法论文集》，郑一明、曲跃厚译，黑龙江大学出版社 2010 年版，第 37 页。

自我确证的一种方法"①。一言以蔽之,对于马尔科维奇来说,对于人之自我实现的正确理解和揭示是实践哲学、人道主义与辩证法内在统一的基础。

对人之自我实现的理解在马尔科维奇的整体思想中的重要地位不仅体现在方法论层面,也体现在其具体的理论框架或人之存在的现实层面。即是说,人之自我实现不仅是人道主义辩证法中人之存在及其历史的中介,同时也是其现代批判的社会哲学的"现实—潜能"结构的重要中介。如上文所述,马尔科维奇在方法论层面提出了人在历史中的自我实现三个核心范畴,而在其所构建的马克思实践人道主义思维范式下的现代批判的社会哲学层面,同样提出了三个核心范畴,即基本的人的能力、真正的人的需要以及实践。在本书第三章与第四章中,阐释了马尔科维奇的现代批判的社会哲学——因其以实践人道主义为基础,并且以人之存在的内在矛盾及其统一为核心等特质,又被马尔科维奇成为批判的人类学或辩证的人类学②——的基本的人的能力以及真正的人的需要两个概念,因此不难发现两者与"自我实现"理论之间的紧密关系。正如马尔科维奇将人之自我实现视为其人道主义辩证法思想的重要中介以及对于"距离"的揭示,视为实践哲学、人道主义与辩证法统一的基础一样,与这一理解相对应的"实践"范畴亦在现代批判的社会哲学或现实层面扮演着重要的中介角色,即对于人之存在内在的矛盾着的两方面之间关系的揭示以及它们统一的基础。在马尔科维奇看来,能够正确地揭示这种"距离"对于一种以人之存在为出发点的彻底的批判哲学至关重要,"每一种关于未来的设想都承认它和现实之间的批判性距离,但是,只有和现实存在着批判性距离的人才能正确地说明历史。因为它不仅能够看到那些导致现实的东西,而且还能看到那些在现实中尚未实现、作为一种可能的新现实之萌芽的东西"③。

① [南]马尔科维奇、彼得洛维奇:《实践——南斯拉夫哲学和社会科学方法论文集》,郑一明、曲跃厚译,黑龙江大学出版社 2010 年版,第 28 页。

② [南]马尔科维奇、彼得洛维奇:《实践——南斯拉夫哲学和社会科学方法论文集》,郑一明、曲跃厚译,黑龙江大学出版社 2010 年版,第 28 页。

③ [南]马尔科维奇、彼得洛维奇:《实践——南斯拉夫哲学和社会科学方法论文集》,郑一明、曲跃厚译,黑龙江大学出版社 2010 年版,第 34 页。

进而,马尔科维奇对于实践范畴的理解并没有简单地停留在唯心主义以及实证主义的层面上,毋宁说,正是由于对实践范畴的独特理解才使得南斯拉夫实践派在对于苏联教科书体系的批判过程中逐渐形成一个具有自身特色的理论派别,并在 20 世纪的马克思主义诸流派中占据了举足轻重的理论地位。马尔科维奇在对南斯拉夫实践派的整体观点的综述中,是这样评价其特点的:“他们一致认为,哲学的基本职能在于提出能指导人类在特定的历史时期中全部活动的总体性的批判意识。由于它是**总体性的**,因而有别于各种不同的科学学科的零碎知识;由于它是**批判的意识**,它又比实证科学知识的一切简单总和要丰富得多”①,而南斯拉夫实践派对于哲学的总体性的基本职能的指认恰源自其对实践范畴的古典式的理解,以及对两种不同的实践概念的区分。尽管这一流派人数众多,甚至在某些具体的观点上存在着争议,但其成员却在对实践范畴的理解上惊人的一致,即认为马克思实践人道主义中的实践范畴是具有本体论意义的“praxis”,而不是被局限在认识论框架下的劳动和物质生产意义上的“practice”——《实践》(*praxis*)杂志最终成为南斯拉夫实践派的重要理论阵地。因此,有必要对实践范畴的古典哲学含义及其理论进路进行梳理与阐释,为理解马尔科维奇实践人道主义思想中的实践范畴提供理论基础。

第二节　实践范畴的古典哲学意义

诞生于古希腊时期的实践哲学与人道主义之间存在着古老的联系,但随着这种古老的联系被“遗忘”,实践哲学与人道主义分别沿着不同的理论路径各自发展。在实践哲学发展过程中,对于实践范畴的理解也呈现出多元的趋势,因此,根据对这一范畴的不同理解,大致可以将实践哲学概括为四种不同的理论形态,即实践认识论、实践本体论、交往实践论以及实践唯物主义,其中实践认识论偏于传统,实践本体论过于激进,交往实践论则由于主体间的客观性而重新陷入了认识论框架,而马克思的实践唯物主义则从人

① ［南］马尔科维奇、彼得洛维奇:《实践——南斯拉夫哲学和社会科学方法论文集》,郑一明、曲跃厚译,黑龙江大学出版社 2010 年版,“导论”第 18 页。

类学的视角出发，亦即人类学实践论。[①]马尔科维奇继承了马克思哲学的传统与特质，甚至明确将马克思理论视为一种“精致的人类学”或“批判的人类学”。虽然，马克思实践人道主义以及马尔科维奇对其的重新建构，与其他形式的实践哲学之间有本质上的差别，但却与后者具有相同的理论渊源。即是说，以马克思为代表的实践人道主义传统成功地揭示出实践哲学、人道主义以及辩证法之间的统一关系，而其他形式的实践哲学或没有正确地揭示出这一关系（德国古典哲学），或彻底割裂了实践哲学与人道主义的联系（海德格尔）。

一、古希腊时期对于实践范畴的理解

一般认为，古老的希腊哲学有两个至关重要的转折点。其一，是巴门尼德的存在哲学。巴门尼德改变了古希腊自然哲学的时间在先原则，通过将理性与概念引入哲学的真理范畴为后世哲学奠定了本质在先的原则。其二，是古希腊哲学中继其之后的又一个标志性人物——苏格拉底。苏格拉底为后世哲学的发展开辟了一条全新的道路，其弟子柏拉图以及柏拉图的弟子亚里士多德为整个西方哲学史奠定了基本的理论框架与坚实的基础，而且他一反古希腊自然哲学的理论形式，奠定了人之存在在哲学中的重要地位，从根本上影响了后世哲学的发展路径，使人学、伦理学乃至实践哲学等哲学形式成为可能。

苏格拉底哲学的第一命题即是“认识你自己”，而此前以伊奥尼亚学派的泰勒斯为开端的古希腊自然哲学却并未将人之存在纳入到哲学所考察的对象之中。尽管智者学派也曾涉及哲学研究对象的转向问题，但是脱离了理性的以不确定性为核心、以相对主义诡辩论为方法的理论形式并不能真实地揭示人之存在内在矛盾之间的张力，因此也就无法实现认识人之存在自身的理论诉求。苏格拉底将美德作为知识的对象和内涵，并认为哲学的任务即是追求“至善”。与智者学派不同，苏格拉底以理性的方式奠定了知识确定性的基础，即以理性的方式“认识自己”。在苏格拉底看来，德行与生俱来，并不是后天经验的结果。爱智与求知的目的就在于

① 丁立群：《实践观念、实践哲学与人类学实践论》，载《求是学刊》2000 年第 2 期。

能够认识到自身的德行。因此，"为恶"并非出于"有意"，而是源于"无知"，即缺乏对于自身的德行，或者说，自身所具有的类的普遍性的理性认识。为此，苏格拉底采取精神助产术的方式对世人进行"教化"，试图使后者利用自身的理性思维"发现"某一概念的真实含义，从而达到爱智与求知的目的。①

苏格拉底哲学至少有两种十分重要的理论倾向为后世哲学继承并不断得到深化。其一，"认识自己"是从无知到有识的过程，即潜在的"德行"被自身理性"发现"的过程；其二，爱智与求知的目的并非是对于外在于人的实体的认识，而是对于自身的认识，即对于人之存在的"德行"或普遍性的认识。因此，第欧根尼·拉尔修盛赞苏格拉底为"伦理学创始人"，黑格尔也认为智者学派及苏格拉底时期的古希腊哲学已经不再从绝对者或单纯者出发，而进入到主观性的原则当中。② 尽管苏格拉底之死在哲学史上留下了遗憾，但其所开创的哲学传统却薪火相传，延续至今，并在德国古典哲学以及马克思实践人道主义理论中彰显了新的生命力。

苏格拉底之后，柏拉图在一定程度上承继了其理论路径，提出了回忆说。柏拉图认为，灵魂自身已经具有了一切知识，而物质性的躯体却使灵魂受到了束缚，从而忘记了这些知识③，但这些被遗忘的知识可以通过后天的经验努力被重新发现，因此学习本身是一种回忆的过程，即业已存在的知识被"实现"的过程。虽然柏拉图对于苏格拉底的哲学传统的继承并不十分彻底，但是也使这一传统对后世哲学产生了极大的影响。跟柏拉图把理论问题和实践问题合起来解决不同，亚里士多德的路径是把这两个问题分开来解决。显然，这里的问题远比单纯的学科划分复杂、深沉得多。在后来西方哲学的发展过程中，走柏拉图路径的人很多，明显走亚里士多德路径的只有康德。④ 即是说，柏拉图试图以理念论为变动不居的现象与固定不变的本质之间的统一提供基础，却忽视了两者之间的差异，进而使两者走向了绝对的同一；相反，亚里士多

① 张志伟：《西方哲学史》，中国人民大学出版社 2002 年版，第 73—78 页。

② [德]黑格尔：《哲学史讲演录》第 1 卷，贺麟、王太庆译，商务印书馆 1959 年版，第 188 页。

③ 张志伟：《西方哲学史》，中国人民大学出版社 2002 年版，第 93—97 页。

④ 徐长福：《亚里士多德实践哲学的理论特质》，载《学习与探索》2006 年第 4 期。

德——康德的理论路径则揭示了实践理性与理论理性所遵循的原则的不同,为两者的差别、同一奠定了理论基础。

亚里士多德明确区分了理论知识、实践知识以及技艺等范畴,因此,真正意义上的实践哲学自此诞生。亚里士多德认为,理论知识是关于形式的确定性知识,技艺则是具有操作性并以外在于自身的目的为旨归的活动。与此二者不同,实践则是以自身,即"至善"为目的的智慧。在亚里士多德看来,实践领域包括与人之存在的生存息息相关的伦理学与政治学,"政治学不是青年人本应学习的课程……因为这门科学的目的不是知识而是实践"①。因此,政治—道德因素构成了亚里士多德实践范畴的重要内容。在此基础上,亚里士多德规定了德行的内涵并将其分为两类:理智的德行与伦理的德行。"理智德性大多由教导而生成、培养起来的,所以需要经验和时间。伦理德性则是由风俗习惯沿袭而来,因此把'习惯'(ethos)一词的拼写方法略加改动,就有了'伦理'(ethike)这个名称。"②即是说,德行的两种不同类型共同构成了人道主义的双重内涵——"教化"与"善行"。当古希腊哲学的古老的实践范畴的总体性被逐渐"遗忘",对于这一范畴的经验化与实证化的理解方式最终导致了"教化"的张扬与"善行"的式微,从而使近代以来的人道主义传统以不彻底的形式陷入到片面化的困境当中。

实践哲学与人道主义之间的联系因而被割裂,实证主义以价值中立为原则,将实践范畴中的政治—道德因素——进而是将其总体性——推入到范围不断缩小的精神世界,并试图在人之存在的客观的对象化世界中确立起纯粹的"科学"。因此,在以技术理性为核心所建构起来的现代生活中,人之存在的内在矛盾的统一或者说他的总体性被肢解得支离破碎。康德所开启的哲学的哥白尼革命正是对于上述关系的"头足倒转",即通过为纯粹理性划定边界的方式,为实践理性和道德留下地盘。如上所述,"教化"的内涵通常以自然科学的方式(包括立基于自然科学思维方式上的人文科学形式)得到展现,与此不同,人道主义中的"善行"的内涵则在真正意义上的人文科学领域中得以保留并传承。

① 苗力田:《亚里士多德全集》第8卷,中国人民大学出版社1992年版,第5页。

② 苗力田:《亚里士多德全集》第8卷,中国人民大学出版社1992年版,第27页。

二、实践的经验化理解以及在德国古典哲学中的重新显现

时至近代，宗教神学作为形而上学确定的基础的权威与合法性受到广泛质疑，而自然科学所取得的成就却为人之历史翻开了崭新的一页——在科学技术的强大的力量面前，上帝被驱下神坛。以科学技术为武器，人试图凭借自身的力量认识并掌握真理，进而战胜自然。近代哲学的认识论转向最终以自然科学方式重新确立了形而上学确定性的基础，因此，实践范畴被以实证化与经验化的方式局限在认识论的领域中，成为纯粹的知识以及勘定知识正误的方式与标准。

在此意义上，苏联教科书体系即是延续了近代哲学的认识论框架并以此为基础对于马克思实践范畴乃至其整体思想进行阐释的理论结果。继《1844 年经济学哲学手稿》之后，马克思在《关于费尔巴哈的提纲》中进一步阐释了他的实践人道主义思想。马克思通过对以费尔巴哈为代表的旧唯物主义的批判展现了他的哲学的彻底的革命性，即实践人道主义不满足于对世界的知识性解释，而是要求人之存在在改造世界的过程中发挥创造性的同时，不断占有对象世界从而达到自我实现的目的。因此，实践被指认为马克思哲学的核心范畴，亦即其哲学的革命性所在。然而，苏联教科书体系却在认识论的框架下对马克思的实践范畴进行了实证化与经验化的理解。辩证唯物主义认为，认识来源于实践且复归于实践——实践是认识活动循环往复的必然环节，同时也是检验认识真理性的标准。因此，马克思对于以往的二元论形式的哲学以及黑格尔哲学的超越被遮蔽了。总而言之，近代哲学的认识论转向并没有彻底地继承苏格拉底以来的实践哲学传统，并以实证主义的方式在自然科学的方法上建立起形而上学的确定性，因而导向了异化的历史观——马克思之前的哲学，甚至是唯物主义哲学在其历史观中也是唯心主义的。

德国古典哲学作为马克思哲学的发源地，复兴了古老的实践哲学传统并为马克思重新揭示这一传统与人道主义之间的内在一致性提供了理论条件。康德面对休谟哲学所提出的问题，回归到古典哲学找寻出路，从而恢复了实践范畴的原初内涵并使其经由费希特、谢林与黑格尔最终被马克思承继。

康德为近代以来的形而上学提供了新的确定性的基础并试图以道德形而上学的形式将其展现出来。为此,康德重新回到古希腊时期对于实践范畴的理解方式,在他看来,纯粹理性遵循着因果律。人类的先天认知形式在知性的作用下为经验做出规划,然而现象在人的面前只是呈现为感性,尽管知性将这些杂多的感性经验材料统一起来,却仍然无法达到对于自在事物,即物自体的总体性认识。即是说,认识的总体性并非源于对象的总体性,而仅仅是由于纯粹统觉所具有的先验原则。“一切直观,如果它们不能被接受到意识中来的话,不论它们是直接地还是间接地对意识发生影响,它们对我们来说就什么都不是,也与我们没有任何关系,而惟一地,只有通过意识,知识才是可能的。……这条原则是先天确定的,它可以叫作我们表象的(因而也是直观中的)一切杂多之**统一性的先验原则**。于是,在一个主体中杂多的统一就是综合性的:所以纯粹统觉就提供了一条在一切可能直观中杂多的综合统一原则。”①因此,感性与知性就构成了形而上学或者说知识的确定性的基础——人为自然立法。但是,理性却不能满足于此。人类范导性的理性总是试图探求经验之外的世界或现象背后的本质,正如休谟所指出的那样,归于经验的归纳总是有限的。因此,康德以二律背反的方式揭示了这一矛盾,即从两个相矛盾的角度出发的命题都可以成立,所以也就无法证明经验之外事物的确定性。

既然人类在现象世界中遵循因果律,那么自由的基础何在?是否因为感性与知性的有限范围而放弃理性对于自在之物的总体性的探索的诉求呢?面对近代哲学所遗留的种种困境,康德以拯救形而上学为目的,展开了对此前的形而上学的批判。在他看来,对于自由何以可能以及理性的范导性的诉求等问题的回答,并不在于以自然科学,即以经验为基础的现象世界,而在于以道德律令为核心的实践理性领域。康德认为,自由范畴较其他范畴具有优越性,因为后者“只是一些仅仅通过普遍概念而不确定地为任何我们所可能的直观表明一般客体的思维形式”,而前者“则是指向某种自由的任意的规定的,所以它们作为实践的要素概念,并不以那种不存在于理性本身中、而必须由别的地方即必须从感性中拿来

① [德]康德:《纯粹理性批判》,邓晓芒译,人民出版社 2004 年版,第 125 页。

的直观形式(时间和空间)为基础,而是以在理性中、因而在思维能力本身中作为被给予了的某种纯粹意志的形式为基础"。[①] 因此,"在纯粹实践理性的一切规范中所关心的只是意志的规定,而不是实现意志的意图的(实践能力的)自然条件"[②]。

综上所述,康德面对近代哲学的困境,重新回到古典哲学的方式,即回归到价值层面来理解实践范畴,并将实践与自由联系在一起,从而为人类的自由与道德争取了空间。不仅如此,甚至可以说,康德距离揭示实践范畴与人道主义双重内涵及其统一之间的古老联系仅一步之遥,"只是我们必须注意,这些范畴所涉及的只是一般的实践理性,因而在它们的秩序中是从在道德上尚未确定并且还以感性为条件的范畴,而逐步进向那些不以感性为条件而完全只由道德律来规定的范畴"[③]。可以断言,康德认识到了合规律的一般实践理性与合目的的纯粹实践理性,即经验性的实践(实践的条件或"教化")与理性的实践(实践的目的或"善行")之间的辩证统一关系。或者说,康德几乎发现了以实践范畴统一作为个别的经验与作为普遍的总体性之间关系的一元论的理论形式。然而,康德的哲学体系最终遮蔽了人之历史的真正奥秘以及实践哲学与人道主义之间的内在联系。尽管康德试图以判断力来将两者联系起来,但是现象世界与物自体之间的鸿沟却仍然无法得到解决,因此他最终也未能对实践理性的普遍性的合法性问题做出合理的回答。

康德认为,人类的自由体现为以理性为基础的对于道德律令的自觉遵守,因此康德为启蒙运动所下的定义是"启蒙就是人类脱离自我招致的不成熟"[④],即使人类能够自觉地运用自己的理性。但是,康德最终却将上帝作为人类理性的普遍性的保证。所以,康德的判断力批判实际上并没有解决知性与其如何上升为理性的问题。康德将判断力划分为两种形式:其一,是在普遍法则业已给定的前提下,将一般归于其下的规定判断力;其二,是在作为特殊的

① [德]康德:《纯粹理性批判》,邓晓芒译,人民出版社2004年版,第89页。
② [德]康德:《纯粹理性批判》,邓晓芒译,人民出版社2004年版,第90页。
③ [德]康德:《纯粹理性批判》,邓晓芒译,人民出版社2004年版,第90页。
④ [美]詹姆斯·施密特:《启蒙运动与现代性》,徐向东、卢华萍译,上海人民出版社2005年版,第61页。

个体尚不具备对于普遍性概念的认识的前提下，提供判断规律的反思判断力。可以说，在知性上升为理性的环节或过程的问题上，只有反思判断力才能够发挥重要的作用并成为揭示这一问题的关键所在。康德正是在对于反思判断力的理解上陷入了困境，并最终导致纯粹理性与实践理性之间桥梁的坍塌。“判断力与其说是一种能力，毋宁说是一种对一切人提出的要求。所有人都有足够的‘共同感觉’（gemeinen Sinn），即判断能力，以致我们能够指望他的表现‘共同的意向’（Gemeinsinn），即真正的公民道德的团结一致。”[①]在伽达默尔看来，康德将判断力单纯地划归为一种知性的能力并将其普遍性诉诸趣味，从而忽视了判断力所具有的政治—道德因素。因此，在最有希望解决问题的地方，康德却没有给出正确的理解，但是，康德所开辟的路径为问题的解决提供了不可或缺的理论基础与条件。德国古典哲学沿着康德的方向承继了古典哲学对于实践范畴的理解方式，并在这一土壤中孕育出马克思实践人道主义思想。

三、实践哲学与人道主义在马克思哲学中的统一

综上所述，对于实践范畴的不同的理解直接与不同的人道主义立场相关。由于对实践范畴的实证化与经验化的理解导致了实践哲学与人道主义之间的内在统一的遮蔽，近代哲学的认识论转向使哲学自身展现为在知识或常识层面确证客体的理论形态，即理论的人道主义。人之存在的内在矛盾及其统一被抽象为绝对的同一性，人之历史被束缚于一种外在的必然性，而人之自我实现则成为绝对真理的附属品——人道主义陷入了人之存在、人之历史与人之自由的三重悖论的尴尬境遇。在此意义上，对于近代以来的人道主义传统拯救的前提是使对实践范畴的理解摆脱实证化与经验化的认识论框架，从而真正完成实践哲学与人道主义之间的内在统一。因此，一种彻底的人道主义必然是实践的人道主义，并且只有在实践人道主义的框架下，人之存在、人之历史与人之自我实现的现实才能够被以彻底的一元论的理论形式或者说人道主义

① ［德］伽达默尔：《诠释学Ⅰ：真理与方法——哲学诠释学的基本特征》，洪汉鼎译，商务印书馆2011年版，第52页。

辩证法正确揭示。毋宁说,马克思哲学的革命性意蕴就在于此。片面地认定马克思哲学与德国古典哲学传统之间存在着难以弥合的“断裂”或者片面地忽视两者之间所具有的差异——以康德或黑格尔的哲学体系来解释马克思哲学,都会导致遮蔽马克思哲学的这一深刻的革命性内涵,并将马克思的理论成果局限在近代哲学的水平上。可以说,对于马克思实践人道主义思维范式的理解与对于马克思哲学的变革的时代意义的理解是一致的。

首先,马克思并未否认一种历史的总体性,但其理解方式却与传统的理性主义存在着本质上的区别。在马克思看来,人之历史的总体性并非是超验的、给定的、外在于人之存在的实体或人之历史的终极目标,而是以实践范畴为中介的人之存在内在矛盾及其统一的展开的“结果”,即被人之自我实现的过程不断扬弃的历史环节。在现实的人之历史中,以自由、创造和超越为特质的人之存在的实践活动不断地扬弃特定历史阶段的这一“结果”或环节,并使人之存在能够在此基础上不断地改造世界与自身,创造出更加广阔、更加新颖的生存家园。因此,尽管马克思承认自然对于人之历史的先在作用,亦将其视为人之存在的对象世界与“无机的身体”,即从以实践为中介的人之存在内在矛盾的统一出发,解决近代以来的二元论思维范式所存在的问题。“植物、动物、石头、空气、光等等……从实践领域来说,这些东西也是人的生活和人的活动的一部分”①,即是说,马克思在人化的而不是自在的意义上理解自然,并将其视为总体性实践范畴的现实的重要要素。在人之存在的自我实现或者说自我确证的过程中,人与自然之间的关系以历史的辩证统一的形式呈现出来——人即是人的世界——在其本质上乃是人之存在的内在矛盾及其统一。人之存在在总体性层面体现为具有普遍性的类存在物,而在其现实性层面则体现为具有特殊性的个体。作为一种类存在物,人类是其所生存的世界的创造者,或者说,世界始终是这一类物种活动的产物和结果,并因此而被赋予了意义,但对于特殊的个体而言,他却始终面对着一个业已被人类实践活动所创造的给定的环境和特定的时代,即一个“先验”的世界。这个世界包括人之存在的个体所处于其中的历史传

① 《马克思恩格斯文集》第1卷,人民出版社2009年版,第161页。

统与文化习俗、科学与技术水平以及人类的智力发展水平与道德水平等的物质和精神因素，并构成了个体赖以生存的一切基本条件与自我确证的基础。丧失对于实践范畴的总体性的理解，必然会掩盖实践作为中介的重要理论意义，进而也就无法以理论的形式正确揭示出人之存在的现实境遇及其自由的本质。理论人道主义试图将人之存在的根须延伸至作为历史终结的未来，却难以使其摆脱“未来”的重负和成为抽象的普遍性的奴仆；与之相反，存在主义则试图通过赋予人之存在以选择的自由彻底否定一种历史生成的现实的普遍性或总体性，但是，在实践人道主义看来，人之自由却是其基于对于自身历史的总体性理解之上的自我实现的现实过程。

其次，实践之所以能够成为人之存在内在矛盾统一的基础，乃是在于实践是人之存在自我确证与自我实现的根本方式，亦即他的存在方式。“通过实践创造**对象世界**，**改造**无机界，人证明自己是有意识的类存在物。”①即是说，作为特殊的人类个体的生存过程同时也是其不断地确证自身的类本质的过程，亦即他的自我实现的过程。因此，个体的存在方式即是他的类的存在方式，他的特殊性与普遍性，亦即人之存在的内在矛盾在实践的过程中达到了统一。马克思在《1844 年经济学哲学手稿》中关于劳动的双重尺度的命题更加清晰地展现出他对于实践范畴的总体性的理解方式。马克思认为，人之存在在劳动的过程中不仅遵循万物的尺度或者说外在尺度，而且遵循自身的内在尺度，亦即审美的尺度。或者说，人之存在的劳动过程是对于客体的知识的确证与对于自身本质的确证的过程的统一。可以说，正是这种对于实践范畴的总体性的理解方式使马克思哲学得以将实践哲学与人道主义之间的内在联系揭示出来，在整体上实现了对于理论人道主义甚至整个近代哲学的超越，并以新理性主义的方式避免了传统理性主义与非理性主义的理论困境。进而，马克思在实践哲学与人道主义的统一关系的基础上，提出了实践人道主义与理论人道主义之间的本质区别的论断。马克思认为，与以反对宗教神学为旨归的理论人道主义不同，一种彻底的人道主义应是以对于私有制的积极扬弃为旨

① 《马克思恩格斯文集》第 1 卷，人民出版社 2009 年版，第 162 页。

归的实践的人道主义。在马克思看来,“私有制”并非是一个纯粹的经济学概念。私有制的存在在现实中体现为资本家对于工人阶级的剥削,但在其本质上则是人之存在与他的类本质的背离的根源。私有制使人之存在丧失了他的对象世界,导致了其内在矛盾的统一关系的分裂。因此,人之存在通过私有制所产生的异化劳动不但无法确证自身的本质,反而在不断地确证着他的对象化形式,即确证与其相异化的“他物”——对于“物”的占有的欲望催生了以商品为核心的拜物教形式,于是世界依循着商品的逻辑而非人之存在自身的逻辑发展。在此意义上,对于私有制的积极扬弃即是要扬弃人之存在现实的异化状态,从而使其在占有自身对象世界的过程中确证自身并达到其内在矛盾的统一,即“合乎人性的人的复归”,并且,作为现实的运动的共产主义即是这一复归的过程在人之历史进程中的具体体现,“这种共产主义,作为完成了的自然主义,等于人道主义,而作为完成了的人道主义,等于自然主义”①。

综上所述,马克思在对于实践范畴的理解方式上无疑继承了从古希腊到德国古典哲学的实践哲学传统,但是仍与其存在着明显的本质差别。首先,相比较古希腊哲学以及德国古典哲学对于实践范畴的理解而言,马克思哲学明确将实践作为人之存在的内在矛盾的统一基础以及人之为人的根本原则。即是说,在古希腊的实践哲学传统中,实践范畴不过是抽象实体的附属品,服从于外在的必然性或外在的普遍性——两者的本质在传统形而上学中是一致的——而在马克思哲学中,实践范畴则是人之存在的内在普遍性的生成过程的基础。其次,马克思以新的唯物主义的方式批判地继承了莱布尼茨—黑格尔关于主体自我实现的理论传统。在莱布尼茨—黑格尔的理论路径上,主体的自我实现或者自我确证是以自我否定的形式完成的。在莱布尼茨哲学中,自我否定是在上帝的预定和谐这一前提下进行的,而在黑格尔哲学中主体的自我否定则是在思维中完成的。但是,在马克思哲学中,人之自我确证却是通过改造给定的世界和其自身,即否定人之存在的外部的和内在的现实状态来实现的。

① 《马克思恩格斯文集》第1卷,人民出版社2009年版,第185页。

作为个体的人之存在总是在一种现实的自我否定的活动中确证自身。邓晓芒教授曾以一个形象的比喻来说明这种人之存在特有的活动:人在看这个世界的时候,却无法看到自己的眼睛,我们只有在别人的眼中才能看到自己的眼睛。[①] 即是说,个体只有在其本质的对象化的世界或者说在其类本质中,归根结底是在其特殊性与类的普遍性的统一中,即人之存在的内在矛盾的统一中实现对于自身的认识与确证。因此,马克思提出了人的本质"在其现实性上,它是一切社会关系的总和"[②]的命题。事实上,早在其博士论文时期,马克思就已经以黑格尔哲学的唯心主义的方式揭示了人之存在的这种独特的存在方式——原子通过否定直线获得自身的规定性。尽管,马克思在博士论文中将原子作为自我意识的具体表现,然而这种否定性的自我确证方式却被其实践人道主义理论保留下来。作为个体的人之存在通过现实的实践活动否定给定的普遍性,从而获得自身的规定性,确证其特殊性的过程,同时也是其否定自身的特殊性,确证自身的类本质并生成一种内在的普遍性的过程。简言之,人之存在的现实的实践活动是其内在矛盾统一的过程,亦即作为现实活动的共产主义或者说"自由人的联合体"的生成过程。因此可以说,在实践人道主义看来,作为人之存在内在矛盾的统一基础,实践活动本身即是人之存在的本质规定性。

第三节　实践范畴的本体论意义

作为德国古典哲学的继承者与终结者,马克思通过揭示实践哲学、人道主义与辩证法之间的统一,彻底地超越了传统的理性主义,并以新理性主义的方式提出了较激进的对非理性主义而言更为合理的对于现代性的反思的路径。非理性主义以激进的方式拒斥任何本质与确定性,而传统理性主义则难以逃脱抽象实体形而上学的"神话"图式,甚至以张扬人之主体性为旨归的近代启蒙运动及其理论基础,最终亦成为一种替代传统神学的"神学"。如果

① 邓晓芒:《实践唯物论新解:开出现象学之维》,武汉大学出版社 2007 年版,第 28—29 页。

② 《马克思恩格斯选集》第 1 卷,人民出版社 1995 年版,第 60 页。

说,传统理性主义将人之存在的内在的普遍性或超越性外化为一种外在的必然性,从而以盲目的信心张扬人之主体性的话,那么非理性主义则无异于通过对于人之存在的特殊性的肯定彰显他的自由。在此意义上,任何哲学理论都无法回避对于人之存在的理解,即是说,这一理解是对于人之历史、人之自我实现乃至人之存在自身的正确揭示的关键所在。然而,对于人之存在的正确理解并非是将其作为一个僵化不变的对象,并以理论形式对其进行描述,进而一劳永逸地展现其全部的内涵。一种彻底的人道主义必然是这样的一种理论,即在人之存在的内在矛盾统一的基础上,以理论的形式合理地揭示出人之存在的现实生活的实践与以实践为方式的生活的统一。因此,实践范畴在这种彻底的人道主义理论中也就具有了本体论的意蕴。

一、马尔科维奇对于实践范畴的理解

如上所述,南斯拉夫实践派甚至是整个东欧新马克思主义的理论家与思想家尽管在个别观点上存在着争议,但是在对于马克思的哲学范式以及其实践范畴的重新理解上却达成了共识,即马克思主义是一种实践哲学或一种人道主义,并且实践范畴在其中具有重要的理论地位。与苏联教科书体系将实践作为认识的环节不同,东欧新马克思主义者们更倾向于将这一范畴作为马克思哲学的核心概念,并以此为基础揭示人之历史的总体性,为对20世纪以现代性或传统理性主义为图式的理论与现实的批判,以及社会主义的多样化提供合法性证明。

在这样的历史和理论背景下,马尔科维奇明确地运用马克思在《1844年经济学哲学手稿》中对于自己的理论的定义——实践的人道主义,并且以人道主义辩证法的理论形式揭示了实践哲学、人道主义以及辩证法三种古老的理论传统在马克思哲学中的统一。在马尔科维奇看来,马克思不仅继承了古希腊以来的理论的本质特征,而且还揭示了具体化与总体化之间统一的奥秘。“马克思的理论和方法在辩证理性之总体化和具体化的过程中是一个决定性的进一步的步骤:它不仅包括了一般的变化,而且包括了变化之特殊的人的历史的形式:**实践**(praxis)。"[①]但是,"关于人和人的历史的这种理论-实践的概念,并没有被马克思的后继者们进一步发展为一种总体性,而是经历了一种长期的分化变成了其各个组成部分:社会科学不同的分支、哲学人类学、辩证法、历史哲学、无产阶级革命的概念以及作为实践行动之具体纲领的社会主义,等等"[②]。因此,由于没有将辩证法与人道主义哲学整合在其目的中,以实证主义方式对于马克思哲学的理解将马克思主义以固定的与完成了的形式同化为给定的和强制的庸俗的理论,并且使其外化为一种丧失了生命的教条。毋宁说,马尔科维奇就是要通过对实践哲学、人道主义以及辩证法之间的内在统一的揭示,将马克思哲学"进一步发展为一种总体性",即人之存在现实活动的总体性的理论形态。"这种活动在盲目的历史决定论的链条中是一个断裂,而且完全值得被称为'创造历史',或简要地称为'实践。'"[③]因此这一理论工作的可能性与现实性即是马尔科维奇对于马克思哲学的实践范畴的继承与重新理解。

首先,马尔科维奇区分劳动与异化劳动同实践范畴之间的本质差异。"实践是人的活动,其中人创造了**最佳**的可能性,因此这种活动就是**目的本身**,而不仅仅是一种达到某种其他目的的手段。这种**理想化**了的活动概念显然是一个规范概念。一方面,它根本不同于描述的、价值中立的劳动概念;另一方面,实践也是和否定的、**异化劳动**的概念完全对立的。"[④]

即是说,实践范畴既不是现实层面的劳动的异化形式,不能被等同为经验化与实证化的劳动本身。第一,劳动与异化劳动可能并不影响其他人的需要,甚至是创造了虚假的需要;而实践则是对真正的需要与虚假的需要之间的基本的直观区分。第二,尽管劳动与异化劳动同样也是理性的,但是却与实践存在着目的上的本

① [南]马尔科维奇:《当代的马克思——论人道主义共产主义》,曲跃厚译,黑龙江大学出版社2011年版,第5页。

② [南]马尔科维奇:《当代的马克思——论人道主义共产主义》,曲跃厚译,黑龙江大学出版社2011年版,第6页。

③ [南]马尔科维奇:《当代的马克思——论人道主义共产主义》,曲跃厚译,黑龙江大学出版社2011年版,第113页。

④ [南]马尔科维奇、彼得洛维奇:《实践——南斯拉夫哲学和社会科学方法论文集》,郑一明、曲跃厚译,黑龙江大学出版社2010年版,第30页。

质区别，即实践的“目的是自我实现和人的需要的满足”，而劳动和异化劳动“却可能是收入的最大化或权力的增长”。[①] 但是，马尔科维奇并没有因此而完全割裂经验性的劳动及其异化形式同总体性的实践范畴之间的联系，而是以人之存在的价值性诉求为基础揭示了它们之间合规律性与合目的性的辩证统一关系。在马尔科维奇看来，实践具有确定的伦理性质，是一种服从“美的规律”的活动，因此与异化劳动和劳动存在着区别——“在**异化劳动**中，很难有任何美，而在**劳动**中，无须有任何美”[②]。但是，这并不意味着经验性的劳动与总体性的实践之间存在着不可逾越的鸿沟，或者说，总体性的实践会因此而成为柏拉图“应有”意义上的可望而不可及的纯粹理想。马尔科维奇认为，实践是一种现实的历史可能性。一方面，它业已作为一种个体的行为模式存在于现实的人之历史当中；另一方面，实践又必然成为人之存在的更好的阶段当中的行为方式，因此“当美成为目的本身时，活动便接近了**实践**的层次”[③]，或者说，当“劳动成为自由的选择并为个人的自我表现和自我完善提供一个机会时，劳动才成为**实践**(Praxis)”[④]。

其次，马尔科维奇揭示了马克思哲学的实践范畴得以成为一种彻底的人道主义理论的核心范畴的根源，即实践是人之存在的内在矛盾统一的基础和重要中介。“实践包括特殊的个体能力的客观性，因此，它的本质之一就是自我确证；与此同时，实践也满足了其他人的真正需要”[⑤]，即是说，个体在通过实践活动达到自我确证的目的的同时，也以其特殊的个体行为满足了其他个体的本质需要和价值诉求，从而不断地转化为类的普遍性行为并与之相统一。因此，遵循不同原则并在近代哲学中存在分裂的人道主义的

---

① [南]马尔科维奇:《从富裕到实践——哲学与社会批判》，曲跃厚译，黑龙江大学出版社 2012 年版，第 66 页。

② [南]马尔科维奇:《从富裕到实践——哲学与社会批判》，曲跃厚译，黑龙江大学出版社 2012 年版，第 66 页。

③ [南]马尔科维奇:《从富裕到实践——哲学与社会批判》，曲跃厚译，黑龙江大学出版社 2012 年版，第 66 页。

④ [南]马尔科维奇、彼得洛维奇:《实践——南斯拉夫哲学和社会科学方法论文集》，郑一明、曲跃厚译，黑龙江大学出版社 2010 年版，“导论”第 19 页。

⑤ [南]马尔科维奇、彼得洛维奇:《实践——南斯拉夫哲学和社会科学方法论文集》，郑一明、曲跃厚译，黑龙江大学出版社 2010 年版，第 31 页。

双重维度——“善行”与“教化”在个体的自我确证过程中，被一种一元的和彻底的人道主义理论范式重新统一起来。“**实践**建立了和他人的有价值的和密切的关联：在这样一种方式中，人成了一种**类存在**，即一个人同时也是一种社会存在。”①

最后，马尔科维奇在以上观点的基础上揭示了实践范畴的本体论意蕴。如上所述，一种人道主义理论甚至是任何哲学形式都难以回避“人是什么”这一斯芬克斯之谜，然而长久以来，解决这一难题的关键却始终处于被遮蔽的状态。因此，马尔科维奇提出了实践人道主义的“现实—潜能”结构，换言之，对于人之存在及其历史的理解必须在其内在矛盾的统一关系，或者说，其现实性与可能性的历史关系中进行。因此，彻底的人道主义不仅要在现实的层面上描述“人是什么”，更要在规范的层面上回答“人可能是什么”以及“何以推动人之自我实现”等问题。在此意义上，无论是以本质主义为基础的理论人道主义还是以存在主义为基础的激进的“理论的反人道主义”都分别走向了对立的极端。前者以抽象实体的形式将对于人之存在的理解局限在给定的外在必然性中，而后者虽然在一定程度上认识到人之存在的特殊的历史特性，却将其泛化为一种“自由”的可能性。马尔科维奇认为，“人在本质上是一种**实践的**存在，即一种能从事自由的创造活动并通过这种活动改造世界、实现其特殊的潜能、满足其他人的需要的存在”，因此，“对人来说，实践是一种根本的可能性”。② 即是说，实践作为人之存在的特殊的潜力与本质的对象化，成为人之存在“是其所是”与“何以所是”的根本，反之，人之存在不仅通过实践现实地生存，同时也以这一活动为基础改造世界并塑造自身——实践人道主义以人之存在作为自身的核心，而实践则是人之存在得以可能并成为这一核心的关键。

二、辩证法的实践人道主义内涵

在实践哲学与人道主义古老的内在统一的传统中，辩证法潜

① ［南］马尔科维奇：《从富裕到实践——哲学与社会批判》，曲跃厚译，黑龙江大学出版社2012年版，第65页。

② ［南］马尔科维奇、彼得洛维奇：《实践——南斯拉夫哲学和社会科学方法论文集》，郑一明、曲跃厚译，黑龙江大学出版社2010年版，“导论”第18页。

在地发挥着巨大的方法论作用。尽管辩证法在古希腊哲学中形式各异——主观的、客观的，甚至是诡辩的——却均以矛盾及其展开为内涵。即是说，古希腊哲学中的辩证法以外在于人之存在的形式揭示了其内在的矛盾特质，但是，随着古希腊哲学、实践哲学传统的产生，辩证法也发生了转变，即在实践哲学与人道主义内在统一的关系中，从一种外在于人之存在的理论形式转变为一种展现人之存在内在矛盾关系的方法论形式。

这一转折最早可以追溯到苏格拉底。苏格拉底在"认识你自己"和"知识即美德"命题的基础上，将精神助产术视为获得知识、认识美德的根本方法。他希望通过对于谈话者的诘难，能够使后者以"自我否定"的形式逐渐明晰概念的内涵，从而认识到其自身业已具有的知识与美德。尽管苏格拉底所运用的精神助产术不过是一种谈话的方式与方法，甚至有些论者因此而将苏格拉底指认为以"诡辩"为基本方法的智者学派的一员。然而，苏格拉底的精神助产术却与智者学派所运用的"相对主义"方法存在着本质性的差异。苏格拉底的精神助产术引导谈话者对于现有的"知识"进行反思及自我否定，从而达到对自身已经具有的知识的重新认识，即是说，精神助产术是使个体以自我否定的形式展现其自身内在普遍性的方法。在这个意义上，苏格拉底无异于为辩证法、实践哲学与人道主义在后世哲学中的统一提供了理论的雏形。

但是，柏拉图却未能将苏格拉底的精神助产术的重要内涵延续下来。柏拉图将作为人之存在否定性自我确证的理论形式的辩证法，简化为单纯的思辨的逻辑形式，"按照柏拉图的描述，辩证法似乎是一种思维形式，通过这种思维形式人们达到对逻辑－本体论的原始概念和对普遍的、概括的可理解性的原则的理解"①。而亚里士多德更是把辩证法理解为一种辩证推理，"他把辩证推理说成只是从可能的前提出发的，或者是从人的、至少是从某些杰出人物的共同见解的前提出发的"②。可以说，无论在苏格拉底还是柏拉图和亚里士多德的思想中，辩证法都面向一个业已给定的前提，

① ［美］G. J. 斯塔克：《论辩证法的概念》，邵水浩译，载《哲学译丛》1981 年第 1 期。

② ［美］G. J. 斯塔克：《论辩证法的概念》，邵水浩译，载《哲学译丛》1981 年第 1 期。

而差别在于前者试图通过个体对于这一前提的否定过程展现出其内在的普遍性,而柏拉图和亚里士多德则直接将这一前提作为无可动摇的外在必然性确定下来,并成为一切推论的合法性的基础与根源。

黑格尔以唯心主义的方式实现了实践哲学、人道主义与辩证法统一——因此也是不彻底的——并以其辩证法思想再一次展现了苏格拉底精神助产术的实践内涵。尽管黑格尔将人抽象为自我意识,将人之存在的实践活动抽象为一种思辨的过程,但是其却以其宏大的历史视域深刻地揭示了辩证法的历史与实践内涵——异化的扬弃过程同时也是自我意识的自我确证过程。"黑格尔把人的自我产生看作一个过程,把对象化看作非对象化,看作外化和这种外化的扬弃;可见,他抓住了**劳动**的本质,把对象性的人、现实的因而是真正的人理解为他**自己的劳动**的结果。"[①]甚至恩格斯也明确地指出"辩证哲学"是"一种建立在通晓思维历史和成就的基础上的理论思维",即是说,人之存在的实践活动过程及其现实结果即是辩证法的前提和内涵。

对于一种彻底的人道主义即实践人道主义来说,人之存在的内在矛盾及其统一的展开过程必然与它的理论形式相一致,亦即历史与逻辑的统一。换言之,人之存在的境遇在现实中以总体性的实践活动为体现,而在理论上则以人道主义辩证法为表述方式。当一种辩证法以对于前提的批判揭示了人之存在通过否定性活动达到自我实现的目的的过程时,它也就揭示了实践哲学与人道主义之间的内在统一,并成为一种人道主义的辩证法。反之,彻底的人道主义也必然是以这种辩证法为自身理论形式的实践哲学与人道主义的统一。这种辩证法不再是毫无内容的空洞形式,不再是一种相对主义式的"变戏法",亦不再拘泥于知识的确定性,就其丰富的人之存在的现实活动及展开过程的内涵而言,它应被理解为人在历史中的自我实现,被理解为人之自由的内在诉求。

人之存在总是在对作为自身实践结果的现实世界与历史的否定中得到自我确证,不断向未来敞开自身的可能性,并在此过程中创造性地回答成为怎样的人。人之存在以个体的形式面对着他们

① 《1844年经济学哲学手稿》,人民出版社2000年版,第101页。

的历史前提，并自由地对放弃或拥有怎样的个性做出选择。但是，个体的行为方式与思维方式却无法脱离其内在的普遍性，即是说，不论个体做出怎样的选择和行动，都与其类的内在规定性相关联——个体的活动与其类的活动在具体的实践中得到统一。因此，个体的自我实现即是通过他所展现的类的自我实现。这一自我实现的过程与结果最终将融入在人之历史的总体性当中，并作为新的历史前提，静待后世的评判和超越。

毋宁说，在实践人道主义看来，人之自由本身即是自我实现不断展开的历史过程。然而，在此之前，这一过程却始终没有摆脱传统理性主义的束缚，从而被神话图式遮蔽。人道主义从其以明确的形式——理论人道主义——诞生之日起，就始终与“神道”相悖，甚至这种相悖比人道主义自身的理论传统还要久远。从原始初民们以“弑神”为原则的巫术祭祀到如今将上帝幽禁在道德领域之中的科学技术所取得的重大成就，历史事实证明，人从未真正地相信过神，但是，人类却总是试图通过“造神”和编制神话来为自身的合法性提供证明。在这个至今仍未退色的漫长的神话故事中，“神”也有其自身的历史。从巫术时代的神秘力量到人格神、自然神，甚至是当代的科学技术或自然规律，神祇们不断地变换着形象，即便是以张扬人性为旨归，并宣示人类对其世界的权威的理论人道主义也不过是假借上帝的光环装饰了“人性”的外衣——一言以蔽之，不彻底的人道主义理论乃至尚未获得自觉的人之存在的现实生活方式试图以重塑偶像的方式实现对于偶像的超越，并以对于人的对象世界的不断肯定来确证人的本质力量。

但是，只有一种彻底的人道主义才能够更进一步，打破对于偶像的笃信与对于人之历史的神话解释图式，并拨开偶像的迷雾还原人之历史的真相。这种彻底的人道主义在人之存在对于自身对象世界的否定性活动中洞悉了其确证自身本质力量的过程，并进一步揭示出人之存在的活动方式由异化受动到自由自觉的发展历程及其中的人之自我实现的本质内涵。换言之，实践人道主义以理论的形式展现了人之历史的内涵与事实。所谓的“神”的历史不过是人的历史或者人假借神的名义不断自我实现的过程；“弑神”无非是一种以宗教形式体现的人之自我实现过程对于给定的对象世界的否定与超越。因此，“神”是人之存在的异化形式，亦即他的本质力量的偶像化或对象化，即使被幽禁在道德领域中的上帝，在其本质上也不过是人之自我实现过程的产物和结果，是人之内在价值诉求的形象化与客体化。简言之，在人之历史的进程中，除了人之自我实现的现实活动外，再无其他“神秘力量”——人类自诞生之日起，依靠的只有自己。

可以说，马克思在德国古典哲学的理论传统的基础上所开创并对此后哲学产生深远影响的正是这样一种人道主义。在实践哲学、人道主义与辩证法的真正的统一中，马克思并没有将这种人道主义及其实现形式，即共产主义抽象为一种外在的必然性，而是将其视为人之存在的内在普遍性的生成或自我实现过程中的“最佳可能性”。在此意义上，马克思理论所张扬的无产阶级革命以及全人类的自由解放等，在本质上乃是要求终结人类的“史前史”，并以此揭开真正的人之历史的序幕，即是说，从一种异化受动的对于外在必然性的确证转变为一种自由自觉的对于自身本质力量的确证。因此，在这部真正的人之历史的史诗中，人是最高本质，并且这种本质在其现实性上体现为一切社会关系的总和。

第六章　马尔科维奇思想的评价及其意义

综上所述，马尔科维奇从马克思的早期著述，尤其是《1844 年经济学哲学手稿》中的实践人道主义思想出发，通过重构马克思实践人道主义思维范式，以人道主义辩证法思想揭示了辩证法、实践哲学与人道主义之间的内在统一，并视其为一种现代批判的社会哲学的基础。当马尔科维奇将马克思实践人道主义思想同现实的时代问题相结合时，也就注定他对于马克思思想的理解是建构式的，即是说，他没有停留在对于实践人道主义的纯粹解读的层面——马克思本人也仅仅是在《1844 年经济学哲学手稿》中提出并论述了这一概念——而且创造性地将这一思想体系化，并作为在新的时代背景下重新理解马克思整体思想的基础。马尔科维奇认为，人道主义辩证法的核心范畴即是人在历史中的自我实现，因此在由这种辩证法所揭示的实践哲学与人道主义的内在统一关系中，存在着以人之存在的内在矛盾及其统一为核心、以人之历史为场域、以人之自我实现为内涵的本质性结构，即“现实—潜能”结构。进而，作为特定的历史现实与实践人道主义理论相结合的产物或理论结果，现代批判的社会哲学——马尔科维奇也将其视为一种伦理学或人类学——同样具有与人道主义辩证法三个核心范畴相对的范畴，即人的基本的能力、人的真实的需要以及实践。

毋宁说，马尔科维奇在马克思的思想宝藏中挖掘到了被尘封已久的璀璨宝石，并使其在新的历史条件下散发出更加耀眼的光芒。这束光芒对于处在特殊历史时期的南斯拉夫、整个东欧国家甚至是世界范围的新左翼运动的人道主义理论诉求来说具有重要的意义。然而,这并非意味着马尔科维奇的理论思想只能被局限在特定的空间与时间中加以理解。从理论层面来说,马尔科维奇对于马克思思想的独特的解读方式与以体系化的方式对它的重建为研究和理解马克思的整体思想提供了新的维度与视域;从实践层面来说,南斯拉夫作为历史上第一个提出对社会主义的多样化的道路进行探索的国家,对丰富马克思的理论以及 20 世纪以来的社会主义发展起到了巨大的推动作用。而以马尔科维奇等人为主要代表的南斯拉夫实践派不仅在思想上主导了这一进程,更将他们的理论付诸具体的历史实践。尽管,马尔科维奇及其同志们所付出的努力最终以残酷的失败告终,但是却为其他社会主义国家尤其是中国特色社会主义对自身道路的反思与探索留下了宝贵的实践经验与精神财富。

第一节　对于马尔科维奇人道主义辩证法思想的评价

如上所述,马尔科维奇对于马克思实践人道主义理论范式的重新构建在新的时代背景下为对马克思整体理论的理解提供了新的维度与视域,同时也为区分近代哲学以来的以政治解放为诉求的人道主义与马克思的以全人类解放为旨归的实践人道主义之间的本质差异,进而为将马克思的整体理论的立场从反对人道主义的误读中拯救出来奠定了基础。

一、"古典的马克思"主义者

马尔科维奇出身行伍,后受教于著名哲学家艾耶尔并走向讲坛,具有极其深厚的逻辑学与科技哲学的理论背景。然而,马尔科维奇却没有不加批判地站在实证主义的立场上,"那时我感到,科学的和逻辑的客观性是反对任何意识形态神秘性的最好武器。那是部分正确的。……但是,在所有那些年的广泛旅行和对我们自己的社会的更周密而详尽的研究中,有一点对我来说变得日益清晰了,即斯大林主义不可能是唯一的标靶(target),病症远为普遍和广泛,而且分析哲学的理智工具,无论多么尖锐,也不足以进行诊断,更遑论治疗了"[1]。马尔科维奇的这段自述至少说明了两点:其一,对于斯大林主义的批判仅仅是马尔科维奇理论的直接表现,而他所关注的则是对于斯大林主义背后的"普遍的"和"广泛的"问题的批判和解决;其二,分析哲学的工具与方式尽管能够反对意识形态的神秘性,却无法真正地解决马尔科维奇所面对的现实的和理论的问题。因此,马尔科维奇自觉地站在了实践人道主义的立场上,试图通过人道主义辩证法解决科学与意识形态、技术与伦理、本质主义与存在主义等之间的分裂和统一问题。进而,在一种对于实践范畴的总体性理解中,马尔科维奇以其独特的理论展现出一个"古典的马克思"或马克思哲学的古典哲学意蕴。

马尔科维奇十分重视马克思哲学与德国古典哲学及其背后的整个西方的古典哲学传统之间的继承和批判关系。由于马克思在著作中所流露的对于德国古典哲学的态度以及后世对于两者之间内在逻辑关联的研究与诠释,已经有越来越多的马克思主义理论者对马克思哲学与德国古典哲学之间的批判、继承关系给予关注并在一定程度上达成共识。然而,与一些理论者对于马克思哲学在何种程度上继承和批判了德国古典哲学传统以及马克思究竟是一名"康德主义者"还是"黑格尔主义者"等问题的关注不同,马尔科维奇的观点具有更加宏大的历史视域。马尔科维奇认为,在马克思哲学与德国古典哲学之间的关系问题上,两种极端的方式都是不可取的。所以,他对阿尔都塞以"断裂"的方式来理解马克思与德国古典哲学之间的关系,并最终将马克思哲学的发源地局限在康德哲学的观点进行了批判,同时也极力反对卢卡奇把黑格尔装扮成一名"马克思主义"者并以黑格尔哲学的方式对马克思哲学进行解读的立场。毋宁说,马尔科维奇对于马克思与德国古典哲学之间的批判、继承关系的强调,并非是为了把马克思完全地作为德国古典哲学中的一员或康德与黑格尔的学徒,而是为了将马克思哲学置于更加古老的理论传统之中。对于马尔科维奇来说,黑格尔哲学本身就是整个西方哲学传统的集中体现,其辩证法思想几乎涵盖了所有西方优秀思想者们的理论成果,无论是赫拉克利

① [南]马尔科维奇:《从富裕到实践——哲学与社会批判》,曲跃厚译,黑龙江大学出版社2012年版,"英文版序言"第1—2页。

特、芝诺，还是柏拉图、亚里士多德、斯宾诺莎等，甚至论辩术都可以在其中占据一席之地，“这些多样的、无关的观念中的每一个观念，都在黑格尔的概念中找到了其位置”①。可以断定，在马尔科维奇看来，马克思与黑格尔之间的对话即是马克思与整个西方哲学传统的对话，因此，马克思哲学对于黑格尔哲学的批判与继承即是对于整个西方哲学传统的批判与继承。并且，马尔科维奇的这一观点同样可以在其对实践范畴的总体性理解中得到证明。

与对辩证法以及实践范畴的实证主义的理解方式相比较而言，对于两者的总体性理解或古典哲学方式的理解以更加合理的形式在源头上揭示了实践哲学、人道主义与辩证法三者之间的内在统一关系。马尔科维奇正是在这一理论立场的基础上，对马克思哲学进行了创造性的重构。因此，作为人之存在内在矛盾及其统一的历史展开的理论形式的人道主义辩证法，不但成为马尔科维奇理解马克思实践人道主义以及它的重大的变革意义的关键，也成为贯穿于其整体思想中的核心要素。

然而，马尔科维奇虽然在古典哲学的意义上理解和运用实践范畴，却没有将其局限在传统理性主义的本体论与认识论的框架下，而是向这个古老的范畴中注入了新的历史内涵。尽管古典哲学中的实践范畴被与人之存在的价值诉求紧密联系在一起，但是却被诉诸抽象的实体或固定的和僵化的外在必然性，因而尚未被指认为人之为人的内在规定性。相反，在马尔科维奇对于马克思的实践人道主义的理解中，实践范畴既是人之存在的特殊性与普遍性的统一，更是这一统一，即其内在普遍性的不断生成与开放的历史过程。即是说，实践范畴的总体性并非是抽象的和给定的，其在本质上乃是人之历史的现实进程的理论化结果。因此，古典哲学最终将实践范畴局限在“神道”或不彻底的人道主义形式中，并使其理论形式与现实的人之历史渐行渐远。一言以蔽之，古典哲学的发展历程即是以外在于人的理论形式，片面地或部门化地揭示实践哲学、人道主义与辩证法三者之间的内在统一关系的过程，而马克思的实践人道主义则以更加历史的和全面的理论形式完成

① ［南］马尔科维奇：《当代的马克思——论人道主义共产主义》，曲跃厚译，黑龙江大学出版社 2011 年版，第 22 页。

了这一任务。

二、实证主义的批判者

在20世纪以来的对于现代性的反思过程中，实证主义哲学及其方法论受到了广泛质疑，尤其是其价值中立的原则为当代的自然科学以及人文科学的发展带来了巨大的难题与困扰，为相关领域的研究者们所诟病。作为20世纪反实证主义思潮中的重要的支脉，实践哲学所发挥的巨大理论作用有目共睹，马尔科维奇即是其中具有代表性的一例。

实证主义试图通过价值中立原则建构一个毫无“主观偏见”的纯粹客观的知识体系与评价机制，因此社会历史的进步被等同为科学技术的进步。然而，随着时代的发展，科学技术愈加展现出其两面性：时而是为人类带来曙光的天使，时而又成为把人引入灾难的魔鬼——这同样是马尔科维奇的现代批判的社会哲学所无法回避的问题。马尔科维奇在对于实践范畴总体性理解的基础上，试图通过科学与意识形态之间的统一关系来解决这一困境。

在马尔科维奇看来，科学技术的进步虽然不能够涵盖或被等同于社会历史或人自身的进步，却为后者提供了必要的基础与可能性，但是，科学技术究竟是真正地推动了社会历史与人自身的进步，还是成为一种异化的力量从而为人之存在套上了枷锁，其评价的标准在于科学技术是否以满足人的真实的需要为目的。

或许与其逻辑学、科技哲学的知识背景相关，马尔科维奇与马克思一样，对科学技术抱有乐观态度。然而，需要指出，马尔科维奇对于科学技术的理解与传统意义上的理解存在着本质上的区别，或者说，马尔科维奇所谓的科学技术并非是在经验与现实层面上的界定。在马尔科维奇看来，真正的科学技术自身具有一种总体性——事实与价值的统一，换言之，科学技术不仅要面向人之存在的现实的和经验的世界，同时也要满足其历史性的价值诉求，满足其真正的需要。因此，这种科学技术必定是以彻底的人道主义的形式为展现并将其作为自身的内在评价标准。

马尔科维奇对科学技术的看法与其对于实践范畴的理解和对于实证主义的批判紧密相关。毋宁说，对于科学技术的庸俗的理解仅仅是实证主义及其方法论的一种最直接和最直观的体现，除此之外,实证主义的思维范式与方法论还广泛地渗透在经济、政治、文化等领域,乃至以一种经验化和碎片化的生活方式左右着人之存在的思想与行为。正如上文所引述的马尔科维奇的自述所指出的一样——对斯大林主义的批判并不是其理论的唯一目的。在此意义上,马尔科维奇通过人道主义辩证法这一方法论形式来展现他对于马克思实践人道主义的理解,显然具有更加深刻和丰富的内涵,即以方法论为突破,在20世纪的现实背景下,对实证主义的方法论、思维范式及其不同的具体表现展开全面的批判,并充分展现人之存在的创造性、超越性及其总体性的生成过程。

更难能可贵的是,马尔科维奇在其现实工作中依然贯彻了他的理论思想。作为一名教职人员,马尔科维奇认为教师的责任不能够被局限在单纯的知识传授上,"那些只能传递信息和传授常规技能的教师,在不远的将来可能成为多余的人:他们将集体地被教学机器所替代"①。教师在传授知识的同时也是在传授知识的历史以及它在社会中的现实的实践,因此,他们至少要做出对于知识的创造性解释,并激发学生的理智好奇心。即是说,教师的现实工作同样应该成为经验性活动与总体性实践之间的统一,并且在马尔科维奇看来,这是一名学者所必须承担的责任与义务。

第二节　马尔科维奇人道主义辩证法的理论意义

尽管马尔科维奇思想的提出有着其自身独特的现实与时代背景,但对于当代的马克思主义理论研究以及社会主义的道路探索来说,仍然具有不可抹杀的理论意义,至少体现在三个方面。

其一,马尔科维奇对于人道主义辩证法的阐释,尤其是其对于实践范畴的理解方式以及由此所展现出的实践本体论意蕴,深刻地揭示了马克思哲学的本质内涵,并对以片面化、经验化的实证主义方式为基础的教条的马克思主义进行了批判,充分彰显了人之存在在特定的历史和现实条件下的内在价值诉求。

① ［南］马尔科维奇:《当代的马克思——论人道主义共产主义》,曲跃厚译,黑龙江大学出版社2011年版,第112页。

其二，马尔科维奇以人道主义辩证法为方法论基础，重构马克思实践人道主义思维方式，为对于马克思整体思想的理解提供了不同于苏联教科书体系的角度与视域。同时，作为马克思实践人道主义与当代社会主义现实问题相结合的理论成果，马尔科维奇的现代批判的社会哲学以马克思实践人道主义的方式拒斥渗透在当代社会生活的政治、经济、文化等领域的实证主义思维范式与方法论，创造性地促进了马克思理论与当代问题之间的融合，张扬了马克思理论的时代特性，并为马克思主义的时代化与内部的理论创新提供了可供挖掘的资源。

其三，南斯拉夫实践派的思想一度在世界范围内享有盛誉，马尔科维奇作为其中的重要代表人物之一，其理论对新左翼运动产生了深远的影响。不仅如此，南斯拉夫在历史上第一次提出了社会主义多样化的现实诉求，而马尔科维奇与南斯拉夫实践派的同人们的思想成果亦充当了当时南斯拉夫社会主义道路探索的重要的理论基础。在此意义上，马尔科维奇的思想无论对于其他社会主义国家对于自身道路的探索，还是对于以理论的形式回答并进而解决社会主义建设过程中所面临的现实问题，都是一种宝贵的精神财富。

20 世纪 70 年代末，马克思早期的重要理论著作《1844 年经济学哲学手稿》在我国出版，我国对于马克思理论的阐释才开始逐渐摆脱苏联教科书体系的束缚，并呈现出多元化的发展趋势。因此，直至 20 世纪 80 年代初期，马尔科维奇以及南斯拉夫实践派的理论思想才开始进入我国学者的研究视域并得到了初步的引介。然而，由于其理论的实践本体论及人道主义特质致使国内学界对马尔科维奇和南斯拉夫实践派的理论观点产生了误解，所以相对于西方马克思主义研究来说，南斯拉夫实践派甚至整个东欧新马克思主义研究相对“小众”，鲜有学者涉足，以致于 20 世纪以来的马克思主义思想研究的这一重要维度的理论意义尚未得到充分阐发。

在衣俊卿教授的不懈努力下，东欧新马克思主义的理论意义在世纪之交得到了进一步的凸显。在对于当代的人的现实生存境遇的关切中，衣俊卿教授以日常生活批判的形式展现出了东欧新马克思主义的理论特质，即实践哲学与人道主义的统一。可以说，东欧新马克思主义研究在我国学界地位的不断提升既是国内学者们努力的结果,同时也是国内学界在特定时代背景下所面临的理论境遇和诉求的体现。随着"以人为本"命题的确立以及社会主义建设过程中现实问题的不断呈现,不难预料,南斯拉夫实践派的理论将会与我国的马克思主义多元化研究趋势产生越来越多的共鸣。因此,作为南斯拉夫实践派乃至东欧新马克思主义的重要代表之一,马尔科维奇也将会成为一个重要的对话对象。

一、实践本体论:"以人为本"的理论基础

马尔科维奇通过其人道主义辩证法思想揭示了马克思实践人道主义中的实践哲学、人道主义以及辩证法三者的内在统一,并展现出"实践本体论"的理论特质,但是,实践人道主义的"实践本体论"与传统形而上学的所谓的"本体论"之间却存在着本质性的差异。传统形而上学以抽象的方法论为基础,将世界的本质追溯到人之历史生成过程之外的抽象普遍性或外在必然性——抽象的实体,因而难以摆脱以神话图式解释人之历史的理论困境。而实践人道主义的"实践本体论"则是将实践范畴作为人之为人的本质性规定,即人之自我实现或内在普遍性的生成过程。在此意义上,实践本体论即是以人之实践活动及其过程为核心的本体"诉求"或本体"维度",并非传统形而上学的本体"之物"。因此,实践本体论较之于传统形而上学本体论不仅是理论形式层面的转变,同时也是思维范式层面的转变。

然而,由于以实证主义为基础对马克思哲学的实践范畴进行解读,并将其局限在认识论的理论框架内,苏联教科书体系以辩证唯物主义和历史唯物主义的理论形态对实践本体论加以拒斥。

首先,以"物本"为立场对于实践本体论的批判强调实践的主观精神因素,并以此为基础,得出实践本体论会最终导向唯心主义这一错误结论。如上所述,实践范畴具有总体性的理论特质,因此固然会展现出人之存在的价值诉求与主观的精神因素,但也包含了人之活动的历史与现实要素于其内。即是说,实践范畴及其具体表现并非是纯粹主观的臆断,而是人之存在通过对于当下历史前提的否定,确证自身或自我实现的现实的总体性活动。因此,单纯以主观精神因素对实践范畴进行指认无异于以偏概全。不仅如

此，马克思也从未在“自在之物”的意义上理解自然，而是将其理解为人之存在的对象化世界或“无机身体”，即“人化自然”，换言之，马克思是将自然作为人之现实活动的结果加以理解的。所以，以实证主义方式对辩证法、实践范畴乃至马克思整体思想的理解方式必然会导致自然的“自在化”，并使人之历史的实践目的与自由因素受到遮蔽。

其次，以对实践范畴的经验化理解为基础而拒斥实践范畴的总体性。这种观点或立场认为实践范畴应被理解为具体的人的活动，而实践本体论中的“实践”不过只是一个空洞的概念，因而根本没有摆脱抽象实体本体论的窠臼。尽管，这种观点或立场在一定程度上揭示了实践范畴的现实性，却因此而走向了片面，即是说，其忽视了实践范畴的历史的可能性。其一，这种观点并没有能够真正理解马克思辩证法的真实含义，即没有能够将人的现实活动理解为一个不断展开的历史过程。因此，在这种观点的理解下，实践范畴因丧失了其历史内涵及历史的具体总体性而沦为空洞的概念。其二，在实践人道主义看来，实践范畴是人之存在以对历史前提的否定的形式实现自我确证的过程，因此是他“是其所是”以及“自由”的彰显途径，换言之，实践活动遵循着人之存在自身的逻辑，并因而成为一种本体的“诉求”或“维度”，但是，上述拒斥实践本体论的观点及立场并没有正视这一点。对于实践范畴的经验化的理解无法正确地区分异化劳动、劳动与实践三者之间的关系，并直接将劳动与实践等同起来。如上文所述，尽管劳动与异化劳动之间存在区别，但也存在着成为后者的可能性。即是说，在合规律性的前提下，劳动不可避免地受到所谓客观规律的影响，在资本主义中，其可能遵循着资本的逻辑，而在社会主义中，劳动会由于虚假的需要而存在着走向异化状态的危险——劳动并非总是自由的或以人之自我实现为其内涵的。相反，实践人道主义的实践本体论不但揭示了劳动与实践之间的差别，同时也揭示了人的现实活动由劳动上升为实践的过程——只有在从人类的真正的需要出发时，劳动才能够从一种具体性成为一种总体性，成为自由的和以人之自我实现为内涵的实践活动。

综上所述，实践人道主义所展现出的实践本体论特质在相当长的一段时期内并没有被真正理解。对于实践本体论的拒斥——

无论是将实践范畴认定为单纯的主观目的性与客观实在性所构成的主体活动，还是将实践范畴作为经验层面的劳动或技艺性操作——都未在古典哲学的甚至马克思实践人道主义的意义上澄清实践范畴的内涵。一言以蔽之，实践人道主义所展现出的实践本体论特质与传统形而上学的抽象实体本体论有着本质的区别，而随着理论研究的不断深入，这一区别正逐渐为人们认识并接受，尤其是“人本”思维范式的转向与确立以来，重新审视马克思实践人道主义及其实践本体论的理论特质已经成为一种迫切的理论和历史的需要。

不仅马尔科维奇，另一位在20世纪马克思主义理论发展过程中贡献卓越的思想者——萨特，也注意到实践哲学、人道主义与辩证法之间的内在统一关系。实际上，萨特的人学辩证法与马尔科维奇的人道主义辩证法具有诸多相通之处。

首先，萨特在对于自然辩证法批判的基础上提出了人学辩证法思想，并且他同样十分重视对于实践（praxis）范畴的理解。萨特认为，“实践的概念和辩证法的概念不可分隔地联系在一起”①，这亦是萨特阐释存在主义与马克思主义之间关系的关键所在。在萨特看来，个体的实践昭示着人类的自由，而在此基础上结成的社会集团则保证了历史的整体性。其次，萨特同样认为“需要”是人学辩证法的关键环节。可以说，需要与匮乏之间的相互关系是通过辩证理性理解人类历史进程的合法性基础。萨特认为，正是实践过程中的个体的需要导致了整体上的匮乏，从而使个体能够结成稳定的社会集团。

但是，萨特的人学辩证法与马尔科维奇的人道主义辩证法之间也存在着一定的差异。首先，在对于本体的认定上。在萨特看来，本体是从主体出发对于自身的理解，虽然在一定意义上，这种自我理解可以被指认为人的自我确证，但是马尔科维奇却明确地提出实践对于人之历史的本体意义。其次，萨特认为，需要是造成匮乏的根源所在，而在马尔科维奇的人道主义辩证法中，这一范畴却是现实与潜能的关键环节和重要中介，换言之，需要并非只意味

① ［法］萨特：《辩证理性批判（上）》，林骧华、徐和瑾、陈伟丰译，安徽文艺出版社1998年版，第139页。

着匮乏,还意味着对于人之历史的可能性的选择。另外,在萨特那里,需要范畴并不存在异化的可能性——异化是匮乏的结果,而在马尔科维奇看来,需要本身就存在着异化的可能性,因此存在着人的真正的需要与异化的需要之间的区别。

尽管存在着些许差异,但是萨特的人学辩证法与马尔科维奇的人道主义辩证法在整体的理论诉求上基本保持一致,即在批判自然辩证法与唯物辩证法的同时,对马克思的哲学思想进行人道主义方式的阐释。在此意义上,彻底的人道主义与对于实践范畴和辩证法的正确理解有着紧密的联系,因此,任何一种以彻底的"人本"思维范式为基础的理论形式都无法忽视实践本体论的重要的理论意义,毋宁说,实践人道主义的立场及其理论形态是"以人为本"何以可能并走向现实的根基与保证。

二、实践人道主义:理解马克思整体思想的新范式

自我国马克思哲学研究多元化发展以来,不同理论背景下的学者们对马克思哲学进行了不同角度、不同形式的阐释,并最终形成了国内马克思哲学研究的多重维度,如马克思主义的人学阐释维度、实践哲学阐释维度、文化哲学阐释维度、历史哲学阐释维度、价值哲学阐释维度以及生态学,甚至是女权主义阐释维度,等等。然而,在不同的语境下,对于马克思哲学的多重阐释维度和多元的解释范式在其整体上却难以统一,甚至存在着矛盾。因此,长期处于国内学界研究视域之外的马尔科维奇的理论思想不但能够在多重维度上与我国的马克思哲学多元化发展找到契合点并形成一定的对话,而且,其对于马克思实践人道主义的重构也能够为理论者们提供一个理解马克思整体思想及其革命性的新的范式。

马克思逝世至今,围绕其理论的诸多争论仍然没有能够得到有效的统一。马尔科维奇所建构的实践人道主义范式以"现实—潜能"为本质性结构,通过对实践哲学、人道主义以及辩证法三者内在统一的揭示,试图以彻底的一元论形式统一对马克思整体思想进行部门化理解,并在整体上拒斥马克思主义研究中的实证主义思维范式。囿于篇幅限制,此处仅以两个相对典型的问题来说明马尔科维奇思想所具有的这一理论意义。

其一,就马克思理论的性质而言,其究竟是一种科学还是一种

意识形态,抑或两者兼有之?这是马克思的后继者们所激烈争论的焦点之一,并且至今仍然存在着很大的争议。马尔科维奇基于对马克思实践人道主义思维范式的重构,在对科学与意识形态的重新理解上,提出马克思理论既是一种科学,同时又是一种意识形态,但是,马尔科维奇并没有将注意力局限在两者的实证主义意义上的统一上,即两种部门化理解方式或不同组成部分之间的统一,而是力求在整体上揭示两者"何以统一"的问题。因此,他并没有以传统的科学和意识形态概念为基础去探讨马克思的学说是否与之相符合,而是首先以马克思的实践人道主义为标准来重新审视科学和意识形态概念本身。在马尔科维奇看来,科学以及意识形态的概念界定迄今为止仍然是模糊的和不甚精准的,其根源在于各种各样的对于马克思整体理论的部门化理解方式忽视了其理论的核心,即实践人道主义维度。为此,马尔科维奇以实践人道主义的理论范式重新定义了科学与意识形态概念,认为科学是"**一个命题和理论的系统,这些命题和理论在社会上是可交往的,在理论上是一贯的,在实践中是可应用的,它们描述并说明了客观实在的各种现象**"[①],而意识形态则是"**一个阶级表达其利益、目的和活动规范的全部观念和理论**"[②]。进而,对于科学概念来说,实证主义意义上的"科学"不过是总体的科学的"第一步",即以经验性和可重复性为基础提出一种科学的假设,并对之进行自然科学方式的论证。但是,作为总体的科学的一般性不仅体现为经验的可重复性,更体现为一种历史的总体性——同人之存在的"需要"的历史发展,进一步,同人之自我实现的过程相一致。因此,从实践人道主义的角度出发,任何貌似"纯粹"的科学研究都无法将人置于九霄云外,并与人之自我实现的现实存在必然关联,即科学是"可交往"和"可应用"的。对于意识形态概念来说,"无产阶级的阶级意识除了合理的和科学的方面以外,还包括了一种情感的、赋予价值的方面"[③],

① [南]马尔科维奇:《当代的马克思——论人道主义共产主义》,曲跃厚译,黑龙江大学出版社2011年版,第58页。

② [南]马尔科维奇:《当代的马克思——论人道主义共产主义》,曲跃厚译,黑龙江大学出版社2011年版,第80页。

③ [南]马尔科维奇:《当代的马克思——论人道主义共产主义》,曲跃厚译,黑龙江大学出版社2011年版,第80页。

即是说，马尔科维奇对于意识形态的新的论断，使意识形态概念摆脱了对其僵死的和“应然”的局限，从而复归于人之自我实现的现实历史进程之中。综上所述，意识形态必须以现实的科学为基础，而科学必须在意识形态这一价值性追求的前提下才能成为真正符合人类需要的巨大力量。如果没有意识形态这一前提，科学就会走向异化的道路，脱离人类社会历史的现实的人道主义诉求。反之，如果没有现实的科学作为基础，那么意识形态也只能成为舆论宣传中不切实际的口号和标语。所以，在以意识形态为准则的批判下，科学走向了更为彻底的人道主义，而在科学的基础上，体现为一种人之历史的价值诉求的意识形态才能够走向现实和历史。因此，马尔科维奇通过实践人道主义范式对于科学与意识形态概念的重新界定，维护了作为两者统一的马克思理论的整体性。

其二，在关于马克思早期著作与他在《德意志意识形态》之后时期著作之间的关系问题上，马克思后继者们的争论也远未平息。围绕这一问题的争论不仅显示出对于马克思哲学革命性的不同理解之间的矛盾，同时也展现出对马克思整体思想研究的重心的指认之间的差异，即马克思理论究竟是一种哲学还是一种纯粹的经济理论或无产阶级的革命学说。争论的一方认为，马克思在《德意志意识形态》之后，已经抛弃了其早期的人本主义思想，进而得以开创科学社会主义思想——马克思通过对于经济学的研究最终走向了无产阶级的暴力革命。而另一方则认为，马克思理论的重点在于早期思想，对于其后期思想过分注重则导致了一种经济决定论或历史的宿命论。一言以蔽之，由于对其重心的指认不同，马克思思想被解读为青年马克思或作为哲学家的马克思与晚年马克思或作为经济学家以及政治家、社会学家等的马克思——马克思整体思想的连续性与内在的发展逻辑被人为地割裂了。但是，在马尔科维奇看来，马克思理论自始至终都不存在任何明确的本质上的转变，即不存在青年马克思与晚年马克思之间的分裂。尽管马尔科维奇从马克思早期思想出发，但是，在其实践人道主义理解范式下，马克思的理论具有清晰的内在逻辑与历史的一致性，马克思没有抛弃出现在他的早期著作中的这些思想中的任何一个思想。①如上文所述,马尔科维奇认为,马克思哲学的革命性在于他对于黑格尔与费尔巴哈甚至是整个西方哲学传统的批判继承,并以此作为其实践人道主义思想以及人道主义辩证法思想的前提。因此,马尔科维奇在对待马克思理论前后时期的关系问题上的独到之处在于,其理论所关注的不仅是马克思辩证法所应用的具体内容,更重要的是马克思的人道主义辩证法本身。马克思曾在《资本论》中指出,他所使用的方法来自于黑格尔。毋宁说,马尔科维奇充分认识到这一点,并以马克思自始至终所贯彻的方法论为基础,理解和阐释其思想的内在演进逻辑和历史的一致性。反之,也只有在人道主义辩证法的视域下,马克思的《资本论》的意义才能够摆脱实证主义部门化的经济决定论和历史的宿命论的解读方式,从而被正确地揭示。如果说,马尔科维奇对于阿尔都塞的批判能够说明他对于马克思理论的科学与意识形态之争的看法,那么他对于卢卡奇的批判也恰恰可以在这一问题上得到说明。卢卡奇在批判自然辩证法的同时,没有认识到自然作为人之自我实现活动的结果,即人化自然的意义,而是将其理解为主体实践活动的客体对象。因此,尽管卢卡奇十分强调实践范畴的重要意义,其物化概念却仍然没有摆脱黑格尔哲学的阴影。在此意义上,对于经济决定论和历史宿命论的批判的核心在于,不仅要通过张扬人的实践的创造性,从而揭示经济规律与人之存在之间的现实关系,还要揭示经济活动本身——社会主义经济乃至资本主义经济等——所具有的人道主义特质,即它是人之自我实现的结果,并为满足人的真正的需要提供前提与基础。

马克思在经济领域对于私有制的批判,并不意味着他放弃了早期著作的实践人道主义立场,毋宁说,这一批判的指向在本质上乃是人之自我实现的阶段性结果,并仍然以人之自我实现为最终归宿。因此,在马尔科维奇看来,马克思理论是以对全人类解放、手足情谊和平等的启蒙运动程序感到不完全地满足为起点,以对黑格尔异化的形而上学思想提出经济与政治的说明为发展的。

① [南]马尔科维奇:《马克思论异化(上)》,李国海译,载《现代外国哲学社会科学文摘》1990年第5期。

1843 年，当马克思试图解决这些问题时，无产阶级的工人运动已经存在了，所以其早期思想中的“共产主义规划似乎首先是解决经济、政治和宗教异化问题的哲学方式(philosophical solution)”，即以理论的形式为处于迷惑与彷徨的工人运动提供历史的可能性视域为旨归。[①] 在此意义上，马克思对于资本主义经济的批判归根结底是其实践人道主义思想的一种具体的体现，且两者之间并不存在任何矛盾，但是，实证主义的部门化的理解方式割裂了两者之间的内在统一，即是说，一旦丧失了实践人道主义的维度，马克思在经济学领域中的批判就会被理解成为一种纯粹的“经济主义”，并且，在马尔科维奇看来，这种经济主义同样是社会主义国家正在面对和亟待解决的问题。“经济主义为我们提供的不是对以民主、自治原则为基础的更好的组织的展望，而是市场规律”[②]，因此，以更加人道的社会为目标的社会主义必须超越这种经济主义，即使经济活动本身符合实践人道主义的理论和现实诉求，“如果社会主义不想作为一种成功地保证了缓慢的工业化的社会组织形式进入历史的话，它就必须表明而且**现在**就表明它如何才能为了人的需要而非为了利润来组织生产，报酬如何才能与劳动而非只是市场上的成功相关，最后，如何才能废除对象化的物对活劳动的统治”[③]。

三、马尔科维奇思想的世界影响

马尔科维奇思想不仅对南斯拉夫乃至整个东欧产生了深刻的影响，更通过南斯拉夫实践派的一系列活动得以在世界的舞台上展现其深邃与重要意义，并获得了当时学界的充分认可，这从当他受到不公正的待遇时所获得的声援与支持中就可见一斑。马尔科维奇在国际范围内一直被视为新左派的重要代表人物之一。1965 年，弗洛姆在南斯拉夫实践派的鼓励下，发起了关于社会主义人道主义的国际研讨会，并收录了包括马尔科维奇在内的诸多学者的

---

① Gerson S. Sher. *Marxist Humanism and Praxis*, Prometheus Books, 1978, p. 25.

② [南]马尔科维奇:《从富裕到实践——哲学与社会批判》，曲跃厚译，黑龙江大学出版社 2012 年版，第 132 页。

③ [南]马尔科维奇:《从富裕到实践——哲学与社会批判》，曲跃厚译，黑龙江大学出版社 2012 年版，第 131 页。

论文,成为新左派思潮的重要理论来源之一。[①]

马尔科维奇认为,新左派思潮虽然是一场包括了大多数完全对立的群体在内的政治运动,但是他们却在寻求现实的人的价值和一种不同的生活方式、反对目前所存在的官僚的和消费的社会、反对暴力和所有现存的权威结构等方面达成一致。[②] 在马克思主义内部,新左派思潮则集中体现为对于斯大林主义的批判,而马尔科维奇的理论思想在这样的一场批判斗争中同样起着举足轻重的作用。自20世纪60年代以来,新左派思潮在英国、美国、日本甚至中国等国家相继出现,成为世界范围内的重要思潮之一。

但是,马尔科维奇并没有将自身的理论局限在新左派的狭隘立场上,而是在对于社会主义多样化的理论探索中,为社会主义乃至人的未来殚精竭虑,并提出了一种总体的"文化革命"的观点。马尔科维奇认为,这种"文化革命"是"一种更有益于工业化、城市化国家的社会主义改造的革命。它是由对官方的意识形态、文化、科学、艺术、体育、教育体系的一种否定构成的,是由创造许多小的、抛弃了传统资产阶级价值并试图在新的基础上组织生活的人类共同体构成的",并且,"这种'文化革命'是一场新左派不可比拟的更广泛和更强大的运动"。[③]

当代资本主义社会的发展已经基本解决了本国范围内物质的贫乏与满足人们的基本需要等重要问题,这也就使以夺取政权为目的的暴力革命发生的可能性愈来愈小。然而,马尔科维奇通过其理论试图让人们认识到,这并不能说明人类的自我实现没有任何阻碍,资本主义的剥削与压迫仍然以各种各样的方式存在着,人们仍然生活在异化的状态之中,福利资本主义国家内部并不能彻底解决这些问题。以自我实现为最终旨归的实践人道主义呼吁一种批判,这种批判直指现实,渗透于各个社会领域,如果说以夺取政权为目的的革命带来的是暴力,那么这种批判则是以人之自我实现为目的的"拒绝"。诚如马尔科维奇所指出的那样,我们未必

① Erich Fromm. *Socialist Humanism*: *An International Symposium*, Doubleday, 1965.

② [南]马尔科维奇:《当代的马克思——论人道主义共产主义》,曲跃厚译,黑龙江大学出版社2011年版,第179页。

③ [南]马尔科维奇:《当代的马克思——论人道主义共产主义》,曲跃厚译,黑龙江大学出版社2011年版,第191—192页。

会实现“共产主义”，但是我们却拥有未来的“可能性”，在这样的可能性的价值追求下，我们可以对当下的现实提出“我们不想要什么”。在此意义上，马尔科维奇对于马克思实践人道主义范式的重构已经远远超越了一种对既定理论的重新阐释与理解，并与当代社会主义国家的多样化的道路探索、自身建设与改革的现实境遇以及历史命运紧密地结合起来。因此，业已超越新左派思潮立场的马尔科维奇的理论思想所体现出的对社会主义国家乃至整个人类命运的关切，必然会在新的历史时期中进一步彰显其理论的重要意义。

第三节　马尔科维奇思想的现实意义

马尔科维奇的理论思想具有重要的理论意义，他以一种现代批判的社会哲学为现实形态，在重构马克思的实践人道主义范式的基础上，将其与社会主义国家乃至人之存在的现实境遇紧密地结合起来。因此，在实践哲学、人道主义与辩证法相统一的理论形式下，马尔科维奇的思想还具有不可磨灭的重大的现实意义。

一、对人之存在境遇的现实反思

在新的世纪中，人之存在究竟面对着怎样的境遇？一方面，科学技术的不断创新与飞速发展极大地改善了人的生活条件与水平，新的医疗手段延长了人的寿命，快捷的通讯方式缩短了人与人之间的空间距离……如果说，资本主义在短短百年间所创造的物质财富比以往一切世代的总和还要多的话，那么，世界在 21 世纪的最初十几年间变化的现实，已经远远超越了人们在此前世代对于 21 世纪的想象与预期——对于业已步入大数据时代的今天而言，每一天都是一次不可避免的更新。但是，在另一方面，今天世界的发展呈现出极度的不平衡的特点，科学技术的进步并没有彻底地消灭贫穷与富有之间的差距，反而使其不断地扩大。个体被“抛入”一个精细运作的世界中，并成为其中的组成部分，因此，异化不再是单纯的劳动的异化，而是以其他的现实形式渗透在现代生活的方方面面，简言之，人之存在的现实的异化已经被他的现代的和丧失了总体性的生活方式接受，并使他逐渐失去了对自身境遇的自觉。因此，一种“现代”生活以两种截然对立的形象展现在人的面前，而马尔科维奇的实践人道主义思想恰恰为评价这种“现代”生活提供了相对合理的标准，并能够为我们提供可供参考与借鉴的资源。

科学技术是解决人与自然之间关系的直接手段与表现，而这一关系似乎是人类所面临的一个永恒的话题。可以说，千百年来，人类的一切理论与现实活动最终都会重新回归于此。在关于人与自然之间的关系问题上，至少有两种截然相对的理论倾向：其一，认为自然是人类的天然“母体”以及人类赖以产生与生存的前提，因此，人类首先是“自然的”，然后才能够成为“社会的”；其二，与之相对，强调人的社会性质，认为人一旦成为“人”，就再也无法复归于自然。如果说，前者侧重于人与自然的天然的和谐，即两者的先在的同一，那么后者则更倾向于揭示人与自然之间的本质上的差异。

在人与自然的天然的和谐已经被打破的前提下，人类应当何去何从？自欧洲启蒙运动至今的大部分历史经验都是值得反思的。人性的张扬最终导致了自然的式微，人对于自然的恐惧与敬畏荡然无存，取而代之的则是其对自然所发起的全面攻势。直到环境的恶化与生态的失衡以及资源的枯竭为人类的生存敲响警钟时，我们才认识到自己或早或晚要为这种对于自然的“叛逆”行为赎罪——人类肆无忌惮地攫取自然，却牺牲了自身发展的空间与可能性。作为战胜自然的武器，科学技术并非是一只温顺的宠物，一旦其获得了自律，即使人类也同样面临着被吞噬的危险。两次世界大战的恶果说明，在摆脱了对于自然的敬畏的同时，我们也必然会丧失对于生命的敬畏——冷眼旁观其他人生命的消逝却无动于衷。因此，人与自然之间关系的紧张展现出了人与自身之间关系的紧张，换言之，人与自身的关系是人与自然之间关系的本质。

早在创立实践人道主义理论之初，马克思就已经言明了这一点。在马克思看来，自然始终是作为人类“无机身体”存在的人化自然，即从人之存在的角度出发所理解的人之实践的结果和他的对象世界。马尔科维奇延续了马克思理论的这一命题，他从马克思对于人化自然与自在自然的区分出发，将人所面对的自然理解为人之实践的前提与结果统一——这种结果对于个体来说是“先验”存在的，并且作为其存在的前提。因此，在实践人道主义看来，人与自然的关系问题在本质上乃是人与人之历史实践结果之间的关系问题，亦即人之自我实现的问题。

然而，如何在人之自我实现过程中实现人与自然的天然的和谐发展已经不再是一个纯粹的理论问题。资本主义工业化发展所造成的恶果已经引起了理论界的广泛关注与反思，后工业文化对于工业文化的批判、越来越多的环境保护主义者以及组织通过各种各样的活动所争取的舆论支持似乎在新的时代为转变近代以来的传统观点迎来了转机，但是，现实并没有被改变。技术理性的张扬使实证主义的思维范式渗透到了现代生活中的方方面面，左右着现代人的思维与行为方式，换言之，对于科学技术的笃信已内化为现代文化的深层机制，并随着世界范围内的现代化进程深刻地影响着现代人的生活方式。因此，在新的历史背景下，对于现代性的反思已经不再满足于理论层面的批判，而迫切地需要深入到现代人的日常生活和文化层面，对现代性进行新的认识与评估。

在理论层面，人与自然的关系问题集中体现为自然科学与人文科学的关系。自然科学遵循价值中立原则，以经验的可重复性为标准，将外在于人的客观规律作为自身的研究对象。一方面，自然科学将其对象作为业已给定的材料加以研究，但是另一方面，它又试图以自身为基础对人与自然之间的关系进行统一，从而将自身的范围扩大到人类的社会历史领域。近代以来以自然科学方法论为基础的形而上学试图凭借对于自然科学的笃信，重新确立起知识的确定性，以至于自然科学方法论僭越了自身的领域而被扩大到人类的社会历史领域。当人之历史同样遵循着自然科学的基础——因果律时，也就演变成一种纯粹的关于经验的知识。首先，对于因果律的盲目遵循，遮蔽了人之现实活动的主动性与创造性；其次，对自然科学的崇拜造就了以科学技术为核心的新的神话，似乎科学技术所带来的问题能够通过它自身的发展得以解决；最后，在对于现实问题的解决过程中，由于过分地依赖科学技术，导致发展中国家与发达国家之间围绕科学技术博弈，并且在这样的博弈中，改变现实成为口号，而现实问题并没有得到解决甚至是有效的缓解。因此，现代性的症结并非是它不应成为人类社会历史的发展趋势，而是其片面的和外在于人的方法论基础与衡量标准以及由此而带来的现代人生活中的广泛和全面的物化境遇。

解决问题的关键并不在于科学技术这一外在形式，而在于人自身，这也正是马尔科维奇的实践人道主义思想为我们提供的理论视域。按照马尔科维奇的观点，自然科学是人之自我实现的具体方式，并且能够表明人之自我实现的现实程度。但是，不存在所谓的纯粹的自然科学，任何科学都必定与人以及人对它的应用相关联。可以推断，在马尔科维奇看来，自然科学与人文科学不存在严格意义上的划分，实证主义的方式使真正意义上的科学丧失了它原有的实践人道主义维度，即其道德伦理和人自身的维度。实践人道主义意义上的科学是一种总体性的科学——外在的衡量标准与内在的衡量标准的统一，在这里，科学技术无法脱离人道主义的批判与约束，而一旦丧失了这种批判与约束，科学技术就会产生异化的人的需要，产生以占有为目的的、挥霍的与丧失道德维度的实证主义生存方式，“应该阻止对我们自然资源的不必要损耗，根除消费主义，给予个体发展不依靠物质产品的积累、更高层次需要的机会，承认从过分的享受到文化、共同约定、实践(praxis)的自然过渡”①。因此，尽管马尔科维奇对科学技术的发展报以坚定的信心，并相信这是满足真实的人的需要的重要手段和途径，但是，他同时又坚决地批判一个丧失了人的原本地位的、冰冷冷的技术世界，毋宁说，马尔科维奇要为飞速发展的科学技术套上锁链，强制它飞奔在一条人道主义的轨道上。

综上所述，马尔科维奇是在立足于实践人道主义的立场上展开自己对于现代性的理解与批判的。科学技术从一种纯粹的外在尺度向人之自我实现的内在尺度的复归，不仅展现了其对于实证主义的拒斥，同时也为理解和评估现代性提供了新的标准与视域，即是说，以外在标准对于现代性的指认并不足以涵盖现代性的全部内涵，而内在标准才是衡量现代性的核心标准。简言之，人之自我实现是现代性合法性的基础，而科学技术的进步不过是这一基础的外在表现。在此意义上，现代性的本质乃是人之存在自身亦即其能力的现代化过程。就此而言，发展中国家的现代化进程不应纯粹地以经济、社会、科技等外在形式的发展为旨归，而是要深

① Gerson S. Sher. *Marxist Humanism and Praxis*, Prometheus Books, 1978, pp. 32 – 33.

入到社会的文化以及人之生活方式等层面促进其内在标准的历史发展。

二、我国社会主义建设中面临的问题

互联网的飞速发展一方面不断缩短着人与人之间的物理距离，另一面又不断地扩大着人与人之间的内在距离。真伪难辨的大量信息充斥网络，任人转载与评论，但却很少有人愿意为自己在虚拟空间中的行为负责。当“炫富”成为一个新近流行的词时，青年人的价值追求仍然停留在对于“物”的占有层面，这样的价值观已经被普遍接受，以至于对于他们来说，对于奢侈品的占有就是自我确证的现实形式。同样，因为对于物质财富的欲望，商品的经营者们丧失了自身“道德的血液”，食品安全已经成为人们谈之色变的话题与不容忽视的问题。在以物质为核心所构成的精神世界里，一部分人丧失了对于生命的尊重与敬畏，尽管频频地受到谴责，但是虐待动物的事件却时有发生，冷漠的路人们也因为担心物质上的损失而放弃了保存道德与良知的勇气。可以说，在中国特色社会主义建设过程中，我们同样面临着各种各样的问题。

首先，改革开放以来，大量西方文化涌入中国，这里面既包括先进的文化成果，同时也包括物化的生活方式与消费文化。越来越多的人沉沦于这种外在的生活方式中，他们以单纯的占有为目的，以物来衡量人的价值，以对于外在事物的确证来代替对于自身价值的确证。按照马尔科维奇的观点来说，他们沉迷于已经异化了的需要之中而不自知，丧失了人类自我实现的超越维度。如果我们心甘情愿地沉沦在周而复始的自然规律中，沉迷在由物质单纯建构起来的世界中，那么我们永远不会真正地去反思“善行”对于人类的重要意义，人类也会继续自以为是地延续着一种并非真实的自我确证的道路，我们渴望宣称享有自由，但是却在追求自由的过程中与之渐行渐远。

其次，以占有为目的的生存方式致使社会呈现出两极分化态势，并且这种分化具有不断扩大的趋势。社会的两极分化已经成为我国社会主义发展过程中的主要矛盾之一，对于社会资源占有程度的不均衡导致了分配的不公平，“仇富”、“富二代”、“官二代”等新兴词迅速普及，并一跃成为社会关注的焦点。从杀医案到中国留学生在美国的遇刺事件,从暴力执法到政府公信力的下降,越来越多的事例表明社会不同阶层之间的相互否定以及彼此之间认同感的缺失。

这些问题也许是现阶段社会主义与资本主义之间的基本精神与意识形态相互对立以及相互交织的必然结果,是我们无法逃避,从而必须面对的问题。尽管,在这一点上,我们完全有理由去批评马尔科维奇对于社会主义必然存在官僚制的极端态度,但是我们也不能完全否认,社会主义建设能够脱离自身的不断进步与改革的不断深化。实际上,我们正在经历一场变革,一个由物本的生存方式向人本的生存方式转变的过程,人为本的提出、文化体制的改革是正常变革的路径,而马尔科维奇的实践人道主义思想恰恰能够为我们提供一种阐释和理解这一路径的方式与方法。

首先,就以人为本来说。在"物本"向"人本"思维范式转化过程中,我们难以避免什么是"以人为本"、如何"以人为本",甚至"以何人为本"等诸多问题,而这些问题全部内涵于马尔科维奇对于马克思实践人道主义与理论人道主义之间本质区别的理解中,内涵于它的人道主义辩证法思想之中。在他看来,马克思实践人道主义理论的基本问题就在于人,但是实践人道主义却从来没有在僵死的概念层面对人加以理解,而是将其置于自我实现的历史过程中,这样人也就必然包括了他对于自身的批判与超越的维度在内。所以,以人为本在本质上就是以人的自我实现为旨归,以人的基本需要为出发点,以实践人道主义的批判形式,达到人的自我超越与自我确证,进而使人类历史发展的最佳可能性得以成为现实,即实践人道主义的社会主义。

其次,就以人为本与文化体制改革的内在联系来说。马尔科维奇坚持马克思对于自然的理解方式,从而十分强调人化自然与自在自然之间的差别。他认为,自然是作为人类历史实践的结果出现的,是人类创造性现实活动的成果。尽管我们对于文化的定义千差万别,但是不能否认的是,这一结果在文化层面上,同时也是人的存在方式。因此,实践人道主义对于人的生存现实所采取的批判,同样也是一种文化批判。上文所论述的马尔科维奇的"文化革命"也能够为这一问题提供论证。

最后,就社会主义的目标来说。马克思对于人类自由解放的构想同样也是马尔科维奇的理论目标。马尔科维奇的理论思想呼唤着人道主义的共产主义，正如马克思本人的观点一样，这种共产主义并非是必然将实现的社会形态，而是对现实中的不合理与不人道的“积极地扬弃”。在这一批判的理论中，“积极地扬弃”始终与人的自我实现相关联，是实现人类历史最佳可能性的过程，亦即人类的基本能力从潜在到实现过程。在这个意义上，马尔科维奇人类自我实现的命题，同时也是人的全面发展的同义词。

结 语

2010年,并不为国内学界所广泛熟知的马尔科维奇与世长辞,作为一名战士,无论是置身于反法西斯战场的枪林弹雨之中,还是坚守在反对斯大林模式的理论战线之上,这位老人都义无反顾,不曾有丝毫退缩。也许我们永远也无法获悉这位老人在临终前,面对曾经为之奋斗,如今却分崩离析的祖国会有何感受,但可以肯定的是,随着这位老人的故去,我们又失去了一个见证者。马尔科维奇曾和他的同伴们一道见证了南斯拉夫实践在世界哲学领域所取得的辉煌成就,见证了南斯拉夫哲学水平的最高顶点,见证了一个时代。

然而,这位老人的故去,却为我们带来了一定的反思。当站在马克思理论前沿的理论家们一个个离我们远去时,我们是否能够心安理得地将他们的思想尘封起来。尽管马尔科维奇的祖国已经不复存在,但是他在理论上为其自由解放与发展所做出的种种抗争与努力没有消逝,对于后人来说这是一笔宝贵的财富,为我们的现实生活提供了可以借鉴的思想。

20世纪后半叶,人们对21世纪寄予了厚望。它被描述为一幅美丽的图景,在这里,人类会消灭饥饿与贫穷,环境恶化与污染会得到有效的治理,技术的发展会从根本上解决人的存在问题,我们能够找到治愈疑难杂症的手段,延长人类的寿命,人类也能够全面开启探索宇宙的大门,并努力使星际移民的梦想得到实现,不同地域与文化之间可以摒弃原有的偏见,人类能够实现空前的团结与相互理解。

然而,当21世纪走过了它的十几个年头之后,我们发现现实的人类生存境遇并没有得到根本性的改善。科学技术不断取得的进步并没有为人类带来多少安逸,反而徒增了我们的焦虑,人类处于每时每刻都需要为科学技术“脱缰”所带来的灾难性后果担惊受怕的时代。启蒙运动所带来的阴影依然笼罩着世界,一种似乎放之四海而皆准的“普世民主”被强制推行,武力仍然是解决国际性问题的主要的手段,人类愈加被镶嵌在资本运行的链条之上,金融危机频繁暴发,人们一边挣扎在末世的恐惧与焦虑之中,一边又沉浸在浪漫主义式的自我娱乐与嘲讽之中;一边迫切地找寻精神的家园,一边又不断地挑战着道德的底线。

这些是我们无法逃避,从而必须面对的问题。尽管,我们完全有理由从现时代的角度出发去批评马尔科维奇的部分观点,但是我们也不能完全否认,马尔科维奇思想所展现出来的批判态度对于今天人类的生存现实同样适用。如果说,辩证法的人道主义化就是要将人置于辩证法的核心地位,从而将辩证法从完全自然的客观辩证法中解脱出来,那么人道主义的辩证法化则可以被认为是对于人的拯救,它使人能够从单纯的物质与自然生活中解脱出来,将真正意义上的人道主义,即实践人道主义贯彻到人的日常生活之中,使人认识到人类生活的意义,从而在现实中呼唤人的道德与自由。

从哲学产生之初,它就与人类的现实生活紧密相关。虽然不同的哲学家们提出了各自的观点,这些观点不尽相同甚至相互矛盾。尽管随着人类生存的不断展开,哲学理论也在不断地走向超越,然而,我们却没有权力否认在历史上留下了脚印的哲人们为整个人类历史殚精竭虑,不断探索的功绩。

哲学,同人类的生存一样,它渴求着自身的超越,渴求着更加丰富多彩的可能性,它永远“在路上”。

参考文献

一、中文文献：

1. 著作

[1]中国社会科学院哲学研究所. 南斯拉夫哲学论文集[M]. 北京：三联书店，1979.

[2]关于马克思主义人道主义问题的论争（译文集）[M]. 北京：三联书店，1981.

[3] 沈恒炎，燕宏远. 国外学者论人和人道主义（第三辑）：东欧等国[M]. 北京：社会科学文献出版社，1991.

[4][南]马尔科维奇，彼得洛维奇. 实践——南斯拉夫哲学和社会科学方法论文集[M]. 郑一明，曲跃厚，译. 哈尔滨：黑龙江大学出版社，2010.

[5][南]马尔科维奇. 当代的马克思——论人道主义共产主义[M]. 曲跃厚，译. 哈尔滨：黑龙江大学出版社，2011.

[6]1844年经济学哲学手稿[M]. 北京：人民出版社，2000.

[7]马克思恩格斯全集（第一卷）[M]. 北京：人民出版社，1995.

[8]马克思恩格斯文集（第二卷）[M]. 北京：人民出版社，2009.

[9]马克思恩格斯选集（第一卷）[M]. 北京：人民出版社，1995.

[10]列宁. 哲学笔记[M]. 北京：人民出版社，1956.

[11][匈]卢卡奇. 历史与阶级意识——关于马克思辩证法的研究[M]. 杜章智，任立，燕宏远，译. 北京：商务印书馆，1999.

[12][德]柯尔施. 马克思主义和哲学[M]. 王南湜，荣新海，译. 重庆：重庆出版社，1989.

[13][意]葛兰西. 狱中札记[M]. 葆煦，译. 北京：人民出版

社,1983.

[14][德]霍克海默,阿道尔诺.启蒙辩证法[M].渠敬东,曹卫东,译.上海:上海人民出版社,2006.

[15][德]阿多尔诺.否定的辩证法[M].张峰,译.重庆:重庆出版社,1993.

[16][美]弗洛姆.人的呼唤——弗洛姆人道主义文集[M].王泽应,刘莉,雷希,译.上海:上海三联书店,1991.

[17][法]萨特.存在主义是一种人道主义[M].周煦良,汤永宽,译.上海:上海译文出版社,2005.

[18][法]萨特.辩证理性批判(上下)[M].林骧华,徐和瑾,陈伟丰,译.合肥:安徽文艺出版社,1998.

[19][德]哈贝马斯.重建历史唯物主义[M].郭官义,译.北京:社会科学文献出版社,2000.

[20][匈]赫勒.现代性理论[M].李瑞华,译.北京:商务印书馆,2005.

[21][波]科拉柯夫斯基.马克思主义的主流(一)[M].马元德,译.台湾:远流出版事业公司,1992.

[22][古希腊]柏拉图.柏拉图全集(第三卷)[M].王晓朝,译.北京:人民出版社,2003.

[23][古希腊]亚里士多德全集(第二卷)[M].北京:中国人民大学出版社,1991.

[24][德]莱布尼茨.人类理智新论(上册)[M].陈修斋,译.北京:商务印书馆,1982.

[25][英]休谟.人性论[M].关文运,译.北京:商务印书馆,1980.

[26][德]黑格尔.哲学史讲演录(第一卷)[M].贺麟,王太庆,译.北京:商务印书馆,1959.

[27][德]黑格尔.精神现象学(上卷)[M].贺麟,王玖兴,译.北京:商务印书馆,1983.

[28][德]海德格尔.路标[M].孙周兴,译.北京:商务印书馆,2000.

[29][法]梅洛-庞蒂.辩证法的历险[M].杨大春,张尧均,译.上海:上海译文出版社,2009.

[30][德]伽达默尔.诠释学Ⅱ:真理与方法——补充和索引[M].

洪汉鼎,译.北京:商务印书馆,2007.

[31]大卫·戈伊科奇,约翰·卢克,蒂姆·马迪根.人道主义问题[M].杜丽燕,等,译.北京:东方出版社,1997.

[32][美]詹姆斯·施密特.启蒙运动与现代性18世纪与20世纪的对话[M].徐向东,卢华萍,译.上海:上海人民出版社,2005.

[33] 衣俊卿,陈树林.当代学者视野中的马克思主义哲学东欧和苏联学者卷(下)[M].北京:北京师范大学出版社,2008.

[34][英]凯蒂·索珀.人道主义与反人道主义[M].廖申白,杨清荣,译.北京:华夏出版社,1999.

[35][英]R.H.托尼.宗教与资本主义的兴起[M].赵月瑟,夏镇平,译.上海:上海译文出版社,2006.

[36]俞吾金.实践与自由[M].武汉:武汉大学出版社,2010.

[37]张奎良.马克思的哲学思想及其当代意义[M].哈尔滨:黑龙江教育出版社,2001.

[38]张奎良.唯物主义:社会主义的思想来源与实践指引[M].北京:人民出版社,2009.

[39]孙正聿.马克思辩证法理论的当代反思[M].北京:人民出版社,2002.

[40]衣俊卿.实践派的探索与实践哲学的述评[M].台北:森大图书有限公司,1990.

[41]衣俊卿.人道主义批判理论——东欧新马克思主义述评[M].北京:中国人民大学出版社,2005.

[42]衣俊卿,等.20世纪的新马克思主义[M].哈尔滨:黑龙江教育出版社,2007.

[43]李楠明.价值主体性——主体性研究的新视域[M].北京:社会科学文献出版社,2005.

[44]邓晓芒.实践唯物论新解:开出现象学之维[M].武汉:武汉大学出版社,2007.

[45]杨祖陶,邓晓芒.康德三大批判精粹[M].北京:人民出版社,2001.

[46]张翼星.理论视角的重大转移——“西方马克思主义”的辩证法观[M].重庆:重庆出版社,1997.

2. 论文

[1][南]马尔科维奇. 卢卡奇的批判思想[J]. 肖木,译. 哲学译丛,1994(3).

[2][美]G. J. 斯塔克. 论辩证法的概念[J]. 邵永浩,译. 哲学译丛,1981(1).

[3][德]B·海德曼. 西德哲学界关于辩证法的争论[J]. 李黎,译. 国外社会科学,1979(3).

[4][德]V. 冯·弗罗布莱夫斯基. 法国哲学界对马克思主义辩证法的研究[J]. 李黎,译. 国外社会科学,1979(3).

[5][苏]奥伊泽尔曼. 关于马克思主义世界观的思考——与 M. 马尔科维奇院士商榷[J]. 潘培新,译. 哲学译丛,1990(5).

[6][英]肖恩·塞尔斯. 马克思〈1844 年经济学哲学手稿〉中的"异化劳动"概念[J]. 高雯君,译. 当代国外马克思主义评论,2008.

[7]黄枏森. 关于人道主义和异化问题的讨论[J]. 北京大学学报(哲学社会科学版),2010(1).

[8]张奎良. 社会主义实践中的辩证法创新[J]. 学术交流,2005(1).

[9]张奎良. 唯物史观的人学意蕴——兼答徐亦让、唐正东同志[J]. 哲学研究,1994(12).

[10]张奎良. 以人为本:社会主义实践探索的归程[J]. 湖南社会科学,2004(3).

[11]衣俊卿. 论实践的多重哲学内涵[J]. 吉林大学社会科学学报,1989(3).

[12]衣俊卿. 论西方马克思主义的理论定位与批判指向[J]. 广东社会科学,2003(2).

[13]衣俊卿. 人之存在与哲学本体论范式——兼论马克思哲学的本体论意蕴[J]. 江海学刊,2002(4).

[14]衣俊卿. 现代实践哲学的文化内蕴——兼论中国现代化的文化精神[J]. 开放时代,1995(6).

[15]衣俊卿. 西方马克思主义的哲学范式转换及其启示[J]. 江苏社会科学,2006(2).

[16]衣俊卿. 人的存在与辩证法——论实践派的辩证法观[J]. 现代哲学,1999(1).

[17]丁立群.实践观念、实践哲学与人类学实践论[J].求是学刊,2000(2).
[18]徐长福.亚里士多德实践哲学的理论特质[J].学习与探索,2006(4).
[19]李楠明.从群体主体向个体主体的嬗变——对市场经济的哲学透视[J].求是学刊,1996(1).
[20]李楠明.实践哲学是一种新的哲学形态和思维方式[J].东岳论丛,2001(4).
[21]李楠明.个体的丰富性与马克思哲学的当代意义[J].学习与探索,2006(1).
[22]贺平."实践"不能作为本体[J].西北师大学报(社会科学版),1993(6).
[23]陈尚伟."实践本体论"刍议[J].哲学动态,1989(8).
[24]万光侠."实践本体论"质疑[J].理论学刊,1990(1).
[25]周玉明."实践本体论"质疑[J].郑州大学学报(哲学社会科学版),1990(1).
[26]王干才,刘进田.物质——实践本体论"难以成立——兼于徐崇温同志商榷[J].人文杂志,1991(3).
[27]张康之.实践本体论是主体化的本体论——评西方马克思主义的实践本体论[J].河北学刊,1991(1).
[28]孟宪清.当代西方哲学中实践理念的转变与马克思实践哲学的意义[J].马克思主义与现实,2010(2).
[29]刘啸霆.自觉迎接自然辩证法的范式转换[J].自然辩证法研究,2002(1).
[30]白刚.当代中国马克思辩证法研究的三大形态述评[J].社会科学评论,2006(3).
[31]张曙光,王虎学,毛剑平.中国马克思主义哲学30年研究述评[J].山东社会科学,2008(7).
[32]贺来,陈君华.对辩证法三种研究范式的批判性反思[J].学术研究,2002(7).
[33]孟宪忠.实践辩证法导论[D].吉林大学博士论文.

二、外文文献:

[1]Mihailo Marković. *Marx and Contemporary Scientific Thought*[M].

Mouton, 1970.

[2] Mihailo Marković. *The Contemporary Marx: Essays on Humanist Communism*[M]. Spokesman Books, 1974.

[3] Mihailo Marković. *From Affluence to Praxis: Philosophy and Social Criticism*[M]. The University of Michigan Press, 1974.

[4] Mihailo Marković. *Yugoslavia: The Rise and Fall of Socialist Humanism: A History of the Praxis Group*[M]. Bertr and Russell Peace Foundation for Spokesman Books, 1975.

[5] Mihailo Marković. *Democratic Socialism: Theory and Practice*[M]. St. Martins Press, 1982.

[6] Mihailo Marković. *Dialectical Theory Of Meaning*[M]. D. Reidel Publishuing Company, 1984.

[7] Gerson S. Sher. *Marxist Humanism and Praxis*[C]. Prometheus Books, 1978.

索 引

后 记

应当以怎样的方式来反思并不断完善自己的哲学之路？这是我长久以来面临的问题。

2002 年，高考的失利，让我与第一志愿哲学专业失之交臂。四年经济学的学习生涯白驹过隙，尽管每次能够顺利通过考试，却略显乏味，面对着枯燥的数字与经济学模型，我知道这并非是我所擅长和希望的生活方式。

2006 年，在即将毕业之时，我报考了黑龙江大学马克思主义哲学专业的硕士研究生入学考试，并有幸得以继续留在学校攻读哲学硕士学位。初入哲学专业的大门，顿有茫然之感，被高等数学占据了四年的时间，对于哲学我毫无基础可言。此时，我遇到了恩师李楠明教授。楠明先生治学严谨，教学严厉又不乏幽默，投于他的门下，我不敢有丝毫懈怠。同时，康渝生教授、隽鸿飞教授、王国有教授、郭艳君教授都在马克思主义哲学专业硕士班开有课程，在他们的教导之下，我通过三年的学习，真正叩开哲学的大门。

在学习的过程中，我愈发感到自己的浅薄，于是在硕士毕业之后，继续追随恩师李楠明教授攻读哲学博士学位。在博士学习期间，我更有幸聆教于张奎良教授与衣俊卿教授。两位教授高屋建瓴，讲课深入浅出，常常给我们以莫大的启迪。在诸位老师的指导下，我得以从实践哲学的角度切入到对于南斯拉夫实践派的研究中，并最终选择马尔科维奇的人道主义辩证法作为自己博士学位论文的题目。

博士毕业之后，我来到中共黑龙江省委党校（行政学院）从事科研教学工作，相对“小众”的南斯拉夫实践派研究与现实的教学科研工作并不相适应,因此,我面临着重新选择自身科研教学方向的艰难抉择。但是,马尔科维奇人道主义辩证法的理论魅力深深吸引着我,使我难以割舍。最终,我不得不利用两年左右的时间在东欧新马克思主义研究和现实的教学科研工作中找寻一个“平衡”的支点。我尝试以马尔科维奇的人道主义辩证法为方法论基础来剖析和思考全面深化改革背景下我国的现实问题,进而,从这样的思路出发,我于 2014 年申报并中标了国家社会科学基金青年项目。尽管,这一项目的题目似乎与人道主义辩证法的研究相去甚远,但是,却深深地得益于后者。在此期间,我有幸参加了衣俊卿教授的“东欧新马克思主义译丛”中两部著作的翻译工作,无论是我所承担的课题还是翻译工作,都迫使我不得不对马尔科维奇人道主义辩证法思想进行更加深刻的反思与研究。

这部书稿是在我的博士学位论文的基础上修改完成的。这是我的第一部专著,虽然囿于时间与精力的限制,这部书稿仍有诸多部分未尽如人意,但是我试图通过这部著作的修改工作来展现近两年以来我思想的蜕变。几年的教学科研工作使我深切地体会到,哲学一旦与现实的境遇和问题发生碰撞,反而会不断地消解其功利化的实证主义倾向,进而转变为一种内在的、实践的价值诉求与人文关怀。

衷心感谢我的恩师李楠明教授,是您亲手将我带进了哲学的大门,追随您的六年时光是我一生中宝贵的财富,感谢张奎良教授,您的研究成果是本书重要的思想来源,感谢衣俊卿教授,没有您在本书的材料准备、写作与修改的过程中所做的工作,本书将困难重重。感谢丁立群教授、何颖教授在百忙之中对文本所提出的宝贵意见,感谢康渝生教授、隽鸿飞教授、王国有教授、郭艳君教授、马天俊教授六年以来对我的关爱,感谢姜海波副教授、我的同学以及我的师弟、师妹们在学习和生活中给予我的帮助与支持。

最后,感谢培养我的母校黑龙江大学。我的每一次成长都得到了她的包容与关爱,而我则见证了她十年来的繁荣与变迁。校园中的一楼一景,一草一木,都深深地镌刻在我心上,她的精神传统、她的人文关怀都使我终生难以忘怀。不论我走到哪里,都会带着黑大人的印记,不论我走到哪里,都会为是一名黑大人而感到自豪。

国外马克思主义研究文库·东欧新马克思主义理论研究

书目

1.《具体辩证法与现代性批判——科西克哲学思想研究》 李宝文 著

2.《文化悖论与现代性批判——马尔库什文化批判理论研究》 孙建茵 著

3.《个性道德与理性秩序——赫勒道德理论研究》 王秀敏 著

4.《宏大叙事批判与多元美学建构——布达佩斯学派重构美学思想研究》 傅其林 著

5.《激进需要与理性乌托邦——赫勒激进需要革命论研究》 李晓晴 著

6.《文化的张力与理论的命运——科拉科夫斯基的青年马克思观研究》 胡 蕊 著

7.《个体自由与道德责任——布达佩斯学派社会批判理论研究》 颜 岩 著

8.《作为文化批判的审美——赫勒美学思想研究》 王 静 著

9.《现代性危机与基督教文化精神——科拉科夫斯基宗教理论研究》 李晓敏 著

10.《历史哲学中的现代性反思——赫勒的后期思想研究》 范 为 著

11.《多元文化阐释与文化现代性批判——布达佩斯学派文化理论研究》 杜红艳 著

12.《社会主义理想的初步实践探索——科拉科夫斯基的列宁主义观研究》 王继红 著

13.《个体生存的现代观照——沙夫人道主义思想研究》 孙 芳 著

14.《人、历史与自我实现——马尔科维奇人道主义辩证法研究》 宋铁毅 著

15.《现代性危机的反思与人道主义马克思主义诉求——斯维塔克文化批判理论研究》 员俊雅 著

16.《哲学反思与社会批判——东欧新马克思主义的马克思观》 刘海静 著

17.《厚重的历史积淀与激进的理论批判——波兰新马克思主义研究》 衣俊卿、[波]T. 布克辛斯基、张笑夷等 著

18.《阶级分析与政治民主的建构——瓦伊达政治哲学理论研究》 孙建茵 著

19.《人道主义的视野与批判的内省——南斯拉夫实践派的实践哲学》 姜海波 著

20.《东欧新马克思主义精神史研究》 衣俊卿 著